中国校本教研与校本课程数字出版平台
中国校本教研网 www.schooledu.com.cn
◎特别推荐◎

科技部教育部『中小学科学探究学习与创新人才培养机制实验研究』项目研究成果

创新人才培养

物理探究活动开发与指导

廖伯琴◎主编

组编单位 科技部教育部『中小学科学探究学习与创新人才培养机制实验研究』项目组

江苏教育出版社

图书在版编目（CIP）数据

创新人才培养：物理探究活动开发与指导 / 廖伯琴主编．—南京：江苏教育出版社，2012.12

ISBN 978-7-5499-2524-7

Ⅰ．①物…　Ⅱ．①廖…　Ⅲ．①中学物理课—教学研究　Ⅳ．① G633. 72

中国版本图书馆 CIP 数据核字（2012）第 292705 号

书　　名	创新人才培养：物理探究活动开发与指导
主　　编	廖伯琴
责任编辑	徐达林　李　平
出版发行	凤凰出版传媒股份有限公司
	江苏教育出版社（南京市湖南路 1 号 A 楼　邮编 210009）
苏教网址	http://www.1088.com.cn
照　　排	吕　龙
印　　刷	九洲财鑫印刷有限公司
厂　　址	河北省三河市灵山大口
开　　本	787 毫米 ×1092 毫米　1/16
印　　张	18.5
字　　数	292 千字
版　　次	2012 年 12 月第 1 版　2012 年 12 月第 1 次印刷
书　　号	ISBN 978-7-5499-2524-7
定　　价	30.00 元
网店地址	http://jsfhjy.taobao.com/
邮购电话	025-85406265，85400774　短信　02585420909
E - mail	jsep@vip.163.com
盗版举报	025-83658579

《创新人才培养系列》

编委会名单

本书编委会

主　编　廖伯琴

副主编　姜　涛

课例作者（以姓氏拼音为序）

陈文学　陈新华　邓吉坤　费　宏　郝金福　洪　伟　洪朝晖
简德光　姜　涛　李明芳　廖伯琴　刘　虹　刘　军　刘　珊
毛玉梅　倪静怡　欧　平　钱兰风　卿昭才　沈海辉　宋海峰
孙　强　孙跃玲　汤守平　陶兆宝　万小龙　王昌辉　王龙飞
王庆平　王胜春　王　苏　汪小三　文　艺　谢　博　谢玉荣
袁令民　张国翠　张望喆　赵旭江　郑太华　郑振宁　周汉东
朱顺明

课例点评专家（以姓氏拼音为序）

卞志荣　何润伟　姜　涛　金松涛　景　敏　刘国健　刘红娟
钱　骏　陶兆宝　涂克昌　王从戎　王贵宁　谢德胜　徐俊杰
徐周民　翟英利　张　波　张　杰　张　宇　周智良

序 言

在中国，人们对创新人才的期盼，从来没有像今天这样强烈。1999年，《中共中央国务院关于深化教育改革全面推进素质教育的决定》（中发〔1999〕9号）中就指出要转变教育观念，改革人才培养模式，积极实行启发式和讨论式教学，激发学生独立思考和创新的意识，切实提高教学质量，培养学生的科学精神和创新思维习惯。2001年，《国务院关于基础教育改革与发展的决定》（国发〔2001〕21号）及教育部颁布的《基础教育课程改革纲要（试行）》（教基〔2001〕17号）中，都进一步强调要重视培养学生的创新精神和实践能力，为学生的全面发展和终身发展奠定基础。

在《国家中长期教育改革和发展规划纲要（2010—2020年）》中，对“创新人才培养”论述更加深刻、全面。该文件指出，创新人才培养是一个系统工程，要努力发挥各学段、各环节、各要素在创新人才培养方面的积极作用；要做好小学、中学、大学有机衔接，教学、科研、实践紧密结合，学校、家庭、社会密切配合；大力推进教育教学改革，探索多种培养方式。

为贯彻中共中央、国务院关于创新人才培养的重要指示与精神，从2009年起，我们积极承担了科技部“创新方法工作专项”中的重要课题“中小学科学探究学习与创新人才培养机制实验研究”（项目编号：2009IM010300），并成立了“中小学科学探究学习与创新人才培养机制实验研究”项目组，着重探索、研究在基础教育领域推进科学探究学习与创新人才培养的工作机制与模式。

在科技部条件财务司、教育部基础教育二司和21世纪议程管理中心的指导下，我们遴选当前基础教育领域的知名专家成立了项目专家指导工作组，并在全国建立起三大实验区和125所项目试点学校。经过近三年的研究、实践，该项目带动了试点校整体办学水平的提高，特别是促进了基于学科的科学探究活动的广泛开展和推广。各试点校呈现出中小学生主动参与科学探究活动，学习兴趣浓厚，积极思考、乐于交流的良好风气，有力地促进了中小学生的自主与个性发展，培养了他们积极健康的科学态度和科学精神。而且，很多学校还形成了有代表性的人才培养模式。

为更好地传播、推广项目研究成果，使更多中小学校师生受益，我们选编了部分项目研究成果，希望在更大范围内深入推进我国中小学校的科学探究学习与创新人才培养工作。

中小学科学探究学习与创新人才培养机制实验研究项目组

2012年12月6日

前　言

当今世界，知识经济全球化，信息高度共享，教育面临着新的机遇与挑战，如教育观念更新、知识领域拓展、能力要求提高等。基础教育课程应紧跟时代步伐，以提升公民素养、增强公民社会责任感、培养公民创新精神与实践能力为己任，完成历史所赋予的使命。为此，我国在本世纪初启动了新一轮基础教育课程改革，从课程功能、课程结构、课程内容、课程实施及课程评价等若干方面提出了课程改革的目标。在这次课程改革中，中学物理课程与其他学科一样，也进行了相应的改革与调整，《全日制义务教育物理课程标准（实验稿）》和《普通高中物理课程标准（实验）》也相继颁布了。在中学物理新课程理念中，强调教学方式多样化，特别注重探究式学习，培养学生的科学探究能力，在课程目标与课程内容中都对学生的科学探究能力作了要求。而且依据新课标编写的各版本的物理教材，也非常注重探究活动的设置及对学生探究能力的培养。

然而，在教学实践中，探究式教学活动的开展率较低，一线教师对探究式教学功能的认识还有待进一步提升，对如何进行探究式教学设计与实践还需进一步探索，对学生创新能力培养的意识还需进一步加强。为此，我们特地编写了《创新人才培养：物理探究活动开发与指导》一书，从课程标准、教材、教学实践出发，提出中学物理探究活动主题开展建议，而且还从探究教学模式建构、源于实践的探究案例呈现等方面提出参考。我们希望此书能够起到抛砖引玉的作用，促进我国中学物理探究教学和学生创新能力培养的深入研究，进一步提高探究课堂教学效果，强化学生创新能力培养，推动基础教育课程改革向纵深发展。

本书第一章“探究活动主题选择及依据”主要从科学探究与创新、中学物理课程标准、中学物理新课程教材和中学物理教学实践情况四个方面的研究出发，明晰相关理念，提出中学物理探究活动主题选择的建议及其理由。第二章“探究教学模式构建与创新思维培养案例”从有效探究教学特征及创新思维培养出发，构建问题串、析误、建模等探究教学模式。第三章至第五章分别展示了中学物理力学、电磁学、热学和光学部分的探究活动案例，这33个案例是一些学校在集体备课的基础上凝练而成的，并在实施中取得了一定的效果。提供这些案例旨在与读者共同探讨中学物理探究活动开展的途径与策略，仅供参考，希望读者不要被这些案例所限制，在实际教学中针对具体地域、实验条件及学生情况选择适当的探究教学模式。第六章展示了国外的一些探究模式，以便大家参考。

全书整体框架及目录设置由廖伯琴老师负责。第一章主要由廖伯琴教授、袁令民博士和姜涛博士负责，第二章主要由廖伯琴教授和姜涛博士负责，第六章主要由姜涛博士负责，第三章、第四章、第五章由不同地区的中学物理教师执笔。每个探究活动皆有点评，主要由中学有经验的教师、教研员及高校教师点评。全书统稿由廖伯琴教授和姜涛博士负责，全书定稿由廖伯琴教授负责。

本书得到教育部基础教育课程教材发展中心的科技基础性专项重大项目“中小学科学探究学习与创新人才培养机制实验研究”（项目编号：2009IM010300）、教育部人文社会科学重点研究基地重大项目“西南民族传统科技的教育转化研究”（项目编号：11JJD880017）、重庆市人文社会科学重点研究基地重点项目“科学教育的理论研究”（项目编号:11SKB11）和“中小学科学探究教学及其评价研究”（项目编号：11SKB12）的资助。在编写过程中，我们广泛参阅了相关著述，咨询了众多中学物理教师，并得到出版社的支持，对此一并感谢。本书完成较匆忙，加之参加人员较多，不妥之处在所难免，我们期待着广大读者的商榷与指正。

廖伯琴

2012年3月于西南大学荟文楼

目　录

CONTENTS

第一章

探究活动主题选择及依据

随着基础教育课程改革的全面推广和纵向推进，科学探究已经成为广大教师非常关注的话题。但是，针对探究活动的开展，老师们对哪些内容适合探究、在教学中如何选择探究活动主题以保证完成规定的学习内容并有效提高学生的探究能力等问题，还有很多困惑。针对此类问题，本章将在明晰相关理念的基础上，从物理课程标准、物理教材、教学实施等方面梳理探究活动主题，并提出教学中探究主题选择建议及其依据。

第一节　科学探究与创新

所谓创新人才，是指能够孕育出新观念，并能将其付诸实施、取得新成果的人。教育工作者在培养创新人才的过程中，达成了广泛的共识：反对通过死记硬背去学习基础知识，强调在理解基础上的全面掌握；培养技能以避免机械照搬；注重保护学生的好奇心和想象力、允许质疑和批评、鼓励学生挖掘潜力和努力创新。[1] 作为物理课程内容一个重要组成部分的科学探究，鼓励学生在“做中学”的过程中，更好地理解知识、培育过程技能、猜想、质疑、批判和创新，因此是实现创新人才培养的有效途径之一。

一、科学探究与创新思维培养

对在探究性学习中发展学生创新能力的分析，首先需要明确界定科学探究。

1. 科学探究

（1）科学家的科学探究

美国国家研究理事会在《美国国家科学教育标准》中指出：科学探究指的是科学家们用来研究自然界并根据研究所获事实证据作出解释的各种不同途径。依此定义，科学家用各种各样的程序去探索和解释自然界。在此过程中，没有固定不变的模式，更多的是创造性思维和活动。但在科学家的科学探究中，又的确有一些核心的要素、过程和技能。科学教育研究者把这些核心要素提取出来，就设计成被称为“科学方法”的一种过程；而观察、测量、分类、比较、控制变量、预测、假设、类比、推理、交流等技能也经常被科学家所使用。

（2）学生的科学探究

美国国家研究理事会在《美国国家科学教育标准》中指出：科学探究也指学生们用以获取知识、领悟科学的思想观念、领悟科学家们研究自然界所用的方法而进行的各种活动。因此，学生使用探究法的主要目的在于学习科学知识。当

[1]　田德新，张喜荣．美国创新人才培养机制 [J]．西安外国语学院学报，2003，(9)：85-87.

然，在此过程中，他们加深了对探究的理解以及对科学本质和科学研究程序的理解。《美国国家科学教育标准》也视学生的探究为一种复杂的学习活动：探究是一种复杂的学习活动，它涉及观察现象、提出问题、查阅书刊及其他信息资源以便了解已有的知识、设计调查和研究方案、根据实验证据来核查已有结论、运用各种手段来整理和解释数据、得出答案并作出预测、把结果告之于人，因此探究需要明确假设、运用批判性思维和逻辑思维、考虑各种可能的解释。

依据上述对“科学探究”的界定，明确表现出物理课堂中的探究性学习对学生观察能力、提问能力、实验能力、猜想及预测能力、思维能力等基本能力的培养。而已有的研究表明，创新能力是在其他能力基础上发展起来的、在高层次上表现出来的一种能力。[1] 因此，学生的探究性学习将为其创新能力发展打下基础。

2. 创新思维

已有研究表明，创造性人才的培养应该以增强知识基础为前提，通过在实践中长期深入的思考，形成创造性的思维品质。[2] 以下对创新思维的构成及特点作简要阐述。

（1）创新思维构成

创新思维就是创造活动中的一种思维。创新思维是多种思维的结晶。它既是发散思维和聚合思维的统一，也是形象思维和抽象思维的统一。[3] 梅德尼克等人认为，远距离联想也是创新思维的一种构成成分，它能根据某些标准把互不相关的概念联系起来。[4]

就创新思维的构成来说，聚合思维以逻辑思维为基础，它十分强调事物之间的相互关系，试图形成对外界事物理解的种种模式，追求问题解决的唯一正确的答案，主要包括演绎思维和归纳思维两种方法。与此相反，发散思维是以形象思维为基础，它不强调事物之间的相互关系，也不追求问题解决的唯一正确答案，它试图就同一问题沿不同角度思考，提出不同的答案。因此，发散思维是一种无规则、无限制、无定向的思维，具有灵活性、流畅性、多变性、新颖性和相对性

[1] 胡卫平．创新人才的培养途径 [J]．人民教育，2008，（11）：7-10.
[2] 林崇德，辛自强．关于创新人才培养的心理学思考 [J]．国家教育行政学院学报，2004，（4）：33-38.
[3] 黄希庭．心理学导论 [M]．北京：人民教育出版社，1991．476.
[4] 转引自彭聃龄．普通心理学 [M]．北京：北京师范大学出版社，2001．279.

等特点。发散思维主要包括逆向思维、曲解思维、脑风暴、夸张思维等方法。发散思维在很大程度上也是直觉思维，它不依据确切的逻辑推理，而是凭着个人的直观知觉对事物和现象作出推断。[1]

（2）创新思维特点

创新思维具有流畅性、变通性、独特性和敏感性的特点。

思维的流畅性，也叫思想的丰富性，是指在限定时间内产生观念数量的多少。思维的变通性，也叫思维的灵活性，是指摒弃旧的思维习惯方法开创不同方向的那种能力。思维的独特性，是指产生不同寻常的反应和不落常规的那种能力，此外还有重新定义和按新的方式对我们所见所闻加以组织的能力。思维的敏感性，是指及时把握住独特新颖观念的那种能力。[2]

吉尔福特则认为，创新思维的主要成分是发散思维，并可用发散思维的流畅性、变通性、独特性来衡量创造性的高低。

3. 科学探究与创新思维培养

研究表明，创新能力的核心是创新思维，而学科教学是培养创新思维的主渠道。[3] 物理学科中的探究性学习可以通过发散思维、批判思维、隐喻联想思维等思维品质因素培养以及意志力、责任感等非智力因素的培养，开发学生的创新能力。

（1）发散思维培养

发散思维是创新思维的核心。为培养学生的创新思维能力，首先必须打破他们因循守旧、追求固定答案和权威答案的思维惰性。

科学探究教学从组织及实施两个方面都有助于发散思维能力的培养。从组织方面看，科学探究中往往要把全班学生划分为多个小组，且往往使用“组间同质、组内异质”的分组策略，因为学生在思维、能力、个性及经历上各不同，他们往往会相互启发、提出创造性作用的设想。从实施方面看，无论是在提出假设抑或是设计实验方案等探究的各阶段，教师都力图使学生全方位、多角度地看问题而不会限定学生的思路。

---

[1] 岳晓东，龚放．创新思维的形成及创新人才的培养 [J]．教育研究，1999，（10）：9–16.
[2] 黄希庭．心理学导论 [M]．北京：人民教育出版社，1991．479.
[3] 胡卫平．创新人才的培养途径 [J]．人民教育，2008，（11）：7–10.

（2）批判思维培养

批判思维指个人对某一事物和现象长短利弊的评判，它要求人对周围的人和事物不断形成独立的见解。[1]

勇于进行反思和批判是科学家能够发现新事物的重要思维特征。在科学探究中，学生通过模拟科学家的科学研究活动，反思他人的观点是否正确，反思推理过程是否符合逻辑，反思实验方案是否需要改进等。在批判质疑中形成新的观点、看法或问题，有助于创新意识和创新思维培养。

（3）隐喻联想能力培养

隐喻联想思维，指个人可以将截然不同的事物有机地结合起来。这种联想通常是隐喻的、直觉的、跳跃的、模棱两可的。科学上的许多重大突破，都是隐喻联想的结果，它把看上去毫不相干的东西联系在一起。因此，看到别人看不到的特殊关联，是创造性思维的一个突出体现。[2]

学生在科学探究活动中，逐渐提升了概念化和程序化的过程技能，形成了一定的心理体验和经验。因此，在后继的探究中，尽管所面对的内容情境不同，学生也往往会自动联想到以往所采用过的问题解决策略、变量控制方法、数据处理方法或信息转换方式等。探究中学生联想的隐喻性和直觉性尚不能和科学家相比，但把看上去不相干的东西联系起来的基本做法（如把电路想象成道路，把电子想象成人，把力学中的规律类比到电学、热学中去）是共通的。

（4）创造性人格因素培养

在探究教学中，教师不是课堂的主宰者和知识的权威代言人，而是学生观点的倾听者和活动的引导者。教师应充分尊重学生的想法，积极鼓励学生表述自己的观点及质疑他人的观点，重视学生的个体差异并促使全体学生都参与到探究中来。这有助于培养学生的自尊、自信，使学生敢于面对失败、敢于迎接挑战，因而有助于学生创造性人格因素的形成。

综上所述，创新思维培养是科学探究教学的应有之义。

[1] 岳晓东，龚放．创新思维的形成及创新人才的培养 [J]．教育研究，1999，（10）：9-16.
[2] 同上.

二、科学探究能力要求及教学建议

科学探究学习主要含有“问题”“证据”及“解释”等核心要素，为了便于教学，人们常将其细化为若干具体环节或要素。根据义务教育和普通高中物理课程标准，可将科学探究细化为以下基本要素：提出问题、猜想与假设、制订计划与设计实验、进行实验与收集证据、分析与论证、评估及交流与合作。[1]

1.“提出问题”能力要求与教学建议

科学探究源于人类的好奇、疑惑、兴趣与求知欲，在组织探究学习中，探究活动应围绕科学性问题展开。在本要素中，要求学生能从日常生活、自然现象或实验观察中发现与科学有关的问题，能书面或口头表述这些问题。

提出问题是探究的前提。通常，随意提出问题是容易的，但要提出一个有探究价值的问题却非易事。开始，学生可能不明白什么问题才是值得探究的，他们很有兴趣提出问题，但未经认真思考，有些问题过于简单，有些问题离题太远，有些问题则无法探究。教师应清楚什么才是值得探究的真正问题，注意分析学生所提问题的内涵并加以引导，注意将其逐步转变为有探究意义的科学问题。

例如，某学生在河边玩耍，看见两女士在河边散步，一位穿高跟鞋，另一位穿平跟鞋，尽管她们体重看起来相同，但她们留在河边湿地上的脚印深浅有明显的差异，这就是发现。对所发现的现象产生质疑，就会提出问题，如学生进一步把其发现表述为：“两个人的体重都差不多，走在同样的沙子上，为什么一个脚印深而另一个脚印浅？”随后，要对现象的物理本质作进一步的展开：“力对物体的破坏作用和什么因素有关？”

2.“猜想与假设”能力要求与教学建议

面对探究问题，要求学生能根据已有经验、已知信息和已学知识对所提问题的成因提出猜想，对探究的方向、解决问题的方式和可能出现的结果进行有根据的推测与假设。

在探究教学的初期，教师可示范性地对一些探究问题提出猜想假设，并说

[1] 以下参考：教育部基础教育课程教材发展中心制订的《中小学科学探究学习实施指南（试行稿）》；廖伯琴主编的《义务教育物理课程标准解读》，高等教育出版社，2012；物理课程标准研制组编的《普通高中物理课程标准（实验）解读》，湖北教育出版社，2004。

明理由，引导学生学习如何猜想假设。待学生有一定基础后，可让其根据已有知识和经验独立地提出猜想假设。要注意的是，教师应清楚什么才是合理的猜想假设，注意引导学生逐步从胡乱猜想假设向合理猜想假设发展。对于学生提出的不正确或低质量的猜想假设，教师应给予恰当的分析及引导；对于学生含有创意、见解独到、超越教学计划的猜想假设，教师应积极鼓励、回应。

例如，在茂密的树林中，太阳光透过树叶中的空隙在地面上留下许多光斑，光斑大都呈圆形,其明亮度不一,位置交错重叠。为什么这许多光斑都是圆的呢?学生猜想之一是因为树叶是圆的，所以影子是圆的；猜想之二是因为太阳是圆的，所以地面的光斑也都是圆的。究竟哪种猜想更合理，教师需要引导学生根据已有知识、经验合理猜想。根据已有知识，影子是光线没有照射到的地方，而光斑是光线照射到的地方，树荫下的圆圈是光斑而不是影子，因此，已有的知识不支持第一个猜想。

3.“制订计划与设计实验”能力要求及教学建议

“制订计划与设计实验”有利于培养学生严谨的科学思维品质，提升其规划设计的能力。在本要素中，要求学生能明确探究任务和所需条件，会制订探究方案，会选择探究方法及所需的仪器与设备，能考虑影响探究结果的主要因素，会运用控制变量的方法。

教师应注意引导学生选择实验仪器，选用恰当的研究方法；考虑自变量对因变量的影响，如何进行变量控制；分析活动中可能存在的安全隐患并提出解决措施；清楚每个实验操作步骤的意义；分析计划的科学性、可行性、逻辑性等。

例如，就“会运用控制变量的方法”这一能力要求而言，高中生要在具有控制变量意识的基础上，考虑和分析实验的变量及其控制的方法。如要研究单摆振动周期和摆球质量是否有关，实验中的摆长、振幅都应该是常量，如果实验者通过更换不同大小的摆球来操作实验的自变量（摆球质量 m）的话，就会导致应该属于常量的摆长发生变化，因为摆长不是摆线的长度，而是悬挂点到摆球球心的距离。

4.“进行实验与收集证据”能力要求及教学建议

学习收集证据，有利于培养学生求真务实、独立思考的科学态度和科学精神。

在本要素中，要求学生能通过科学实验或者公共信息资源等收集证据，会使用基本的实验仪器，能进行基本的实验操作，能够进行调查研究、正确测量、如实记录数据等，知道重复并客观收集实验数据的意义，具有安全操作的意识。

在进行实验时，应让学生明确实验目的，知道实验的意义和用途，了解实验仪器的操作规范及实验条件等。避免学生不经意或者有意识地修改数据的现象，让学生清楚只有如实地记录数据，才可能得到可信的结果。此外，还应让学生明白重复收集实验数据的意义。当课时有限时，可采取分组的方式进行学生实验，以便大家共享数据。同时，还应注意培养学生从其他信息源中收集证据的能力。在教学中，应注意让学生理解每个操作的意义，不能让学生仅按教师开出的“菜单”机械操作。不要因为害怕学生在操作中出现这样或那样的问题，就用包办代替的方法来避免学生出错，要注意让学生在做中学、在错中学。

例如，就“能进行基本的实验操作”“具有安全操作的意识”等能力要求而言，学生应该预先对实验结果的安全性作出判断，如用滑动变阻器控制电路中的电流时，开关闭合前，应审视变阻器的接线和滑动头的起始位置是否会造成变阻器短路。当对电路的接线没有十分把握的情况下，闭合开关前，用瞬时碰接的方法来探测电路在接通时的安全性。

5.“分析与论证”能力要求与教学建议

收集证据后，必须通过分析、比较、归纳等方法，找到信息、事实或现象之间的本质联系，形成探究结论。本要素中，要求学生能对数据进行分析处理，知道描述数据的手段和方法，能比较并筛选所获的相关信息资源，能分析数据的变化趋势，并能从中找出探究结果，能进行简单的因果推理，将结果与科学知识建立联系，尝试得出合理的解释。

在教学中，要注意培养学生分析数据、处理数据、得出结论的基本能力。在进行数据处理的过程中，注意让学生利用表格或关系曲线等整理数据、描述数据。引导学生客观、准确和简要地描述结果，探索实验结果与科学规律的联系。在引导学生进行分析论证的过程中，既要注意培养学生的分析概括能力，也要注意培养学生的发散思维能力；既不要轻易否定学生对数据的分析与推理，也不要随便鼓励学生轻率得出结论。

例如，可以让学生从控制物理条件所发生现象的感受中培养他们简单的因果推理能力。又如，把某一弦乐器的琴弦拉紧一些，弦振动的频率就高，把琴弦放松一些，弦振动频率就低，让学生从感觉上认识琴弦的张力是改变琴弦振动频率的原因，从而体会物理条件和物理现象之间存在的某些因果关系。

6.“评估”能力要求与教学建议

在本要素中，要求学生具有反思评估探究过程和探究结果的意识，能注意实验结果与猜想假设间的差异，分析实验结果与预想结果不一致的原因，注意探究活动中未解决的矛盾，发现新的问题，能吸取经验教训，改进探究方案。

在反思评估中，应让学生认识到：若结果与假设吻合，则假设被证实；若结果与假设冲突，则假设未被证实；在经过分析论证形成探究结论后，还需要进一步对结果与假设之间的差异进行反思评估。另外，还应注意让学生反思评估已采用的实验方法、器材、步骤和数据处理等。反思评估有利于培养学生的质疑精神，教师应注意不要将反思评估流于形式，应注意总结并表扬学生在探究过程中的良好表现及创新意识等。

例如，我们在关于“影响导体电阻的因素”的定量探究中，其假设之一为“导体的材料、横截面积一定时，其电阻和长度成正比”。在用电阻丝进行实验验证时，实验数据和假设大体上吻合，但也有实验小组发现了事实和假设之间有一定差异：当被测量的电阻丝长度很小时，其测得的电阻值比假设略大。这是否是由于电阻丝粗细不均匀等原因所引起的实验误差？为了对此作出判断，在电阻丝的各个部位取相同长度的一小段进行实验，发现电阻都比预计的略大，说明这并不是实验误差所致，而是其中隐藏着一个必然的因素。进一步对此因素进行假设和验证，发现它就是温度，金属导体的温度变化太大时也会对它的电阻产生影响。以上实验中的差异，就是因为所取的一小段电阻丝长度太短，电路中没有使用滑动变阻器控制电流，致使通过电阻丝的电流太大、温度过高而造成的。学生在该评估活动中获得了新的发现。

7.“交流与合作”能力要求与教学建议

交流与合作有助于梳理思路、相互启发，加强学生对有关科学内容的理解，增强学生的团队意识以及勇于质疑、敢于发表见解的科学精神。本要素中，要求学生有主动表达自己观点的意识，敢于发表自己的观点，能用语言、文字、图表、幻灯或模型等多种方式准确表述研究过程和结果，善于倾听不同意见，有合作意识、团队精神。

在探究活动中，探究结果的呈现可有不同方式，如口头表述、实验报告、科学论文。教师应注意为学生提供相互交流、相互评议的机会；提醒学生注意理清思路、准确用词、严密表述。在表达交流过程中，既不能总让少数学生主导表达交流，或者由教师包办代替，也不能让交流表面热闹，而实际上却不得要领。

合作精神表现在探究过程中，就是既有分工，也有合作。例如，同一实验小组在收集某个实验信息时，有读数者，有读数审核者，有记录者，还有记录审核者，明确的分工能让学生在短时间内能准确、有效地获得实验数据，这种互相合作、互相关联、互相制约的活动，能够让学生认识到合作能力是现代社会人们必须具备的重要能力。因此，要克服做实验时总是只有成绩好、动手能力强的少部分学生忙碌的现象。

第二节　课程标准中的探究主题

科学教育的价值在于让学生了解科学的本质，体验科学探究的过程，学会一定的科学思维方法，准确地将科学概念、原理、原则以及理论运用于所处的环境中，解决自身学习、生活、工作和社会决策中遇到的问题，为学生的终身发展奠定基础，为社会的可持续发展提供支撑。这些目标的实现，需要老师们为学生提供机会和空间，让他们走近科学，动手做科学实验，并分享彼此对科学的感受，科学探究活动便是这样一种有效的方式。

一、义务教育物理课程标准中的科学探究

在义务教育阶段，学生初次接触物理学科，此时他们对物理的学习处于启蒙和起步阶段，所以义务教育阶段的物理课程除了注重物理基础知识的传授和基本技能的训练以外，还应该重视对学生学习兴趣的培养，对学生终身学习愿望、

科学探究能力、创新意识以及科学精神的培养。因此，物理课程的构建应重视让学生经历从自然、生活现象到物理知识的认识过程，经历基本的科学探究实践，使学生科学素养得到提高，促使学生全面发展。

1. 科学探究要素和能力要求

《义务教育物理课程标准》（注：此为2011年北京师范大学出版社出版的课程标准，以下皆简称为《课程标准》）指出："科学探究既是学生的学习目标，又是重要的教学方式。将科学探究列入'课程内容'，旨在让学生经历与科学工作者进行的相似的探究过程，主动获取物理知识，领悟科学探究方法，发展科学探究能力，体验科学探究的乐趣，养成实事求是的科学态度和勇于创新的科学精神。"[1]

科学探究活动的形式是多种多样的，其基本要素有：提出问题、猜想与假设、设计实验与制订计划、进行实验与收集证据、分析与论证、评估、交流与合作。在学生的科学探究活动中，其探究过程可以涉及所有的要素，也可以只涉及部分要素。

表1　义务教育物理课程标准对科学探究能力的要求

科学探究要素	科学探究能力的基本要求
提出问题	* 能从日常生活、自然现象或实验观察中发现与物理学有关的问题。 * 能书面或口头表述发现的问题。 * 了解发现问题和提出问题在科学探究中的意义。
猜想与假设	* 尝试根据经验和已有知识对问题的可能答案提出猜想。 * 能对探究的方向和可能出现的探究结果进行推测与假设。 * 了解猜想与假设在科学探究中的意义。
设计实验与制订计划	* 经历设计实验与制订计划的过程。 * 明确探究目的和已有条件。 * 尝试考虑影响问题的主要因素，有控制变量的意识。 * 尝试选择科学探究方法及所需要的器材。 * 了解设计实验与制订计划在科学探究中的意义。

[1] 中华人民共和国教育部．义务教育物理课程标准［M］．北京：北京师范大学出版社，2011．8．

（续表）

科学探究要素	科学探究能力的基本要求
进行实验与收集证据	* 能通过观察、实验和公共信息资源收集证据。 * 会阅读简单仪器的说明书，能按要求进行操作。 * 会使用简单仪器进行实验，会正确记录实验数据。 * 具有安全操作的意识。 * 了解进行实验与收集证据在科学探究中的意义。
分析与论证	* 经历从物理现象和实验中归纳科学规律的过程。 * 能对收集的信息进行简单归类及比较。 * 能进行简单的因果推理。 * 尝试对探究结果进行描述和解释。 * 了解分析与论证在科学探究中的意义。
评估	* 有评估探究过程和探究结果的意识。 * 能关注探究活动中出现的新问题。 * 有从评估中吸取经验教训的意识。 * 尝试改进探究方案。 * 了解评估在科学探究中的意义。
交流与合作	* 有准确表达自己观点的意识。 * 能表述探究的问题、过程和结果。 * 能听取别人意见，调整自己的方案。 * 能坚持原则又尊重他人，有团队意识。 * 了解交流与合作在科学探究中的意义。

2. 内容标准中的探究主题

《课程标准》的科学内容分为物质、运动和相互作用、能量三大主题。其中“物质”部分包括“物质的形态和变化”“物质的属性”“物质的结构与物体的尺度”“新材料及其应用”4个二级主题；“运动和相互作用”部分包括“多种多样的运动形式”“机械运动和力”“声和光”及“电和磁”4个二级主题；“能量”部分包括“能量、能量的转化和转移”“机械能”“内能”“电磁能”“能量守恒”及“能源与可持续发展”6个二级主题。每个二级主题下又包括若干条具体的内容条目（或称“三级主题”）和活动建议。梳理内容标准中的三级主题条目，可得出12个探究主题和20个探究活动主题。

（1）内容标准“物质”部分的探究主题

《课程标准》内容标准中“物质”部分的内容与日常生活和自然现象密切相关，与新材料的发展前沿相联系。这部分内容分为三类：对常见物质形态和属性的初步认识；对物质结构和物体尺度的初步认识；第三类是和当前蓬勃发展的材料科学相联系的。“课标”在这部分要求的探究主题有一个——经历物态变化的实验探究过程。

对于常见的物质形态和属性这一学习内容，由于它与生活联系比较多，“课标”提出“经历物态变化的实验探究过程”。例如，用实验探究的方法从学生日常所见的生活现象和小实验出发，探究冰的熔化过程、水的汽化过程、碘的升华过程等。

在“物质”部分的“活动建议”中，“课标”提出6个探究性活动主题：

调查学校和家庭的用水状况，设计一个学校或家庭的节水方案。

调查当地水资源的利用状况，并对当地水资源的利用提出自己的见解。

调查本地农田灌溉的主要方式，了解节水灌溉技术。

测量一些固体和液体的密度。如让学生自己设计一种方案，测量酱油、食用油、醋、盐、塑料制品、肥皂或牛奶等物品的密度。

调查生活中的一些日常用品，了解它们应用了物质的哪些物理属性。

参观生产某种材料（如建材）的工厂，调查生产这些材料可能造成的环境污染，提出治理的设想。

在学习了物态变化、物质的属性和新材料及其应用的相关基本知识后，通过精心设计，开展此类探究活动，可让学生感受到物理学并不神秘，物理学就在我们身边；科学·技术·社会的观念融入其中，使得物理课程贴近学生生活，符合学生的认知特点，从而激发并保持学生的学习兴趣；通过探索物理现象，揭示隐藏其中的物理规律，并将其应用于生产生活实际，可以使学生养成良好的思维习惯和初步的科学实践能力，体会到“从生活走向物理，从物理走向社会”是物理课程的基本理念。

（2）内容标准“运动和相互作用”部分的探究主题

物理学是研究物质的结构和基本运动规律的科学，在了解物质基本结构和属性的基础上，研究物质的运动和相互作用的规律，是认识物理现象所必需的内容。课程标准中将这部分内容划分为“多种多样的运动形式”“机械运动和力”“声和光”以及“电和磁”4个二级主题。其中，“多种多样的运动形式”以总体的形式讲机械运动、分子热运动等自然界运动的多样性；接下来分别讲机械运动、声、光、电和磁。

内容标准中“运动和相互作用”部分的知识具有很强的规律性，可以让学生经历知识获取的探究过程，发展学生的科学探究能力，培养学生的科学态度和科学精神。因此，内容标准的这部分设置了9个探究主题，占《课程标准》中内容标准部分探究主题的75%。

①通过实验，探究并了解杠杆的平衡条件

作为一种典型的简单机械，“课标”对杠杆的要求，既包含过程，也包含结果。要求通过实验探究杠杆的平衡条件，结果性目标是“了解”水平，重点是用平衡条件来说明生活和生产中为什么使用杠杆，为什么能省力或使用方便，无需做繁杂计算和拓展。

②通过实验，探究并了解液体压强与哪些因素有关

压强与力的概念联系紧密，也是与生活、生产联系非常紧密的一个知识点。“课标”要求以实验的方式组织教学，让学生通过实验，了解液体中压强与哪些因素有关。这部分只需达到“了解”水平，不需要用液体压强公式进行烦琐计算。

③通过实验认识浮力，探究浮力大小与哪些因素有关

浮力是一个比较抽象的概念，对于浮力的学习，“课标”要求通过实验探究进行，要经历探究浮力大小的过程。浮力的知识与生活中的很多现象有联系，可以从熟悉的生活现象出发，在探究中认识浮力，以及其在生活中的运用。

④通过实验，探究并了解光的反射定律及光的折射现象

反射和折射是两个重要的光现象，“课标”对其要求有两个方面，一是过程性目标——探究，二是终结性要求——了解。对于反射规律，要求学生了解完整的反射定律；而对于折射规律，则是要求定性地了解折射现象，无需学习折射公式。

⑤通过实验，探究平面镜成像时像与物的关系，知道平面镜成像的特点及应用

平面镜成像也是一个重要的光学现象，“课标”要求通过实验探究来学习。对其终结性要求是：知道平面镜成像的特点以及在生活、生产中的应用。

⑥探究并知道凸透镜成像的规律

对于本条目，“课标”要求学生通过实验探究学习凸透镜成像的规律；对其终结性目标是“知道”，学生定性地知道像的大小、正倒即可。

⑦观察摩擦起电现象，探究并了解同种电荷相互排斥、异种电荷相互吸引

摩擦起电是人类最早认识的电现象，也是生产生活中常见的电现象。“课标”要求通过用摩擦过的塑料棒、玻璃棒等吸引轻小物体，使学生认识摩擦起电现象；通过探究丝绸摩擦过的玻璃棒和毛皮摩擦过的橡胶棒的相互作用，让学生了解存在两种电荷，同种电荷相互排斥，异种电荷相互吸引。

⑧探究并了解通电螺线管外部磁场的方向

对于本条目，“课标”要求通过探究活动，学生了解通电螺线管的磁场分布，得出通电螺线管外部磁场大致相当于一个条形磁铁的磁场的结论，了解通电螺线管外部磁场方向与电流方向的关系。

⑨通过实验，探究并了解导体在磁场中运动时产生感应电流的条件

电磁感应是联系电与磁的一个重要物理现象，电磁感应定律是物理学中非常重要的一条规律。这条标准注重探究的过程性要求，通过探究导体产生电流的条件，让学生了解导体在磁场中作切割磁感线运动时，导体中会产生感应电流。

“运动和相互作用”部分的知识与生活、生产联系非常紧密，规律性知识较多，所以开展一些探究活动有利于学生对知识的掌握和探究能力的提高。“课标”中此部分建议的探究活动主题有：

利用常用物品设计实验，说明组成物质的微粒在不停地运动。

用弹簧或橡皮筋制作简易测力计。

用饮料软管制作喷雾器。

调查社区（或学校）中噪声污染的情况和已采取的控制措施，提出进一步控制噪声的建议。

用凸透镜制作简易望远镜，并用其观察远处景物。

研究动圈式扬声器是否可以作为动圈式话筒使用。

用电磁继电器制作一个简易自控装置。

调查电磁波在现代社会中的广泛应用。

（3）内容标准“能量”部分的探究主题

能量的转化和守恒定律是自然界最普遍、最重要的基本定律之一，是自然科学的核心内容之一。在物理学中，它贯穿于力学、热学、光学、声学、电磁学等物理学各个领域中，广泛渗透在各门学科中，并和各种产业及日常生活息息相

关。这部分内容的学习过程对于学生树立科学的世界观、联系生活生产实践、形成可持续发展的意识以及进一步学习其他科学技术，都是十分重要的。

内容标准中“能量”部分含有6个二级主题：能量、能量的转化和转移，电磁能，机械能，能量守恒，内能以及能源与可持续发展。这部分共包括2个探究主题：

①通过实验，探究电流与电压、电阻的关系

“课标”要求通过实验探究，让学生体验和经历科学探究的过程，自己找出电流与电压、电阻之间的规律，学习科学探究方法，发展初步的科学探究能力。通过探索物理现象，引导学生揭示隐藏其中的物理规律，并将其应用于生产生活实践，培养学生的探索乐趣、良好的思维习惯和初步的科学实践能力。同时，在这部分的学习过程中，要学习控制变量的科学探究方法。

②通过实验，探究并了解焦耳定律，用焦耳定律说明生产、生活中的一些现象

焦耳定律是说明传导电流将电能转换为热能的定律，是电学中最重要的基本定律之一。“标准”要求让学生经历探究的过程，了解在电流一定时，导体消耗的电功率与导体的电阻成正比。“标准”突出让学生经历基本的科学探究过程，学习科学探究方法，发展初步的科学探究能力，形成尊重事实、探究真理的科学态度；同时，在学习过程中培养学生勇于探究日常生活中物理道理的精神，有将科学技术应用于生产、生活和社会实践的意识。

内容标准中“能量”部分有11条活动建议，其中以下6条属于探究性活动主题：

查找资料，了解人类利用机械的历程，写一篇调查报告。

从炊具、取暖、交通等方面对当地燃料结构近年来的变化作调查研究，从经济、环保和社会发展等方面进行讨论。

调查当地近年来人均用电量的变化，讨论它与当地经济发展的关系。

调查当地几种炉灶的能量利用效率，写出调查报告。

了解当地空气质量的状况，调查、分析空气质量变化的原因。

了解有关提倡低碳生活方面的一些信息，调查当地使用的主要能源及其对当地经济和环境的影响，提出开发当地可再生能源的建议。

这些探究活动主题主要是运用对应部分的基础知识和基本的科学方法开展。

这些活动可以启发学生的创造性思维，发展学生的科学探究能力。利用学过的知识开展与社会发展息息相关的探究活动，充分体现了“从生活走向物理，从物理走向社会”的课程基本理念，体现了“关心科学技术发展，具有环境保护和可持续发展的意识，树立正确的世界观，有振兴中华、用科学服务于人类的使命感与责任感”的课程目标。

物理科学是一门实验科学，在义务教育阶段应让学生通过观察、操作、评价等体验方式，经历科学探究过程，逐步学习物理规律，构建物理概念，学习科学方法，逐步树立科学的世界观。值得一提的是，“内容标准”中的探究主题是要求学生必须学习的教学内容；而“活动建议”中的探究活动主题不是规定的教学内容，教师可以从中选用，也可以结合当地情况开展其他相关活动。

二、普通高中物理课程标准中的科学探究

高中物理是高中科学学习领域的一门基础课程，与义务教育阶段的物理或科学课程相衔接，其特点是具有时代性、基础性和选择性。高中物理课程包括 12 个模块，其中两个必修模块——物理 1 和物理 2 是全体学生的共同学习内容，包括运动、相互作用及运动规律、能量等物理学的核心内容，经历一些科学探究活动，初步了解物理学的特点和研究方法，体会物理学在生活和生产中的应用以及对社会发展的影响，同时为下一步选学模块作准备。选修 1 系列包括选修 1–1、选修 1–2，侧重物理学与社会的相互关联和相互作用，突出物理学的人文特色，注重物理学与日常生活、社会科学以及人文学科的融合，强调物理学对人类文明的影响。选修 2 系列包括 3 个模块，侧重从技术应用的角度展示物理学，强调物理学与技术的结合，以及物理学的应用性、实践性。选修 3 系列包括五个模块，侧重让学生较全面地学习物理学的基本内容，较为深入地认识物理学在技术中的应用以及对经济、社会的影响。

《普通高中物理课程标准（实验）》指出，高中物理课程应促进学生自主学习，让学生积极参与、乐于探究、勇于实验、勤于思考。通过多样化的教学方式，帮助学生学习物理知识与技能，培养其科学探究能力，使其逐步形成科学态度与科学精神。为落实高中物理课程的这一基本理念，《普通高中物理课程标准（实验）》在内容标准部分规定了科学探究和实验能力的基本要求，并作为教学的重要内容

在“共同必修模块”和“选修模块”中以探究主题条目和活动建议的探究活动主题体现出来。

1. 科学探究要素和能力要求

科学探究是学生完成高中物理课程所必须达到的学习目标，因此《普通高中物理课程标准（实验）》把物理实验和科学探究放到一起，一并提出能力要求。其基本要素包括提出问题、猜想与假设、制订计划与设计实验、进行实验与收集证据、分析与论证、评估、交流与合作，共计七条，每条要素又包括若干条具体的基本要求条目。

表 2　普通高中物理课程标准对科学探究及实验能力的基本要求

科学探究要素	对科学探究及物理实验能力的基本要求
提出问题	* 能发现与物理学有关的问题。 * 从物理学的角度较明确地表述这些问题。 * 认识到发现问题和提出问题的意义。
猜想与假设	* 对解决问题的方式和问题的答案提出假设。 * 对物理实验结果进行预测。 * 认识到猜想与假设的重要性。
制订计划与设计实验	* 知道实验目的和已有条件，制订实验方案。 * 尝试选择实验方法及所需要的装置与器材。 * 考虑实验的变量及其控制方法。 * 认识到制订计划的作用。
进行实验与收集证据	* 用多种方式收集数据。 * 按说明书进行实验操作，会使用基本的实验仪器。 * 如实记录实验数据，知道重复收集实验数据的意义。 * 具有安全操作的意识。 * 认识到科学收集实验数据的重要性。
分析与论证	* 对实验数据进行分析处理。 * 尝试根据实验现象和数据得出结论。 * 对实验结果进行描述和解释。 * 认识到在实验中进行分析论证是很重要的。
评估	* 尝试分析假设与实验结果间的差异。 * 注意探究活动中未解决的矛盾，发现新的问题。 * 吸取经验教训，改进探究方案。 * 认识到评估的意义。

（续表）

科学探究要素	对科学探究及物理实验能力的基本要求
交流与合作	* 能写出实验探究报告。 * 在合作中注意既坚持原则又尊重他人。 * 有合作精神。 * 认识到交流与合作的重要性。

探究教学的基本内容包括问题、事实、解释、评价和发表五个方面。学生围绕着某一物理问题展开探究活动；为了解释问题，学生通过猜想与假设获取对问题进行解释需要的事实或证据；然后根据假设的证据设计能够进行解释的实验；继而根据实验所得结论对解释进行形成性评价，并对问题作出回答；最后学生进行论证并把自己的解释跟别人进行交流和比较，在此过程中修正、发展自己的解释，形成新的理解。对于科学探究的七个要素，并不一定每一节课都要涉及，探究能力的培养需放在较长时空来整体考虑，可以分布到多节课中来实施。

2. 内容标准中的探究主题

（1）共同必修模块中的探究主题

共同必修模块包括“物理 1”和“物理 2”，其目的旨在引导学生经历对自然规律的探究过程，学习基本的物理内容，了解物理学的思想和研究方法，初步认识物理学对科学技术、经济、社会的影响，学习科学精神和科学态度。“物理 1”包括运动的描述、相互作用与运动规律两个二级主题，其中的有关实验在高中物理中具有典型性，对于学生掌握基本实验操作技能和研究方法非常重要。“物理 2”包括机械能和能源、抛体运动与圆周运动以及经典力学的成就与局限性 3 个二级主题，这些内容是物理学的核心内容，是后续学习的基础。在“内容标准”的共同必修模块中要求的探究主题有 3 个，涉及匀变速直线运动的规律、牛顿第二定律和动能定理 3 个知识点。

①经历匀变速直线运动的实验研究过程

匀变速直线运动是高中物理运动学中的重要学习内容，是高中物理的核心知识点，本条目属“物理 1”中“运动的描述”主题，要求学生经历匀变速直线运动的实验研究过程，体会实验在发现自然规律中的作用，在此过程中理解位移、速度和加速度等物理概念，这既体现了“知识与技能”的培养目标，也体现了“过程与方法”的培养目标。在本条目的学习过程中，可以使用打点计时器、频闪照相或其他实验方法研究匀变速直线运动；还可通过回顾研究自由落体运动规律的方法和历史发展脉络，让学生了解伽利略对物体运动的研究在科学发展和人类进步史上的重大意义。

②通过实验探究加速度与物体质量、物体受力的关系

本条目属“物理 1”中的二级主题“相互作用与运动规律”。牛顿运动定律是经典物理学的基础，本条目要求学生通过实验探究加速度、质量、力三者的关系，通过控制变量的实验方法测量加速度、力、质量，分别作出表示加速度与力、加速度与质量的关系的图象，进而写出关系式。本条目的目的是让学生掌握牛顿第二定律的内容，体会探究过程中所使用的方法，学会用控制变量法研究三个变量的关系。

③通过实验探究恒力做功与物体动能变化的关系

本条目属“物理 2”中二级主题“机械能和能源”，要求学生用实验的方法探究恒力做功与物体动能变化的关系。例如，可以用打点计时器或光电计时器等实验仪器探究恒力做功与物体动能变化的关系等，本条目强调“过程与方法”维度的目标，注重对学生科学探究能力的培养。

共同必修模块注重引导学生学习基本的物理内容，经历对自然规律的探究过程，了解物理学的思想和研究方法，初步认识物理学对科学技术、经济、社会的影响。所以，开设一定数量的探究活动可以有效地促进三维目标的实现和科学本质教育。共同必修的“活动建议”中的探究活动主题共有 7 个：

通过实验研究质量相同、大小不同的物体在空气中下落的情况，从中了解空气对落体运动的影响。

调查日常生活和生产中利用静摩擦的事例。

根据牛顿第二定律，设计一种能显示加速度大小的装置。

通过听讲座、看录像等活动了解宇航员的生活，了解在人造卫星上进行微重力条件下的实验，尝试设计一种在人造卫星或宇宙飞船上进行微重力条件下的实验方案。

设计实验，测量人在某种运动中的功率。

通过查找资料、访问有关部门，收集汽车刹车距离与车速关系的数据，尝

试用动能定理进行解释。

调查公路拐弯处的倾斜情况或铁路拐弯处两条铁轨的高度差异。

（2）选修 1 系列中的探究主题

物理学是人类文化的重要组成部分，物理学的技术应用推动了人类社会的发展，同时也引起了资源、环境等问题。选修 1 系列侧重物理学与社会科学及人文学科的融合，强调物理学对人类文明的影响。其中，“选修 1–1”涉及电磁现象和规律、电磁技术与社会发展、家用电器与日常生活等内容，让学生经历从观察、认识形式多样的电磁现象到构建统一的电磁理论的探究过程，了解其历史背景以及由此引发的人类思维、生产方式、生活方式的变革，认识科学技术和社会发展的互动关系。“选修 1–2”涉及热现象及其规律、热与生活、能源与社会发展等内容，以能量的使用为主线，学生在学习物理学基础知识和方法的同时，将认识科学技术和社会发展的互动及其可持续发展的关系。

选修 1 系列的“内容标准”包括 26 个条目，但并未规定探究主题。老师们可以参考“活动建议”中的探究主题开展一些探究活动。

（3）选修 2 系列中的探究主题

物理学对技术的发展和人类文明的进步起了重要的推动作用。在日常生活中，从交通工具、家用电器到医疗设备，物理学的技术已被应用到各个领域。选修 2 系列的三个模块侧重于从技术应用的角度展示物理学，强调物理学与技术的结合，适合具有工科倾向的学生学习。“选修 2–1”包括“电路与电工”“电磁波与信息技术”两个二级主题的内容；“选修 2–2”包括“力与机械”“热与热机”两部分内容;“选修 2–3”包括“光与光学仪器”“原子结构与核技术”两部分内容。

选修 2 系列的三个模块包括两个探究主题：

①通过实验探究变压器的电压与匝数的关系

本条目属于“选修 2–1”中的“电路与电工”主题。变压器是生活与生产中应用非常普遍的器件，在学习了电磁感应、交变电流等知识的基础上，变压器的电压与匝数的关系可以通过探究性实验比较容易地得出。“课标”要求教学中都要通过探究性实验得出变压器电压和匝数的关系的规律。

②探究并理解透镜成像的规律

本条目属于“选修 2–3”中的“光与光学仪器”主题。透镜成像是光学部分的重点内容，可以通过实验定性地学习凸透镜成像的规律，然后由作图得出透镜成像的规律，探究透镜成像规律的重点是探究凸透镜成像的规律。

选修 2 系列的内容与生产生活中所使用的科学技术息息相关，所以，利用本部分知识对生产生活中的事物或现象进行探究，有利于加强物理课程与学生生活、现代社会及科技发展的联系，有利于关注物理学技术应用所带来的社会问题，培养学生的社会参与意识和责任感，提高学生的实验探究能力和实践能力。选修 2 系列的“活动建议”中共有 15 条探究活动主题：

选修 2—1：

通过查找资料，对比直流输电与交流输电的特点，调查国内外直流输电的发展情况。

组装小型变压器。

用分立元件或集成电路制作收音机。

制作无线话筒。

利用传感器制作简单的自控装置。

选修 2—2：

参观工厂，调查工厂中各种机械的应用情况。

设计或改进一种机械，使日常生活更方便。

调查本地区使用内燃机的型号、主要技术性能及近年来发展变化的情况。

调查当地各种大气污染物的污染指数与当日天气及居民取暖情况、汽车上路多少的关系，研究影响当地大气污染的主要因素。

选修 2—3：

自制简易望远镜，用望远镜观察星空，与同学讨论交流观察的结果。

调查市场上各种照相机的新功能。

用偏振片鉴别普通玻璃和天然水晶，探究这种技术的物理原理。

用发光二极管制作电源开关的指示器。

调查本地使用射线的各种情况。

调查常用建筑材料的放射性和相关的国家标准。

（4）选修 3 系列中的探究主题

高中物理选修 3 系列包括五个模块，本系列课程模块侧重于让学生学习较系统的物理学基本内容，包括物理学的概念、规律和实验，进一步了解物理学的思想和方法，较为深入地认识物理学的技术应用及其对生活、经济、社会的影响。本系列课程模块的设立，是供经过必修物理课程学习后对物理学或自然科学具有浓厚兴趣且具有理科倾向的学生学习。通过本系列课程，学生可以学习较系统、较全面的物理学基本内容，为其今后学习更高级的物理学或自然科学积累比较多的物理知识、技能与物理学的思想和方法。选修 3 系列五个模块的内容标准中包括 6 条探究主题。

①通过实验探究决定导线电阻的因素

本条目属于“选修 3–1”中的二级主题“电路”。在初中已经了解影响导体电阻的因素的基础上，通过实验探究导体电阻与材料、长度以及横截面积的定量关系就比较容易了，在掌握电阻定律时需定性了解电阻大小除了和以上几个因素有关外，还与温度有关。

②通过探究理解楞次定律

本条目属于“选修 3–2”中的二级主题“电磁感应”。楞次定律是判断感应电流方向的规律，是电磁感应部分的基本规律，“课标”要求通过科学探究使学生自主归纳并得出规律，让学生经历从实验观察到归纳出理论的过程，体验物理学的规律是怎样得出来的。“课标”对楞次定律这一知识点的要求是“理解”。

③通过实验探究变压器的电压与匝数的关系

本条目属于“选修 3–2”中的二级主题“交变电流”。本条目的要求是学生通过实验探究变压器的电压与匝数的关系，得出规律。在学习了电磁感应、交变电流等知识的基础上，探究变压器的电压与匝数的关系相对比较容易。同时，学生应该能应用电磁感应的知识分析变压器的原理，能够用能量的观点分析实际变压器中有哪些能量损耗，知道生活和生产中常见的变压器及其作用。

④通过实验探究，了解气体的实验定律

本条目属于“选修 3–3”中的二级主题“固体、液体与气体”。“课标”对本条目的要求是通过演示实验或者学生分组实验，探究气体的玻意耳定律、查理定律、盖 – 吕萨克定律，这里要关注学生在学习过程中的体验。“课标”对这三个定律的要求属于“了解”水平，不需繁琐的计算，这里涉及的物理模型“理想气体模型”也只需要掌握其含义。

⑤通过实验探究单摆的周期与摆长的关系

本条目属于“选修 3–4”中的二级主题“机械振动与机械波”。“课标”要求学生能通过实验收集单摆的周期和摆长关系的数据，尝试用不同曲线形式拟合实验曲线，得出周期与摆长的二次方根成正比的关系。对于此探究主题，在有条件的地方可以尝试应用计算机处理实验数据。

⑥探究物体弹性碰撞的一些特点

本条目属于“选修 3–5”中的二级主题“碰撞与动量守恒”。对于本条目的探究，可以通过光滑水平面上，或气垫导轨上物体的碰撞，或者通过频闪照片的分析来得出弹性碰撞的特点，进而对弹性碰撞的含义进行理解。

选修 3 系列的物理学知识较为深入和全面，涉及较多的物理概念、规律和定理，这些知识都是与生产、生活息息相关的，通过一些探究活动巩固基础知识的同时，可以加强物理学与生活的联系，提高学生的实验探究能力。本系列五个模块的“活动建议”中共包括 13 个探究活动主题：

选修 3–1：

用光敏二极管和微型话筒制作楼道灯的光控——声控开关。

制作简单的门电路。

利用集成块制作简单的实用装置。

用电磁继电器安装一个自动控制电路。

选修 3–2：

调查发电机的容量、居民用电和工业用电情况，撰写调查报告。

调查日常生活中传感器的应用，就其中的一种在工作原理、技术意义、经济效益等方面进行分析。

利用传感器制作简单的自动控制装置。

选修 3–3：

设计实验，比较肥皂水和清水的表面张力。

调查所在地区运往外地的主要货物，在综合考虑降低能耗、方便运输、减少污染、保证安全、减低费用、减少交通拥挤等因素的基础上，讨论运输这些货物的可能方案。

选修 3–4：

调查当地移动通信的发展情况。

进行市场调查，列举家用电器和生活用品中与红外线、紫外线有关的应用实例。

通过调查研究，收集光的偏振现象的应用实例。

选修 3–5：

制作“水火箭”。

第三节　教科书中的探究主题

教科书即课本，是根据课程标准编制的系统反映学科内容的教学用书。教科书是最基本、最重要的课程资源之一，在课程改革理念和目标的实施过程中，教科书是课程内容的重要载体。对学习者而言，教科书具有促进个体人格发展等功能；对教师而言，教科书具有提供学科信息、教师培训、课程管理等功能。[1]由此，中学物理教科书中探究主题的设置情况，对探究教学的有效开展以及提高学生的科学探究能力和创新能力具有重要作用。本节将对初中物理教科书和高中物理教科书中的探究主题进行梳理，从而掌握教科书中探究主题设置情况。

按照“课标”要求编写、经过全国中小学教材审定委员会审定的初中 6 套、高中 5 套教科书，都有很多体现科学探究的内容，下面以“司南版”和“人教版”物理教科书为例，对教科书中的探究主题进行梳理。

一、初中物理教科书中的探究主题

强调让学生通过科学探究活动学习物理课程中的内容，是新课程的基本特点之一。《课程标准》指出，教科书编写者应根据“标准”的基本理念、课程目标，在教科书内容选择、呈现方式等方面为探究活动的实施创造条件；教科书内容的选择应该有利于促进探究活动的开展；物理教科书内容的组织应为实施科学探究提供便利。按照“课标”要求编写、经过全国中小学教材审定委员会审定并在全

[1]　曾天山．教材论 [M]．南昌：江西教育出版社，1997．31．

国范围内使用的义务教育物理课程标准实验教科书有6套，分别是由张大昌和彭前程主编、人民教育出版社出版的义务教育物理课程标准实验教科书（简称“人教版”）；由廖伯琴和何润伟主编、上海科学技术出版社出版的义务教育物理课程标准实验教科书（简称“沪科版”或“司南版”）；由束炳如主编、上海科学技术出版社与广东教育出版社联合出版的义务教育物理课程标准实验教科书(简称“粤教版”）；由阎金铎主编、北京师范大学出版社出版的义务教育物理课程标准实验教科书（简称“北师大版”）；由刘炳升和李容主编、江苏科学技术出版社出版的义务教育物理课程标准实验教科书（简称“苏科版”）；由吴祖仁主编、教育科学出版社出版的义务教育物理课程标准实验教科书（简称“教科版”）。下面以“司南版”和“人教版”初中物理教科书为例，对其中的科学探究主题进行梳理。

1.“司南版”初中物理教科书中的探究主题

“司南版”初中物理教科书以科学探究的七个要素作为全书的主线，将科学探究的主要环节分别渗透到不同的章节，从提出问题、猜想与假设、制订计划与设计实验、进行实验与收集数据、分析论证、评估到合作与交流，每个部分都进行了探究点拨和指导。在编排顺序上，一个章节侧重探究的某个环节，然后以一个完整的探究过程提升学生对科学探究的认识。[1]

“司南版”八年级物理教科书中安排了8个大的探究主题，每个主题作为单独一节设置，一般都包括提出问题、收集证据、作出解释、得出结论等探究步骤。例如：

第二章第四节：速度的变化

第三章第一节：世界因声音而精彩

第四章第五节：折射魔术家

第五章第五节：摩擦力

第六章第一节：“不推不动”的说法对吗

第七章第三节：物质的密度

第八章第二节：液体的压强

第九章第一节：四两拨千斤

[1] 以下内容参考廖伯琴和何润伟主编、上海科技出版社出版的义务教育物理课程标准实验教科书（2009版）。

除以上 8 个大探究主题以外，“司南版”八年级教科书中的“实验探究”栏目中的探究活动有 27 个，“迷你实验室”栏目中有 6 个制作探究和一个探究性小实验。其中探究要素较完整的探究主题有 10 个：

· 视力的矫正

· 来自地球的力

· 势均力敌

· 皇冠的秘密

· 水中称物

· 潜水艇的秘密

· 谁讲效率

· 动能探秘

· 势能探秘

· 逃出重围

“司南版”九年级物理教科书中安排了 11 个大的探究主题：

第十一章第一节：熔点与沸点

第十二章第二节：谁的吸热本领大

第十三章第四节：串联和并联电路的电流

第十四章第二节：电流与哪些因素有关

第十四章第三节：用“伏安法”测电阻

第十四章第四节：电阻方队

第十五章第一节：雪中送炭的电流

第十五章第二节：电流做功的快慢

第十五章第三节：测量电功率

第十六章第三节：电动机为什么会转动

第十七章第二节：人工光明使者

除以上 11 个大的探究主题以外，“司南版”九年级物理教科书的“实验探究”栏目中共有探究主题 17 个；“实践活动”栏目中有 12 个调查活动和 4 个探究制作；“迷你实验室”栏目中有 4 个制作探究和一个探究性小实验。其中探究要素较完整的有 6 个：

· 电路的类型

· 谁在拖自由电子的后腿

· 铁屑之舞

· 来不来电

· 电流单行道

· 能量的转化

“司南版”初中物理教科书的探究活动主题注重从自然或生活中的神奇现象引入物理问题，通过探究寻找规律，最后将知识应用于社会生产实践，并且重视人文精神与自然科学的融合，以培养学生的科学精神和科学态度。“司南版”初中物理教科书中除上述栏目外，还有“信息窗”及“交流与讨论”隐含部分探究内容的栏目。

2. “人教版”初中物理教科书中的探究主题

“人教版”初中物理教科书的编写特点是“把‘怎样进行探究’当作一个教学内容来处理”，突出学生的探究活动，把科学方法的学习和科学知识的学习放到同等重要的地位，以有利于学生循序渐进地学习科学探究为出发点。[1]

“人教版”八年级物理教科书中包括大的探究主题 5 个，每个探究主题作为一节内容呈现：

第三章第三节：折射魔术家

第五章第五节：串、并联电路电流的规律

第六章第二节：串、并联电路电压的规律

第七章第一节：电阻上的电流跟两端电压的关系

第八章第三节：小灯泡的电功率

除了大的探究主题外，“人教版”八年级物理教科书的“探究”栏目中包括 11 个探究活动主题：

· 世界因声音而精彩

· 谁的声音更洪亮

· 儿时的游戏——黑板上的光斑

[1] 以下内容参考了张大昌和彭前程主编，人民教育出版社出版的义务教育物理课程标准实验教科书（2001 版）。

· 小猫照像
· 画家的世界
· 我需要热
· 水之旅
· 亮度因我改变
· 铁屑之舞
· 谁吸的回形针多
· 人工光明使者

“人教版”九年级物理教科书没有设置大的探究主题，“探究”栏目中的探究主题有 14 个：

· 材料的法官
· 不让你走
· 势均力敌
· 来自地球的力
· 摩擦力探秘
· 四两拨千斤
· 小小滑轮用处多
· 如履薄冰
· 插上翱翔蓝天的翅膀
· 海上的楼阁
· 谁讲效率
· 动能探秘
· 重力势能探秘
· 吸热本领比赛

“人教版”初中物理教科书中探究活动涉及探究的面较广，探究的内容由简单到复杂，探究的思维程序由对部分环节的探究发展到对完整环节的探究。此教科书除专门安排的探究活动外，还安排了“想想做做”及“想想议议”等隐含部分探究内容的栏目。

二、高中物理教科书中的探究主题

《普通高中物理课程标准（实验）》指出，物理教科书的编写应该贯彻“倡导科学探究，注重科学探究质量”的课程理念，在物理教科书内容的选择上应关注科学探究，在科学探究的质量上下功夫，在教科书内容的组织上应“为探究活动提供指导和帮助”，应逐渐增大完整探究活动的比例。按照“课标”要求编写、经过全国中小学教材审定委员会审定并在全国范围内使用的普通高中物理课程标准实验教科书有 5 套，它们分别是：由张大昌主编、人民教育出版社出版的普通高中物理课程标准实验教科书（简称“人教版”）；由束炳如和何润伟主编、上海科技教育出版社出版的普通高中物理课程标准实验教科书（简称“沪科版”）；由廖伯琴主编、山东科学技术出版社出版的普通高中物理课程标准实验教科书（简称“司南版”）；由保宗悌主编、广东教育出版社出版的普通高中物理课程标准实验教科书（简称“粤教版”）；由陈熙谋和吴祖仁主编、教育科学出版社出版的普通高中物理课程标准实验教科书（简称“教科版”）。这里以“司南版”和“人教版”高中物理教科书为例，梳理高中物理教科书中的探究主题设置情况。

1.“司南版”高中物理教科书中的探究主题

“司南版”高中物理教科书注重对学生科学探究能力的培养，通过学生实验、演示实验、有趣的小实验和低成本实验，让学生学到物理知识的同时，经历探究过程，学习科学探究方法，提高自主学习能力。通过“实验与探究”栏目或者某节内容展示对科学探究过程的要求，并且在“迷你实验室”栏目中介绍了大量丰富多彩的低成本实验，为学生进一步动手实践、开拓思路提供资源，此外，“动手与动脑”“动手做”等栏目也有一些与实验探究相关的内容。[1]

“司南版”共同必修模块共有 3 个大的探究主题，这些探究主题一般都包括提出问题、进行实验与收集数据、分析与论证等核心探究要素。

物理 1：

第三章第二节：小车沿斜面下滑的运动

第六章第二节：谁是一辆好赛车

[1] 以下内容参考了廖伯琴主编、山东科学技术出版社出版的高中物理课程标准实验教科书系列（2009 年版）。

物理 2：

第二章第一节：用橡皮筋发射小车

“司南版”高中物理共同必修模块中除了以上 3 个大的探究主题外，“实验与探究”栏目中有 12 个探究活动，“迷你实验室”栏目中有 26 个探究活动。其中探究要素较完整的有 4 个：

· 弹簧伸长量与弹力的关系

· 滑动摩擦力探秘

· 跳板跳水的奥秘

· 射击的学问

“司南版”选修 3 系列的五个模块共有 11 个大的探究主题，这些探究主题一般都包括提出问题、进行实验与收集数据、分析与论证等核心探究要素。

选修 3–1：

第三章第二节：是谁在拖自由电子的后腿

第四章第三节：测量电源的电动势和内电阻

第六章第一节：磁场对电流的作用

选修 3–2：

第一章第一节：感应电流产生的条件

第二章第一节：闭合线圈与条形磁铁的对话

第四章第二节：火花塞是如何产生高电压的

第五章第二节：怕热的电阻

选修 3–3：

第四章第一节：不安分的气体分子

选修 3–4：

第三章第二节：空中秘密信使

第五章第一节：光的干涉

选修 3–5：

第一章第三节：牛顿摇篮

“司南版”高中物理选修 3 系列除了以上 11 个大的探究主题外，以“实验与探究”及“迷你实验室”等栏目的形式呈现了一些探究活动。如“选修 3–1”中“实验与探究”栏目中的探究活动有 9 个，“迷你实验室”栏目中的探究活动有 13 个；“选修 3–2”中“实验与探究”栏目中的探究活动有 7 个，“迷你实验室”栏目中的探究活动有 7 个；“选修 3–3”中“实验与探究”栏目中的探究活动有 4 个，“迷你实验室”栏目中的探究活动有 18 个；“选修 3–4”中“实验与探究”栏目中的探究活动有 16 个，“迷你实验室”栏目中的探究活动有 12 个；“选修 3–5”中“实验与探究”栏目中探究活动有 3 个，“迷你实验室”栏目中的探究活动有 2 个。其中，探究要素较为完整的共有 10 个。

选修 3–1：

· 电荷间作用力的大小跟距离、电荷量的关系

· 多用电表电阻挡的使用

选修 3–2：

· 直流和交流电路的三剑客

· 光敏电阻的脾气

选修 3–3：

· 油酸分子有多大

· 谁影响了饱和气压

选修 3–4：

· 荡秋千

· 受迫振动的周期

· 折射之谜

选修 3–5：

· 光电传情

“司南版”高中物理教科书中的探究活动主题充分考虑了高中学生的认知特点，比较关注学生的学习兴趣和生活经验，从学生熟悉的现象出发探索物理规律，注重将物理知识与生活实践相联系。

2.“人教版”高中物理教科书中的探究主题

“人教版”高中物理教科书关注科学方法，注重科学探究能力的培养，力求为学生创造自主探究、合作交流的空间，为探究教学提供资源，促使学生主动探究。“人教版”高中物理教科书没有专门的“探究”栏目，而是以探究的思路贯穿始终，

实验探究和非实验探究并重。[1]

“人教版”高中物理共同必修模块有8个大的探究主题，选修3系列有7个大的探究主题，这些探究主题一般都包括提出问题、进行实验与收集数据、分析与论证等核心探究要素。[2]

物理1：

第二章第一节：小车速度随时间变化的规律

第二章第五节：只受重力由静止坠落的小球

第三章第四节：探究求合力的方法

第四章第二节：谁是一辆好赛车

第四章第五节：探究作用力与反作用力的关系

物理2：

第五章第四节：研究平抛运动

第七章第五节：探究弹性势能的表达式

第七章第六节：探究功与速度变化的关系

选修3–1：

第二章第六节：是谁在拖自由电子的后腿

选修3–2：

第四章第二节：探究电磁感应产生的条件

第四章第三节：闭合线圈与条形磁铁的对话

选修3–3：

第八章第一节：不安分的气体分子

选修3–4：

第十一章第四节：荡秋千

第十三章第三节：用双缝干涉测量光的波长

选修3–5：

第十六章第一节：牛顿摇篮

“人教版”高中物理教科书中除了以上大的探究主题外，还有“思考与讨

[1] 彭前程．人教版普通高中课程标准物理教材整体设计解析[J]. 教育科学论坛，2007，(1)：22–25.
[2] 以下内容参考张大昌和彭前程主编、人民教育出版社出版的普通高中物理课程标准实验教科书（2010年版）。

论”“说一说”“做一做”及“课题研究”等隐含探究内容的栏目。

作为比较具有代表性的两套高中物理教科书，“司南版”和“人教版”高中物理教科书都把贯彻新课程理念、注重学生科学探究能力的培养作为基本出发点，都强调对学生探究性思维能力的培养，发掘身边的材料进行科学探究实验的设计。[1] 从探究主题上看，两个版本的教科书与“课标”的要求一致，“课标”要求的探究主题基本上都是以实验探究的方式呈现，并且提供了较为详尽的方案以及活动指导。总之，两套教科书在探究主题的设置方面各具特色，它们是开展探究教学的重要参考依据。

第四节　教学实践中的探究主题

本次课程改革将科学探究作为一项内容标准写入课程标准，强调了科学探究的重要性，但科学探究作为一种重要的教学方式和学习内容，在应试教育的大背景下，实施情况格外引人关注。课程标准对探究主题和探究能力都作了基本要求，教科书中也提供了大量的探究活动内容，那么在教学实践中探究主题的开设情况又是怎样的呢？我们针对此问题进行了调研。

一、中学物理探究教学实施现状

对于探究活动选择的依据，有调查显示 [2]：49.8% 的教师参考教材给定的探究活动主题，稍做适当调整；完全按照教材中探究活动内容进行教学的占 15.2%；13.1% 的教师以自己设计的探究活动为主；同时有 18.6% 的教师提出没有条件进行探究活动，但会把探究要求告诉学生；3.3% 的老师选择将探究活动改为传授课。由此可见，在进行探究教学时，绝大多数教师参照教材中的探究活动并做适当调整，也有少数教师能够根据教学实际情况，摆脱教材，自己设计探究活动，但也有少数教师机械照搬教材中的探究内容，按部就班，固守教材的探究步骤。最后，

[1]　王较过，马亚鹏．普通高中物理教科书特色对比研究——以“人教版”和“司南版”物理 1 为例 [J]. 内蒙古师范大学学报（教育科学版），2008，(8)：128-134.

[2]　部分数据来自廖伯琴主编的《世纪之交中国基础教育物理课程改革》，北京大学出版社，2010 年出版。

还有极少数的老师仍用传统的教学方式对待科学探究内容，这是尤其应该引起我们重视的。

在关于探究教学效果的调查中，56.5% 的教师认为课改后通过实施探究教学，学生的探究能力有了明显提高或有一定的提高；44.5% 的教师认为学生的自学能力有了明显提高或者有一定程度的提高；有超过一半的教师认为课堂表现更加活跃，学生的合作交往能力和知识理解能力有明显提高。由此可见，中学物理新课程倡导的科学探究已经被大多数教师所认可，并且其效果也逐渐显现出来。

二、初中物理教学中探究主题开设情况

在主要参考教科书和课程标准的前提下，学生发展水平和教学条件等因素是教师在选择探究主题时考虑的主要因素。针对这种情况，我们在全国范围内对中学物理教学中探究主题实施情况进行了调查，结果显示，初中物理教学中平时开设的探究活动主题大部分来源于教科书，并且符合课程标准的要求。以下是初中物理教学中常开设的探究活动主题：

“物质”部分的探究主题：

· 物质的密度

· 冰的熔点与水的沸点

· 海波、石蜡的熔化与吸热

· 物质的比热容

· 分子之间存在作用力吗

· 分子间有空隙吗

· 分子是运动的还是静止的

· 半导体二极管单向导电性

· 气压和沸点的关系

“运动与相互作用”部分的探究主题：

· 速度的变化

· 声音的产生与传播

· 光的反射规律

· 光的折射规律

· 平面镜成像的特点
· 凸透镜成像规律
· 视力的矫正
· 摩擦力
· 物体的浮沉条件
· 二力平衡条件
· 物重和物体质量的关系
· 同一直线上二力的合成
· 压强
· 液体的压强
· 浮力
· 流体压强与流速的关系
· 牛顿第一定律
· 定滑轮、动滑轮和滑轮组（使用简单机械改变力的大小和方向）
· 杠杆的平衡条件
· 机械效率总是一定的吗
· 通电螺线管的磁场
· 怎样产生感应电流
· 电动机为什么会转动
· 电磁铁磁性强弱影响因素

“能量”部分的探究主题：

· 影响导体电阻大小的因素
· 欧姆定律
· 串联和并联电路的电流、电压
· 电阻的串联和并联
· 用伏安法测电阻
· 电流做功的快慢
· 电流的热效应与哪些因素有关
· 测量小灯泡的电功率

· 动能的大小与哪些因素有关
· 势能的大小与哪些因素有关
· 改变物体内能的途径
· 能量的转化
· 温度对灯丝电阻的影响
· 用电能表、秒表测量家用电器的功率

值得注意的是，在教学实施中，以上这些探究主题有的是以完全探究形式呈现，有的则只包括部分探究要素。

三、高中物理教学中探究主题开设情况

对全国数十所高中的调研显示，高中物理教学中选择探究主题的主要依据是教科书，一般开设的探究活动主题有 53 个（未包括选修 1 系列和选修 2 系列的探究主题）。

物理 1：

· 匀变速直线运动的实验研究
· 自由落体运动研究
· 加速度与力、质量的关系
· 弹簧伸长量与弹力的关系
· 滑动摩擦力大小与物体间压力的关系
· 力的合成
· 作用力与反作用力的关系
· 共点力的平衡条件

物理 2：

· 恒力做功与动能改变的关系
· 研究平抛运动
· 弹性势能的表达式
· 机械能守恒定律
· 匀速圆周运动：探究自行车中的圆周运动
· 射高、射程与初速度和抛射角的关系

· 向心力与质量、角速度和半径的关系

选修 3–1：

· 影响导线电阻的因素

· 电源电动势和内电阻测量方法的研究

· 磁场对电流的作用

· 电荷间作用力跟距离、电荷量的关系

· 电荷间的电场分布

· 多用电表电阻挡的使用

· 磁场对运动电荷的作用

· 描绘电场中的等势线

· 描绘 U-I 特性曲线

· 电表的改装

选修 3–2：

· 感应电流方向的判定规则

· 感应电流产生的条件

· 变压器的电压与匝数的关系

· 温度传感器的原理

· 电阻、电容、电感对直流和交流电路的影响

· 光敏电阻的特性

· 将磁信号转化为电信号

· 交流电对小磁针的作用

选修 3–3：

· 气体压强与体积的关系

· 气体压强与温度的关系

· 气体体积与温度的关系

· 用油膜法测量油酸分子的大小

· 饱和气压与温度和体积的关系

· 单晶体和多晶体的导热、导电性能

· 研究材料的保温性能

选修 3–4：

· 单摆周期与摆长的关系

· 用双缝干涉测量光的波长

· 电磁波的发射、传播和接收

· 测重力加速度

· 影响受迫振动周期的因素有哪些

· 折射角与入射角的关系

· 测定玻璃的折射率

· 用干涉法检测平面的平整度

· 弹簧振子的周期与哪些因素有关

选修 3–5：

· 一维弹性碰撞

· 光电效应

· 各种碰撞的特点和能量守恒

· 研究建筑材料的放射性

第五节　建议实施的探究主题

课程标准对探究教学主题作了原则性的规定，物理教科书在课程标准的框架下，有一定的自主空间，而教科书是平时教学的重要参考资料，所以探究主题的选择要依据课程标准规定和教材内容设置，同时根据教学实际情况进行选择。依据以上三个方面，我们提出中学物理教学实践中建议实施的探究主题如下：

一、建议实施的探究主题

1. 初中物理教学中建议实施的探究主题

综合义务教育物理课程标准、各版本义务教育物理教科书、教学实践情况三个方面关于探究主题的开设情况，我们建议教师在初中物理教学中可开展以下主题的探究教学。

表 3　初中物理教学中建议实施的探究主题

一级主题	建议实施的探究主题
物质	• 水之旅行 • 看不见的运动
运动与相互作用	• 世界因声音而精彩 • 大自然的画笔 • 儿时的游戏——黑板上的光斑 • 铅笔折断了吗 • 小猫照像 • 如履薄冰 • 海上的楼阁 • 插上翱翔蓝天的翅膀 • “不推不动”的说法对吗 • 四两拨千斤 • 小小滑轮用处多 • 铁屑之舞 • 人工光明使者
能量	• 电流与哪些因素有关 • 雪中送炭的电流

2. 高中物理教学中建议实施的探究主题

综合普通高中物理课程标准、各版本高中物理教科书、教学实践情况三个方面关于探究主题的开设情况论述，我们建议高中物理教学中可开展以下主题的探究教学。

表 4　高中物理教学中建议实施的探究主题

模块	建议实施的探究主题
物理 1	• 小车沿斜面下滑的运动 • 只受重力由静止坠落的小球 • 谁是一辆好赛车 • 木块能运动起来吗 • 不成功的减肥术
物理 2	• 用橡皮筋发射小车 • 比比我们的体能 • 宁停三分，不抢一秒
选修 3–1	• 是谁在拖自由电子的后腿 • 夜晚的光明使者

（续表）

模块	建议实施的探究主题
选修 3–2	• 闭合线圈与条形磁铁的对话 • 火花塞是如何产生高电压的 • 怕热的电阻 • 高温警报
选修 3–3	• 不安分的气体分子 • 动物的水上漂功夫
选修 3–4	• 荡秋千 • 空中秘密信使
选修 3–5	• 牛顿摇篮

以上探究主题是根据课程标准的要求、教科书的探究内容呈现情况和教学实际情况提出的，这些探究主题并不一定在教学中全部作为大的探究主题来开展。教师可以在遵循课程标准要求的前提下，根据实际情况增加或删减探究主题，有的探究主题可只涉及部分探究要素。

二、探究内容选择的原则

根据课程标准要求，中学物理教科书应对科学探究内容进行统一的规划和设计。所以，老师们可以参考教科书中探究活动的设置，根据具体教学的需要，自己选择或设计探究活动。在选择探究活动时，需要把握一定的原则。

1. 目的性原则

科学探究的目的是实现学习目标，所以其内容的选择应为实现其教学目的服务，而不应为探究而探究。探究主题所涉及的内容应该是物理领域的核心内容，对提高学生的理解能力和创新思维水平具有重要价值。在选择时，应对探究内容进行深入分析，明确所要探究的知识内容性质及其相关的知识结构。比如，对于程序性知识，可以通过自主探究学习来达到；对于策略性知识，可通过设计自主学习或合作学习来达成。

2. 适度性原则

探究内容的难度应该适合学生的年龄特点和认知水平，有利于发挥学生的主体作用。适度性原则主要体现在探究内容的复杂度和新颖性。首先，在探究教学中，探究的内容不宜太多或者知识结构过于复杂，要遵循维果茨基的最近发展区理论，所需能力在学生的最近发展区之内；其次，探究内容必须能够激发学生的内在动机，要符合学生的学习情况。学生对探究内容感兴趣是探究活动进行下去的前提，教师需要掌握探究主题及内容的适度性，使之既有一定的挑战性，又不过于复杂。

3. 可操作性原则

选择的探究内容要具有可操作性，是在现有条件下教师和学生可以把握的。现代科学的主要特征是追求证实和量化，这就需要对引起事物变化的变量进行测量，以找到自变量和因变量的关系，在这个过程中就涉及控制变量的可控性和其他变量的可测量性。此外，教学中的探究虽然与科学家的科学研究过程相似，但是在客观条件和学生的发展水平存在差异的情况下，探究主题的选择和内容的设计需要考虑其可操作性。

第二章

探究教学模式构建与创新思维培养案例

本章力图构建体现真正的探究教学特征、聚焦学生创新思维培养的探究教学模式，并发现探究教学实践中教师表现出的为培养创造力而教、学生表现出的创造性学习的可喜进展。其中，物理探究教学模式构建采用了共生策略。这种策略视中学一线物理教师为专家，由理论研究者首先构建各种探究教学模式并返回中学一线进行实践运用及反思，汇总一线教师的反馈意见后确定探究教学模式构成及示例。

第一节　问题串探究教学模式构建

一、问题串模式的框架

问题串模式侧重于培养学生发现问题、提出问题的能力，并以问题为主线，引导学生动手操作并进行思维活动。学生在开始的阶段可能无法明确探究问题，教师可以通过创设情境，引导学生明确探究问题，或是在学习过程中逐渐形成问题。由于探究问题是基于学生自身的好奇心而提出的，这就能较好地调动他们的学习积极性。在问题解决过程中，学生思考不同的实验方案，利用证据进行解释和论证，这也是培养其发散思维能力和逻辑思维能力的过程。

问题串模式中对问题的设定要有以下考虑：

（1）问题既是学习的起点和贯穿学习过程的主线，又是在学习过程中生成的。问题串中的问题并不都是需要学生探究的，教师要选择那些适合学生并对学生有意义的问题进行探究。

（2）问题串中让学生探究的问题要有一定的非良构性。即在解决问题的过程中存在较大障碍，学生需要将已有的知识和新的信息联系起来，从多个角度思考，重组新旧知识、信息，才能解决问题。

（3）教师对学生自己提出的问题进行提炼，使问题具有科学导向性。

（4）问题设计要有层次性，即难度适中、梯度合理。

该模式基本结构如下：

构成要素 →

1. 好奇的观察
通过各种方式进行背景知识描述，将学生引入问题情境。
2. 有疑问吗
使用头脑风暴法，教师引发学生提出一系列的相关问题。教师随后对问题进行分类。如果学生不能提出任何问题，也可由教师首先提出一个问题，在学习过程中引发学生提问，并把学生提出的问题作为下一个探究内容。
3. 明释问题
教师采取演示实验、数学推导、语言描述等多种方式进行教学，对不需要学生探究的一些问题作出解释、说明。
4. 探究问题一
本阶段包括的主要步骤有：猜想和假设；活动及解释、论证（教师引导学生提出实验步骤，分析实验的可行性，收集数据，利用数据解释论证）；交流讨论（某小组学生阐述结论，其他小组的学生对其进行评价及提问。实验方案不同的学生阐述其做法及结论）。
5. 明释问题二或探究问题二
按活动和知识的逻辑顺序展开。
6. 应用
7. 分享结果

二、问题串模式示例

自然大事件——大马哈鱼的洄游

1. 好奇的观察

（1）设疑激趣

大千世界，奥秘无处不在。教师播放英国广播公司（BBC）拍摄的一个纪录片片段，它讲述的是在海洋中生活了多年的大马哈鱼返回其出生地——淡水河流繁衍后代的故事。

教师提出问题：（1）大马哈鱼时经多年以后，为什么还能认识回家的路？有什么奥秘呢？说说你的猜想。（2）自然界中还有其他动物有这种本领吗？说说你的看法或推测。（3）古人在没有导航仪、没有交通地图的时代，又是如何认识回家之路的呢？说说你的看法。

（2）背景知识

教师指出：指南针是中国古代四大发明之一，由铁质材料制作。我们现在把一个指南针放在讲台上，用手指拨动它的针尖，从不同方位，以不同力度拨动它多次。你们注意观察，它静止时的指向与我拨动它时的方位、力度是否有关系。说说你的观察结论。

教师指出：原来指南针就是一个能指南、北方向的磁体。指向南面的一端称为南极，指向北面的这一端称为北极。

2. 有疑问吗

生活中有大量的与磁有关的现象，同学们也已通过各种途径接触过许多磁现象。那么，关于磁现象，你们有什么困惑或想知道些什么呢？

在学生提出问题时，教师将它们一一写在黑板上。

教师对学生的问题进行归类：这些问题，有的属于探索与磁有关的规律，如磁极之间的作用、磁铁吸引铁的能力与哪些因素有关、磁体各部分的磁性是否一样强；有的属于磁铁的技术应用，如日常生活中有磁铁部件的用品；有的属于电磁联系的规律，如电磁波通信。这表明你们是善于思考的探索者。

请每个小组的同学都相互讨论一下，把已经知道的和还存在的疑问都列出来。通过交流，学生将已经知道的和还存在的疑惑列表如下：

我们对磁已知的东西	我们对磁铁的疑问
磁可以吸引铁、钴、镍等物质 磁体有两个磁极 中国是最早发明指南针的国家 指南针可以指南北 两块磁铁有时相互吸引，有时相互排斥	所有磁铁都有两个磁极吗 磁铁的不同部分磁性一样强吗 如何使铁棒带上磁性 磁铁吸引铁的能力与哪些因素有关

3. 明释问题

你们提出了自己想知道的问题，表明你们对自然界和生活作了深入的观察。有些问题，如电磁波通信，我们将在高中学习电磁联系时探讨；有些问题，通过仔细观察就可以得出初步结论；而有一些问题，仅仅依靠观察是不够的，还需要采用恰当的方法进行实验、分析和解释数据才能得出结论。现在，我们对“磁极之间的作用有什么规律”进行研究。

教师通过实验讲解磁极间相互作用的规律。

接着，对“怎么能把一个铁质材料做成磁铁”进行研究。

教师通过实验讲解让铁或钢获得磁性的方法，引导学生得出永磁体和非永磁体的概念。

4. 探究问题一

预计学生在观察教师做磁化实验时可能会提出以下问题：为什么摩擦能让钢棒带上磁性？这和摩擦生电很相像，摩擦能让钢棒带上磁性的原因是什么？

（1）猜想及假设

各个探究小组提出猜想与假设。

教师总结：有的同学认为是磁铁上的粉末附着在钢棒上使钢棒带上了磁性；有的同学认为是钢棒内部的变化导致它具有了磁性。我们怎么能知道谁的猜想正确呢？

（2）活动及解释、论证

学生讨论交流，讲解自己的解决方案。

5. 探究问题二

有的同学想知道，磁体各部分的磁性是否都一样强。你们认为可以采用什么样的步骤去研究这个问题？

（1）活动及解释、论证

探究小组成员讨论，得出该小组的活动方案并向全班同学阐述。

方案都可行吗？说出你的看法。

你执行的方案是哪一个？说说为什么。

请各小组执行自己制订的活动方案。

（2）交流讨论

同学们用不同的方案得出了同样的结论，那么你们如何评价这些方案呢？

反思和评价。

6. 探究问题三

任何磁体都有两个磁极，有的磁铁磁极位置很容易判断，但也有的磁体磁极并不容易判断，如一个环形磁体，它的磁极在哪里？

（1）猜想与假设

为每个探究小组提供一张大纸，请每个组员把自己的猜想画在纸上。

（2）活动及解释、论证

这些小组的假设合理吗？

对与你不同的想法进行质疑，指出可能的错误是什么。

写下你准备实施的实验程序。

实验结果支持你的看法吗？

你现在的想法或结论是什么？

（3）交流讨论

经过全班讨论，得出结论。

教师提出：刚开始上课时，我们观看了大马哈鱼洄游的录像，现在谁能回答大马哈鱼为什么能认识回家之路的问题？谈谈你现在的看法。

7. 应用（此处略）

8. 分享结果

教师把探究报告写作要求写在黑板上或用演示文稿展示：

第 1 部分：写出你的探究结论并和书上的结论对比。

第 2 部分：列出支持你结论的证据。

第 3 部分：列出否定你结论的证据。

第 4 部分：对证据进行说明，解释证据是如何支持你的结论的。

第 5 部分：考虑其他的解释并对它们进行评价。

第 6 部分：写下你现在与本节内容有关的一系列疑问。

第二节　析误探究教学模式构建

析误模式侧重于培养学生逻辑思维和批判性思维能力。本模式中，针对学生发布的实验方案，教师引导学生进行小组讨论或课堂讨论，从实验步骤、数据收集方法、数据记录表设计、数据处理方法等各方面对方案进行分析。分析过程中，学生运用逻辑思维、批判性思维判断实验方案中存在的问题。

析误模式把重心放在了探究的“制订计划与设计实验”要素上，该要素是学生科学探究过程中的难点所在，它旨在让学生动手前先动脑，使探究活动的方法更明确、思路更清晰、过程更科学，而不是按现成的步骤做或按老师的思路做。“制订计划与设计实验”是一种创新活动，可以慢慢培养科学研究中需要的一种创造性思维。[1]

一、析误模式的框架

析误模式包括观察和疑问、形成探究方案、探究方案析误及实施、交流、应用、评估和分享结果等要素。其具体框架如下：

构成要素 →

1. 观察和疑问
通过各种方式进行背景知识描述，将学生引入情境。
2. 形成探究方案
各探究小组在组内充分讨论的基础上，提出本组实验方案。教师要求各小组以招贴画的形式或其他方式发布探究方案。
3. 探究方案析误及实施
教师引导学生进行小组讨论或课堂讨论，从步骤设计到数据分析方法等各方面对方案进行反思，并给出优化后的探究方案。学生执行改进后的探究方案，得出结论。
4. 交流
各探究小组对探究方案及结果进行深入交流。
5. 应用
6. 评估
7. 分享结果

二、析误模式示例

苹果掉落的运动

1. 观察和疑问

（1）设疑激趣

视频播放自然界中各种物体自由下落的情景。如苹果从树上掉落下来；晴

[1] 杨祖念主编．物理探究课教学设计与实践［M］．北京：高等教育出版社，2010.

朗的冬日，屋檐下冰柱上融化的水滴落下来；丛林中猿猴松开抓住树枝的手，从高处掉落到低处的树梢上……

自然界中存在许多此类运动，我们可以通过两个小实验仔细观察这种运动。

实验一：质量不同的纸片和粉笔头从同一高度同时下落。

请同学们思考：哪一个物体先落地？你认为是什么因素影响了它们掉落的快慢？

学生观察实验得到结论。

实验二：用质量相同的纸片，把其中的一个揉成团，让它们同时从同一高度由静止下落。

请同学们观察：它们同时落地吗？

学生观察实验得出结论。

（由两个实验得出了矛盾的结论）

到底是什么因素影响了物体掉落的快慢？

（2）背景知识

同一张纸，为什么形状不一样，其下落时间就不一样呢？

学生猜想。

教师做牛顿管实验，抽取牛顿管中的空气，观察纸片和硬币同时掉落的情形，检验学生的猜想。

教师指出：忽略物体运动中所受的阻力，我们把这种只受重力作用的物体由静止下落的运动叫作自由落体运动。

条件：物体只受重力作用，物体初速为零。

然而，我们还是不了解自由落体运动有什么样的特点，物体下落过程中，位移随时间变化的规律是什么？本节课我们共同研究这个问题。

2. 形成探究方案

各小组组内交流讨论，初步得出解决问题的思路：（1）可以做位移——时间图像，如果是一条直线，说明 $s \propto t$；如果是曲线，则有可能是 $s \propto t^2$……（2）可以计算相邻的相等时间的分位移之差，看是否都近似相等；（3）可以……

随后各小组分别发布实验探究方案：

（1）实验设计。

（2）数据记录表设计。

各小组选派代表，通过实物投影仪向全班同学展示自己的实验步骤及数据记录表设计。

3. 探究方案析误及实施

全班同学进行讨论交流，分析实验方案是否科学可行。

（1）实验方案设计析误

你认为存在错误的实验方案是？

在何处出现了错误？

你会如何改进错误的实验方案？

（2）数据记录表和数据处理方式优化

你认为应改进的数据记录表是？

请画出改进后的数据记录表。

你会用何种方式分析数据？

（3）优化设计方案

将你原来的方案和反思性的分析结合起来，确定你现在的实验步骤及数据表形式。

4. 交流

我的数据分析思路是……

我的结论是……

其他小组的数据分析思路是……

他们得到的结论是……

我们的结论和教科书上的结论一致吗？

谁的数据分析方法更简洁？谁的思路更清晰易懂？

教师总结：自由落体运动是一种初速度为0、加速度为g的匀加速直线运动。

引导学生阅读教科书，了解自由落体运动的方向，知道在地球的不同地方，重力加速度大小不同，且随纬度的增加而增加。

由匀变速直线运动可以推导出：

速度公式：$v=gt$

位移公式：$h=\frac{1}{2}gt^2$

因此，自由落体运动是一种特殊的匀变速直线运动，所有匀变速直线运动的规律对于自由落体运动也都适用。

5. 应用

（1）课堂活动：测定反应时间

人对周围发生的事情都需要一定的反应时间，从人发现情况到采取行动所经历的时间称为反应时间。让甲同学在乙同学的大拇指与食指之间的正上方捏住一把直尺，乙同学的大拇指与食指之间的距离保持在 3cm 左右，在没有任何预示的前提下，甲同学突然放开直尺，乙同学尽快用手夹住它．运用刚学过的自由落体运动规律就可以求出乙同学的反应时间。

（2）思考

生活当中，高空坠物已成为社会的一大公害，如果一花盆从 6 楼的高度由静止开始坠下，忽略空气阻力的作用，问:花盆坠落到地面时的速度为多大？（每层楼高 3m，g 取 $10m/s^2$）

通过计算得到该花盆落到地面的速度大约是 17.3m/s，这个速度比每小时以 60km 行驶的汽车速度还要大，将对人造成极大的伤害，甚至会威胁到人的生命。

6. 评估

教师或学生本人对学习过程及结果进行评价。评价内容为：

（1）知道自由落体运动是初速度为零、加速度为 g 的匀加速直线运动。

（2）知道自由落体运动的方向。

（3）知道自由落体运动规律及公式。

（4）知道实验时应先判断自由落体运动是否是匀变速直线运动，再求解其加速度。

（5）知道至少一种研究自由落体运动规律的实验方案。

（6）在活动过程中积极参加交流、讨论。

（7）能使用 Excel 处理实验数据。

（8）认识到高空坠物的危害性。

分别以好、满意、需改进来评价。

7. 分享结果

教师把探究报告写作要求写在黑板上或用演示文稿展示。

第 1 部分：写出你的探究结论并和书上的结论对比。

第 2 部分：列出你所在探究小组的研究方案，包括探究问题、研究方法、实验设计、结果（即数据）、基于证据所进行的解释和论证等。

第 3 部分：写出其他探究小组所采用的不同实验方案（至少一个）。

第 4 部分：对不同的实验方案进行对比。

第 5 部分：如果重新做实验的话，你的探究小组会做哪些改变？请写下来。

第 6 部分：写下你现在与本节内容有关的一系列疑问。

第三节　建模探究教学模式构建

建模探究侧重于培养学生解决非良构性问题的能力、发展其创造性思考能力及科学解释能力。[1] 在建模探究中，学生需要从作为初始模型的一个概念或实体出发，通过实验或观察，发现现象中隐藏着的关系或规律，生成抽象的解释模型。该解释模型既可用于解释自然现象，也可用于预测，是创造性思考的产品。

一、建模模式的框架

建模模式包括引入情境、提出问题、活动、寻找模式、公开观点、运用模式进行预测或解释、分享结果等要素。其具体框架如下：

[1] 《美国国家科学教育标准》对 5 ～ 8 年级提出的探究基本能力之一是“培养运用证据进行描述、提出解释、作出预测、构建模型的能力”，对 9 ～ 12 年级提出的探究基本能力之一是“基于逻辑和证据建立并修改科学解释和科学模型”。

构成要素 →

1. 引入情境
通过各种方式进行背景知识描述，将学生引入情境。
2. 提出问题
对“因果关系”问题或机制性问题进行探究。
3. 活动
通过活动获得数据。
4. 寻找模式
学生根据数据寻找模式，通过逻辑推理，利用因果关系来寻找模式。“寻找模式”环节明确体现了对学生创新思维能力的培养。
5. 公开观点
学生的工作要由他人来审查，其观点由他人来补充，课堂形成一种“同行评审”的科学文化氛围。前一环节所提出的模式可能会被修改。
6. 运用模式进行预测或解释
7. 分享结果

二、建模模式示例

法拉第的魔术[1]

1. 情境构建

采用科学戏剧（角色扮演）方式将学生带入历史情境，激发学生的探究兴趣。

学生在课前收集资料，了解安培、科拉顿和法拉第所做的探索性工作。事先确定三个探究小组，每个小组选一人扮演安培、科拉顿或法拉第，另选一人扮作旁白者，分别在讲台上以舞台剧的形式，使用实验器材作为道具，表现三位科学家对“磁生电”的探索。

2. 提出问题

教师指出：在安培、科拉顿和法拉第做的一系列实验中，都既有磁场又有闭合回路，那为什么有的能产生感应电流，有的不能呢？感应电流的产生需要什

[1] 教学设计参考了廖伯琴主编的高中物理教科书《物理选修 3–2》。

么条件？

3. 活动

（1）探究小组活动 1：导体在磁场中运动

实验器材（略）。

实验步骤（略）。

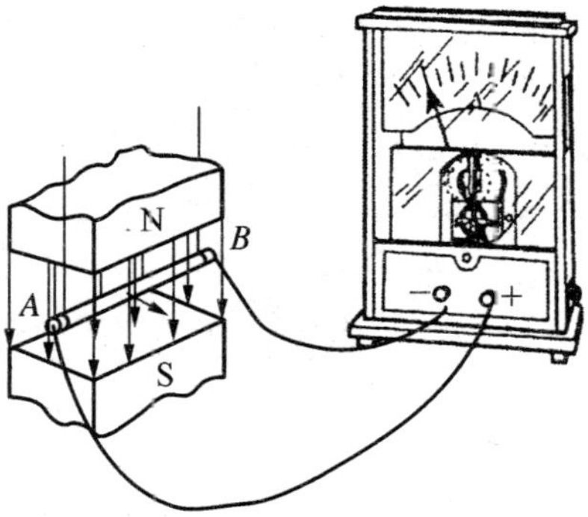

数据记录表：

	灵敏电流计指针是否偏转
导体棒 *AB* 向左运动	
导体棒 *AB* 向右运动	
导体棒 *AB* 向上运动	
导体棒 *AB* 向下运动	
导体棒 *AB* 静止	
导体棒 *AB* 斜向运动	

探究结论……

（2）探究小组活动 2：法拉第的第 1 个魔术

使用环形铁芯、干电池、导线、开关、灵敏电流计，按法拉第当年的实验原理图进行组装，进行实验，记录数据。

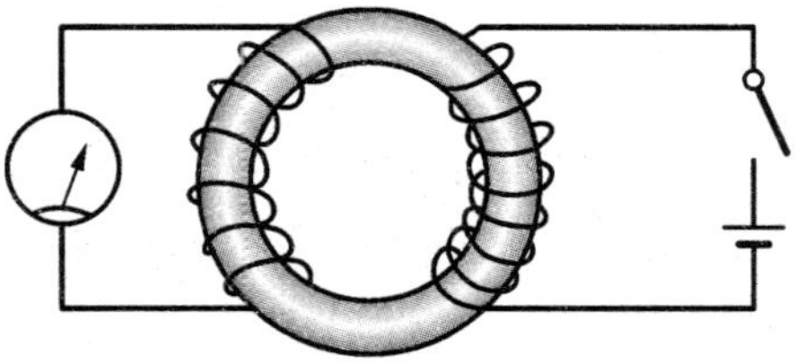

法拉第的第 1 个魔术实验原理图

	灵敏电流计指针是否偏转
闭合开关的瞬间	
闭合开关，电流稳定后	
断开开关的瞬间	
断开开关后	

探究结论……

（3）探究小组活动 3：法拉第的第 2 个魔术

将螺线管与灵敏电流计组成闭合回路，把条形磁铁插入或拔出螺线管，观察电路中是否有电流产生。

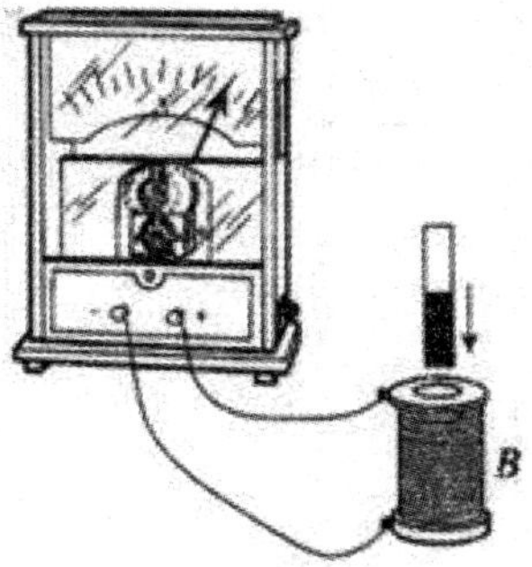

法拉第的第 2 个魔术实验原理图

磁铁动作	灵敏电流计指针是否偏转
N 极插入线圈	
N 极静止在线圈中	
N 极从线圈中拔出	
S 极插入线圈	
S 极静止在线圈中	
S 极从线圈中拔出	

探究结论……

（4）探究小组活动 4：改变螺线管 *A* 的电流

将螺线管 *A*、滑动变阻器、电源、开关组成一个回路；螺线管 *A* 放在螺线管 *B* 内，螺线管 *B* 与电流计组成一个闭合回路。学生设计并按步骤进行探究和记录。

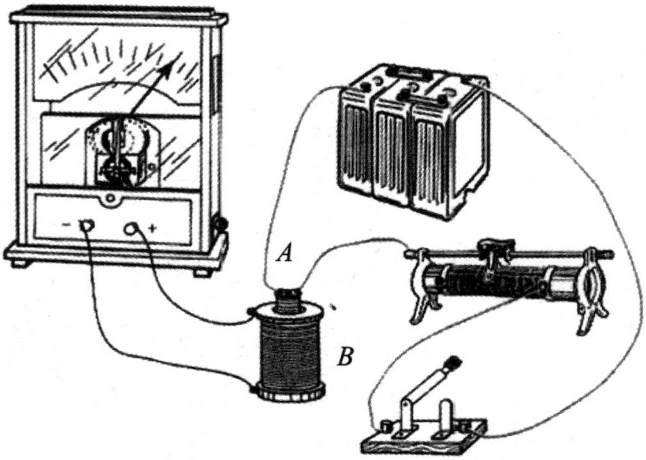

	A 中电流的变化情况	B 中是否产生电流
闭合开关的瞬间		
闭合开关，A 中电流稳定后		
闭合开关，A 中电流稳定后再让变阻器电阻增大		
闭合开关，A 中电流稳定后再让变阻器电阻减小		
断开开关的瞬间		

探究结论……

4. 寻找模式

教师引导学生从数据中寻找模式。寻找模式首先要依赖实验活动中所记录的数据，因为模式隐藏在数据中；其次要采取相应的科学方法，运用科学方法和逻辑思维寻找模式。

教师提问：我们首先对活动 1 和活动 3 的数据进行分析，思考：为什么在活动中有时可以产生感应电流而有时不能，原因是什么?

……

教师提问：在活动 3 中，磁铁插入或拔出螺线管时是否也切割磁感线呢?

引导学生用作图的方法来分析该问题，得出此时组成螺线管的导线切割了磁感线，从而产生感应电流。

教师提问：导体切割磁感线这种方式中，是什么变化导致感应电流的产生？

（1）根据数据，运用科学方法寻找模式

引导学生运用理想化方法，在活动 1 的过程中抽取最主要的因素，建立一个模型。模型如下：

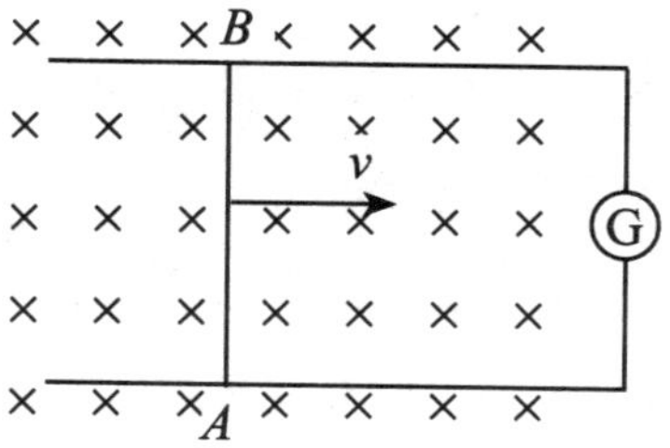

通过该简化模型，我们可以发现，在棒 *AB* 往右移动的过程中，棒 *AB* 与灵敏电流计连成的闭合回路的面积在发生变化。因此，当处于磁场中的闭合回路的面积发生改变时，闭合回路中就会产生感应电流。

我们再对活动 2 和活动 4 的数据进行分析，思考：为什么在活动中有时可以产生感应电流而有时不能，这个原因又是什么？

你认为活动 2 中感应电流的有无与什么因素有关？

你认为活动 4 中感应电流的有无与什么因素有关？

活动 2 和活动 4 中，从表面上看，是相关电路中电流的变化导致了感应电流的产生。那么，从与闭合回路的联系来看，是什么变化导致感应电流的产生？

得出结论：是相关电路中电流变化导致闭合回路处的磁场发生了变化。因此，当闭合回路中的磁场发生改变时，闭合回路中就会产生感应电流。

5. 公开观点

你所在小组的观点是什么？

各探究小组公开自己的观点，并相互交流、质疑。

根据讨论结果，教师提出问题：如果闭合回路处的磁场与闭合回路的面积同时发生变化，闭合回路中是否产生感应电流呢？[1]

你的进一步实验设计……

[1] 根据探究结果，在反思的基础上，形成新的有价值的探究问题。

学生通过实验探究，得出结论。

教师指出：由此看来，磁场变化、面积变化或二者同时变化，都可以在闭合回路中激发出感应电流来。那么，有没有一个物理量同时与磁场、面积两个因素有关？如果我们能找到这个物理量，那么，就可以说，它的变化会导致回路中产生感应电流。

引导学生回顾磁通量概念，它与上述两个因素有关。磁场变化、面积变化或二者同时变化，都会导致穿过闭合回路的磁通量发生改变。

这样，我们就可以用更简洁的方式表述产生感应电流的条件，请同学们尝试用自己的语言表达。

只要穿过闭合回路的磁通量发生改变，闭合回路中就会产生感应电流。[1]

6. 运用模式进行预测

教师提问：假设现在我们来做一个小实验，如图所示，使线圈在匀强磁场中绕轴 OO' 转动。请预测，会产生感应电流吗？

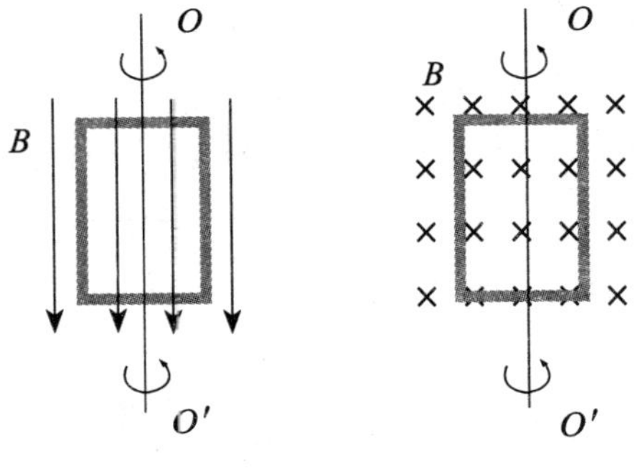

你的预测……

你的同伴的预测……

你们的预测一致吗？

进行其他练习，以便学生使用该模式进行解释或预测。

7. 分享结果

教师把探究报告写作要求写在黑板上或用演示文稿展示。

---

[1] 通过公开观点，接受质疑或补充实验，反思并修订结论，找到更准确的模式。

第 1 部分：写出你寻找模式时所使用的科学方法。

第 2 部分：写出你寻找模式时所经历的思维过程。

第 3 部分：思考证据在寻找模式时所起的作用。

第 4 部分：如果你是“科拉顿同时代的一位好友”，请给科拉顿写封信，给他提供建议。

第 5 部分：写下该模式可以解释哪些现象。

第四节　通过探究教学培养学生创新思维

一、创新思维培养的实践案例

教育部“物理教学与探究主题开发研究”课题组在课题负责人廖伯琴教授的统一部署下，构建了一支由 12 个省、自治区或直辖市的 24 所学校组成的实验学校团队。各实验学校以物理教研组为单位，针对广泛的探究主题进行集体备课并实施教学。实验学校的探究教学实践始终关注以下两个工作重点：第一，如何解决实践误区，提高探究教学的有效性？第二，如何在探究活动中发现和培养创新人才？在实验学校课题研究过程中，广大物理教师充分利用这一专业发展的契机，在教室中实施行动研究，并在创新人才培养方面取得一定成效。

1. 教师创造性地教

理想变压器变压规律抽象程度高，是高中生物理学习的一个难点。为激发学生兴趣，A 校一位教师做了一个小魔术，他拿出一节干电池并把它装到一个魔术盒中，从盒中伸出四根导线，左边两根导线通过开关与干电池连接起来，右边的两根导线则请一位学生捏在手里。趁学生不留意，教师迅速地通断开关，而学生则因有刺痛感迅速地甩开导线。1.5V 的电压怎么会让人触电呢？全体学生兴趣高涨，迫切地要求教师拆开盒子一窥奥妙。在这个实践中，教师巧妙地抓住新知识与学生已有经验的矛盾设计实验，使学习变得有趣。

由于有初中学习基础，电阻定律对高中生来说并不难理解。然而，如果采用传统的探究方案，则需多次拆装电压表。B 校一位教师做了以下改进：他们直接将一根电阻丝与一根米尺平行固定好，然后接入电路中，为测量不同长度的电阻丝两端的电压，他们将电压表的一端固定接好，移动另一端的导线，分别测量10cm、20 cm……处电阻丝的电压，这样的处理更加巧妙。

教师创造性地教，使学习更有趣、更有效，不仅体现在探究课堂中，亦逐步成为教师的一种信念和习惯。

二、学生创新思维培养

当教师有为创造性而教的意识，从而在课堂上鼓励学生形成积极的自我意象、识别学生所具有的不同创造潜能以及培育学生的各种能力和技能时，学生的创新思维能力往往能够得以开发。以下是部分案例展示：

1. 发散思维培养

C校教师在执教“探究功与速度变化的关系”时，首先指导学生阅读教科书上的探究方案，分析其设计思想——倍增法。学生通过反思，认为教科书提供的方案不太好，因为“橡皮筋的拉力是变化的，它做的功不容易测量”，怎么办？学生没有受制于教科书中的设计思路，而是独辟蹊径，提出相反的设计思路：“可以用恒力做功来代替橡皮筋做功，便于计算功。”如何提供恒力？学生从已有的知识经验出发，也提出了两种解决策略：通过定滑轮，用一重物来拉小车，用重物的重力来提供恒力；把木板一端抬高，用小车自身的重力分力来提供恒力。

科学探究往往需要学生使用一定的数学手段对数据进行处理，发现其中的趋势或规律。C校学生在“探究功与速度变化的关系”时，认为教科书所建议的方法——图象法比较烦琐，部分学生没有受限于这一方法，而是设想了其他的问题解决策略，采取了一种把直接数据转化为倍数关系的方法，通过把直接数据转化为速度比倍数、二次方比倍数、三次方比倍数及平方根比倍数，更快地发现了“外力做功与物体速度二次方的变化成正比”这一规律。

本例中学生思维的逆向性、变通性、新颖性（求异）表现明显，这些都是发散思维的表现。

2. 批判思维培养

在评估交流中，学生将探究过程中形成的新想法、得到的新信息整合起来，对探究问题、假设、计划等进行全面的反思，形成了许多深刻的观点。D 校学生在“探究平面镜成像规律”活动结束后，提出了许多改进意见。有的学生提出，下次实验他不会选用两个一样的蜡烛，因为蜡烛是左右对称的，无法验证“像与物左右颠倒”的猜想。同学们集思广益，帮他找到了可以验证这一猜想的数字“2”和“5”。有的学生提出，下次实验他会选择更薄一些的玻璃板，这样就不会再出现“重影”了。有的学生提出，下次实验应该到比较暗的环境中，用手电筒照亮物体，排除周围环境对实验现象的影响。

3. 想象力培养

E 校教师在“分子间有间隙”探究教学的总结环节，尝试性地向学生提出了一个问题：“如果你是一个分子，你将如何介绍自己？”由于是一堂公开课，教师开始时也心存疑虑，担心会冷场。然而，正是这一提问将课堂推向了高潮。有的学生说：“我们是分子，我们很小，可在各个角落都有我们的身影，但你们人类看不见我们。”有的学生说：“我有很多兄弟姐妹，我们的个头有大有小，我们紧密团结在一起，但我们又保持适当的距离。”……通过拟人化的想象，学生对科学内容进行了创造性的小结。

E 校教师通过切身经历认识到：“多给学生一份信任，他们给你的是更多的精彩。”

上述案例中，学生提出的各种观点正确与否并不那么重要，重要的是学生的思维不再受到限制，自我意识、首创精神得到激发。

本章进行了问题串、析误及建模三种探究教学模式构建，并例析了通过探究教学培养创新思维的实践做法，以供教师参考。

第三章

力学探究活动案例剖析

本章精选了17个教学实践中的优秀力学探究活动案例。这些案例包括初，高中物理课程内容标准、活动建议及中学物理教学实践中的部分探究主题。其中部分案例为同课异构，在设计和实施上各有其特色。案例结构包括教学设计方案、教后反思及专家点评三部分，力图从教学设计及实施、教学反思等角度提供相关课例的教学参考。

第一节 “不推不动”的说法对吗[1]

一、教学设计方案

1. 使用对象：八年级

2. 教学课时：2 课时

3. 教学目标

知识与技能目标：知道理想实验及其主要推理过程和推论；理解牛顿第一定律的内容及意义；知道什么是惯性，会正确地解释有关惯性的现象。

过程与方法目标：培养和提高实验设计与操作、现象描述、总结归纳等能力；学习“归纳推理”这一科学方法。

情感态度与价值观目标：通过探究活动感受物理就在身边；通过伽利略和亚里士多德对力和运动关系的不同认识，了解人类认识事物本质的曲折性。

4. 教学重点：建立牛顿第一定律的探究过程。

5. 教学难点：消除“力是维持物体运动的原因”的错误观点。

6. 实验室教学资源准备：木块、斜面、毛巾、白布、光滑长木板、小车、刻度尺。

7. 教学过程

（1）教学引入

引导学生观看两张来自生活的图片。

图片一

图片二

[1] 贵州省贵阳市第十八中学物理一级教师　孙强

教师：看图片一，警察为什么要督促司机系安全带？看图片二，亚洲飞人柯受良驾车飞越黄河，他凭什么有这种胆识去飞越气势磅礴的黄河呢？

设计意图：通过生活中的一些现象引起学生探求物理知识的兴趣，同时为惯性的学习埋下伏笔，体现物理课程“从生活走向物理”的理念。

学生对教师提出的问题进行思考，将生活现象与即将学习的物理知识联系起来。

（2）新课教学

①亚里士多德的观点

教师投影上海科技出版社物理教科书第六章第一节的四幅图片让学生观察，并利用木块和小车在课桌上进行体验性操作。

学生实验：推木块，木块就运动，撤去推力，木块停止运动；推小车，小车运动，撤去外力，小车逐渐停下来。

教师：生活中还有类似的例子吗？

学生根据生活经验举出类似的事例。例如，在水平路面上拉板车，用力拉，板车就能前进；不用力拉，板车就停止运动……

教师：根据你观察到的实验现象和刚才举出的一些事例，你能得出什么结论吗？

引导学生比较上述事例，启发他们提出共同特征：物体的运动需要力的作用，撤去物体受的力，物体就不会动或停止运动。

教师：同学们的观察都很仔细，都能根据生活体验和实验现象得出自己的观点。你们的观点都很伟大，因为古希腊最杰出的哲学家亚里士多德就是根据生活中的这些现象提出了他自己的观点：“运动一定是需要力来维持的。”

教师：你认为亚里士多德的观点有没有什么问题呢？

学生思考并相互讨论，回答教师提出的问题。

②伽利略理想实验

教师：在空中飞行的足球，已经不再受到脚的作用力，但仍然向前运动，因此“物体的运动不一定需要力的作用”。

教师：根据类似这样的生活现象，几百年前，著名科学家伽利略通过假想实验，运用逻辑推理，提出了“力不是维持物体运动的原因”。

教师利用课件演示伽利略的理想实验，利用动画演示理想实验的推理过程和结论。

教师：伽利略的推理，也是建立在分析大量事实的基础上的，孰对孰错，还是请同学们自己动脑、动手去探究论证吧。

设计意图：采用矛盾冲突法，尽力展示生活现象，体验亚里士多德观点与伽利略理想实验之间的矛盾冲突，激发学生的探究欲望。

③探究

教师：当两种观点发生冲突的时候，我们应该在身边找寻合适的器材完成自己的探究，真正去体会力与运动之间的关系。

提出探究问题：运动的物体如果不受到力的作用，会一直运动下去吗？

设计实验与制订方案。

教师提示学生选择哪些实验器材，需要用什么测量工具，测量哪些物理量，在实验中要注意保持什么不变。

教师巡视，对学生提出的实验方案给予指导。

在此过程中，教师组织学生讨论某一组或两组同学实验方案的可行性，在全班同学中宣传较好的实验方案，并指导学生设计出记录表格。

接触面	小车受到的摩擦力大小	小车运动的距离远近
毛巾		
白布		
光滑木板		

进行实验与收集证据。

经过热烈的讨论后，学生动手实验，教师巡视并进行指导。

分析与论证过程，着重在于比较数据，找出规律。由学生汇报自己实验后的想法，启发学生间交流与探讨，逐步由学生自己完善表述。

教师：如果接触面为没有任何摩擦的水平面，那么请你设想小车运动的距离会有什么样的变化。

学生根据教师的提问进行推理并回答。

教师：你们的推想是有根据的，在你们的大胆推想下，形成了一条伟大的定律，这就是牛顿第一定律。

教师投影牛顿第一定律的内容：一切物体在不受任何外力的情况下，总保持匀速直线运动状态或静止状态。

教师引导学生阅读牛顿第一定律的内容，理解它包含几层意思。

教师介绍牛顿——经典力学之父的成就，指出牛顿第一定律是经典力学中的基础性原理，并指出牛顿第一定律是不能直接用实验验证的规律，而是在实验的基础上以合乎逻辑的方式推理出来的。

④惯性

教师列举日常生活中的惯性现象。演示视频：汽车刹车时，乘客会向前倾。提问为什么出现这种现象。

同时，教师演示实验——惯性小球，提出问题：为什么纸片会受力飞出去，而小球却没有一起飞出去呢？

教师引导学生回顾牛顿第一定律，提出惯性的概念。从牛顿第一定律可以知道，一切物体都有保持静止状态或匀速直线运动状态的性质。我们把物体保持运动状态不变的性质叫作惯性。

根据惯性的概念，引导学生分析为什么汽车刹车时乘客会向前倾，并针对课前引入的两幅图片进行解释。

教师以提问的方式组织学生交流与讨论有关惯性的现象，让学生列举生活中由于惯性而表现出来的一些现象，并引导学生归纳解释的思路。

根据学生举出的事例，对有关惯性现象进行分类。如哪些是利用惯性，而哪些又是需要防止惯性。

参考事例：锤头松了怎么办？为什么前排司乘人员必须系上安全带？柯受良为什么能驾车飞越黄河？为什么走路时会被石头绊倒？

教师归纳、总结惯性的两面性，并让学生知道对于惯性需要“兴利除弊”。

⑤本节课总结（略）

二、教后反思

牛顿第一定律是描述力和运动关系的规律，是本章的重点之一。它既是对力和运动关系的深刻描述，又为二力平衡的探究作了理论准备。

本课采取了探究式教学方法，并以物理史实为线索展示物理规律的形成过程，体现了“从生活走向物理、从物理走向社会”的新课程理念，即：以生活体验和实验现象为基础，强化矛盾冲突，激发学生探究兴趣，最后又通过物理规律的应用体现物理知识的生活性。另外，本节课适当介绍一些物理学史的知识，通过对大量实例的分析，让学生真正理解力不是维持物体运动的原因，而是改变物体运动的原因。下面就本课教学设计谈几点看法：

（1）每位学生几乎每天都会在生活中遇到力和运动的关系，这为本课的实施奠定了感性基础。在课堂上，当出现了亚里士多德和伽利略的两种关于力和运动关系的不同观点时，每位学生都认为自己的观点是正确的，这一“矛盾冲突”激发了他们的学习兴趣和探究热情。

（2）做好实验是探究推理牛顿第一定律的关键，通过实验，既能为学生提供生动具体的感性形象，又能培养学生的实验观察能力及实事求是的科学态度。所以，教师提出问题后，学生仿照伽利略的理想实验来设计自己的探究方案。自行设计实验探究方案虽然是对学生提出了较高要求，但是能够让学生养成思考、协作的良好习惯，教师只需要对学生的实验方案进行评价且帮助学生思考如何改进，同时提醒学生在实验中注意控制变量，即小车每次都要从相同的高度自由下滑。但是，由于实验过程与研究影响摩擦力的因素有些相似，造成一些学生对实验目的并不是太清楚，因此，教师应交代或让学生讨论为什么要让小车从斜面上滑下以及为什么不人为地对小车施加力。在学生的探究过程中，教师提出的问题需把握关键、抓住要害，学生才会兴趣盎然、印象深刻、取得实效。

学生可以总结出实验结论，但是牛顿第一定律不是结论，而是在实验的基础上推理概括出来的。学生根据实验现象总结的实验结论是：平面越光滑，小车受到的摩擦力越小，它运动的距离就越长。教师必须抓住时机在学生结论的基础上提出问题：如果平面是完全光滑的，没有任何摩擦时，小车运动的距离将会如何？学生顺利地得出结论：如果平面完全光滑，摩擦力为零时，小车将做匀速直线运动。教师应立即对学生的推论进行点评：这就是伽利略的观点。这样的教学过程为学生铺设了符合其认知规律的思维轨道，通过教师的层层提问，促使学生不断地深入思考，其信息处理过程和思维活动得以顺利进行，切实提高了学生的学习能力。在教学中，教师不应只关注学生对知识结论的掌握，更要关注学生对知识形成过程的理解，促使其进行意义建构。

三、专家点评[1]

本课在探究教学设计和学生创新能力培养上都有一定的思考和亮点。该课营造了严谨、互相尊重的探究学习环境，较为有效地激发了学生的学习兴趣、探究热情、合作意识和交流愿望，让学生在学习过程中较为充分地体验了“从生活走向物理，从物理走向社会”的新课程理念，并培养了学生的设计、动手、观察、分析、归纳、推理等探究能力。

在教学设计方面，首先让学生根据生活经验举出一些似乎说明亚里士多德观点的事例，用这种方式把探究内容与学生的生活经验联系起来，并使学生的前概念暴露出来。其次，教师又列举在空中飞行的球不再受到脚的作用力但仍然向前运动的事例，这是通过反例来引起学生的认知冲突，使他们反思自己的观点，激发其探究动机。再次，针对探究问题具有高认知水平的特点，教师以提出问题的方式激发学生思考方案设计的相关问题，如器材的选择、变量的控制等，引导学生完成探究方案设计。最后，在学生探究结束后，教师肯定学生的推想是有根据的，并指出学生在大胆推想下形成了一条伟大的定律，即牛顿第一定律。这种行为充分肯定了学生在探究活动中的贡献，营造了尊重学生的课堂氛围。

在学生创造力培养方面，待探究的问题“运动的物体如果不受到力的作用，会一直运动下去吗”是高认知水平的，开始时解决问题的思路并不清楚，需要学生设想解决问题的策略。探究活动针对问题，由学生综合已有信息，设计实验方案，再进行实验，通过收集证据、分析和论证后，概括得出“如果平面完全光滑，摩擦力为零时，小车将做匀速直线运动”的结论，充分体现出对培养学生创造力（综合信息、进行概括）的关注。

本课的教学实施，还可以让持有亚里士多德观点或伽利略观点的学生展开更充分、更激烈的论辩，通过论辩强化学生的批判性思维能力及运用证据支持自己观点的探究技能。

[1] 河南教育学院物理系副教授　姜涛

第二节 牛顿第一定律[1]

一、教学设计方案

1. 适用对象：七年级

2. 教学课时：1 课时

3. 教学目标

认知目标：能叙述牛顿第一定律的内容，确认力并非维持物体运动的原因，而是改变物体运动状态的原因；进一步理解“控制实验条件”的方法。

能力目标：培养和提高实验设计与操作、现象描述、总结归纳等能力；学习“归纳推理”这一科学方法。

情感目标：通过对牛顿第一定律得出过程的体验，感受科学成果往往是多人智慧的结晶；培养实事求是的科学态度。

4. 教学重点：牛顿第一定律。

5. 教学难点：牛顿第一定律的推理过程。

6. 实验室教学资源准备：斜面、斜面小车、直尺、木板、毛巾、棉布、玻璃板、长方形木块、棋子等（每组一套），教学课件。

7. 教学过程

（1）引入

学生是学习的主体，课堂教学应该实现陶行知先生所倡导的：充分解放学生的大脑、双手、嘴巴、眼睛。只有让学生的多种感官全方位地参与学习，才能调动学生的学习积极性，使课堂焕发出生命活力。在科学新课程中有很多实验探究课，在这些课中，学生如果能真正地参与进来，经过动手、动脑，他们就有可能超出你的预设，从而给你带来莫大的惊喜。

---

[1] 浙江省临海市外国语学校中学高级教师 汪小三

（2）探究

牛顿第一定律是用“实验＋推理”的方法得出的，为了让学生更好地体验牛顿第一定律的发现过程，我引导学生探究“运动的小车所受摩擦力越来越小的时候，小车的运动速度减小得更快还是更慢”这一问题。如果这个问题弄清楚了，就可以顺着这个方向推理，从而导出牛顿第一定律。对于这一问题，多数学生都能进行这样的猜测：小车的运动速度会减小得更慢些。针对这个猜想，我让学生分组利用课本安排的实验进行检验。

在实验结束时，我问：“在刚才的实验中，你们是如何控制实验条件，使你们的实验结果更加科学、更加有说服力的？”

一个学生站起来说：“要证明受摩擦力越来越小时，小车的运动速度减小得更慢，必须让小车在水平面上以相同的速度开始运动，所以我们在斜面上做了一个记号，让小车每次都从斜面的同一高度滑下，这样小车到达水平面时速度就相同了。”

我听了非常高兴，因为实验条件的控制对学生来说是困难的，我上课前就担心会在这里出现困难。现在这位学生能够讲出正确的做法，对其他同学是个很好的启发，我的心平静了许多，对引导课堂的信心也增强了许多。这时还有很多学生举手，我就再请了一位学生。

这位学生说：“我觉得我们让小车从斜面上滑下时，手给小车的力要相同。否则，小车到斜面底部的速度就不同了。”

他这样一说倒提醒了我，我心里想：“对，这确实是一个需要控制好的条件，只不过我有了思维定式，认为小车是自由下滑，而忽略了这个条件。学生对这部分知识还是空白的，他们是通过自己的探究活动来建构新知识的。现在学生能够提出这样的条件，说明他们在自主学习活动中感受、体会和理解了这个实验。”于是，我马上表扬了他，并问：“你在实验中是如何控制这个条件的？”

这位学生说：“我们让小车所受的推力都是零。”

学生真是不可低估，没想到他解决得这么好。这时，又有一位学生说：“老师，我们觉得小车在每一种物体表面运动的实验都要多做几次，取平均值，这样实验会更加准确一点。”

太棒了！多次实验取平均值，可以减小实验的误差，从而使实验结果更可信。

又有一位学生站起来说："我们起先用毛巾做实验时，发现毛巾的正面与反面效果不同。"

他的话音刚落，其他学生都鼓起了掌。我真为学生的出色表现感到惊喜，他们居然连这些细节问题都能想到，说明学生在实验中能够做到手脑结合、细致观察和比较。

我原来预想，学生只要能讲出控制小车在同一高度滑下就可以了，没想到他们在实验中有这么多好想法。而这节课也因为学生的精彩回答达到了高潮。

（3）知识拓展

简单介绍意大利科学家伽利略的实验结论和英国科学家牛顿的研究成果，介绍少年牛顿的故事，并指导学生对上述问题进行研究、思考和讨论。

（设计意图：进行价值观教育，让学生体会科学成果往往是众多科学家智慧和辛勤劳动的结晶）

二、教后反思

"物体不受外力作用时，它的运动状态如何？"对于这一问题，学生的思维习惯是去找"不受外力"的物体，很难提出实验加推理的方法。我在教学中直接提出了实验加推理的方法。课后仔细思考，发现这种处理方法并不好，不符合学生的认知规律，我应该去启发学生思考。比如，自然界中不受外力的物体不存在，我们能否使物体尽可能少受外力？如何将少受外力作用的物体运动状态与不受外力作用的物体运动状态联系起来？然后得出实验加推理的方法，使学生明白"不受外力作用"只是一种理想状况。这是一种新的思维方式，为我们解决问题提供了一种新方法。

三、专家点评[1]

这节课中实验设计及对实验条件的控制实际上是用到了控制变量的思想，对七年级学生来说是比较困难的，但实践表明我们的学生是具有这种能力的。这节课的成功之处在于学生的精彩表现，而学生的精彩表现又体现了教师角色和行为

[1] 浙江省临海市外国语学校中学高级教师、台州市名师　徐俊杰

转变的价值。如果这节课中的“小车运动实验”是传统的演示实验，学生没有动手操作，学生能产生这样深刻的思想吗？还能得出如此精彩的结论吗？

传统的以“教”为中心的教学行为是从这样一种假设出发的，那就是离开了我们的教，学生就无所适从。而事实上，主动探究是青少年的天性，他们一次次地遇到不解的现象，内心失去平衡而试图恢复平衡，而这正是其知识结构不断建构和丰富的最自然的过程。因此，学生认识事物的过程，从本质上就是一个不断探究的过程。然而，我们却不知失去了多少次真正读懂学生的机会。在科学新课程探究性学习的教学实践中，我们更加深切地体会到了学生学习方式转变的价值。

科学探究能够极大地激发学生的积极性和主动性，同时又会表现出学习活动的生成性。对于课堂上会发生的现象，教师不可能都能作出预设，而通过手脑并用的自主探究，学生的思维常常会迸发出令教师意想不到但却充满智慧的火花。我们应该把课堂真正还给学生，让学生真正成为学习的主人，要让他们积极地参与每一个教学环节，切身感受学习科学的快乐，品尝成功和失败，获得心智的发展。只有这样，才能满足学生求知、参与、成功、交流和自尊的需要。只要课堂能真正贴近学生，学生就会经常给你带来惊喜。

第三节　四两拨千斤[1]

一、教学设计方案

1. 适用对象：八年级

2. 教学课时：2 课时

3. 教学目标

知识与技能目标：了解杠杆及支点、动力、动力臂、阻力、阻力臂等概念，掌握杠杆平衡条件；学会使用杠杆来改变力的大小和方向。

过程与方法目标：通过参与科学探究活动，归纳得出杠杆平衡条件；培养

[1]　贵阳十八中物理高级教师、物理教研组长　简德光

学生观察能力、动手能力、分析解决问题的能力。

情感态度与价值观目标：培养学生探究物理规律的兴趣、严谨的科学态度、科学精神以及合作精神。

4. 教学重点：探究杠杆平衡条件，归纳出相应规律。

5. 教学难点：怎样引导学生设计实验并总结出相应规律。

6. 实验室教学资源准备：米尺、铁架台、50N 重的钩码和 10 个相同的小钩码、弹簧测力计。

7. 教学方法与策略

以生活体验和实验现象为基础，激发学生探究兴趣，最后又通过物理规律的应用还原物理的生活性，解决生活中的一些简单问题，突出学生的创造性。

8. 教学过程

（1）引入

问题探究：利用面前的器材（支架、米尺、重物、弹簧测力计），怎样用一个小于 50N 的力将这个 50N 的重物提起？

引导学生应用已有的生活经验，利用器材做成一个省力杠杆，弹簧测力计用一个较小的力可将 50N 的重物提起。

学生通过动脑、动手，将生活中的一些经验进行创造性的应用，这为后面杠杆的应用埋下伏笔。

（2）什么是杠杆

指出并板书：在力的作用下，能绕某一固定点转动的硬棒叫作杠杆。

提问：同学们能举出生活中还有哪些器械是杠杆吗？

学生举例后，老师讲评，并出示实物及投影，显示一些生活中的杠杆（开瓶器、钉锤、钉书机、镊子、板手等）。

用课件讲解杠杆的有关概念。

支点：杠杆绕着其转动的点。

动力：使杠杆转动的力。

阻力：阻碍杠杆转动的力。

动力臂：从支点到动力作用线的距离。

阻力臂：从支点到阻力作用线的距离。

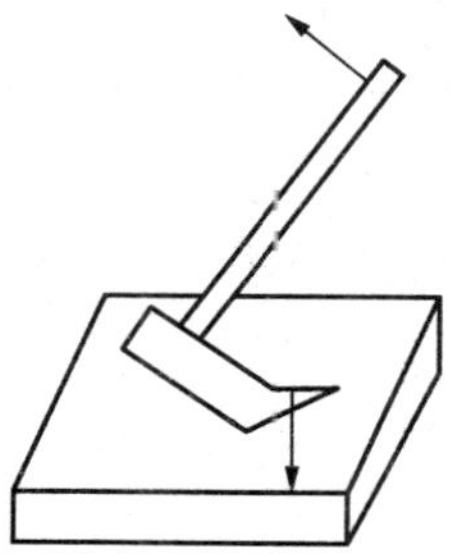

练习：请在图上画出杠杆中的动力臂及阻力臂（见上图）。

利用练习使学生强化一个新的、不易理解的概念——力臂。

（3）探究杠杆的平衡条件

①猜想与假设

指出：当杠杆在动力和阻力的作用下静止时，我们就说杠杆平衡了。

出示课件：两个小孩在高兴地玩着跷跷板，后来走了一个小孩，来了一个成人，怎样才能让成人和小孩一起玩跷跷板？

引导学生得出：成人坐得靠前一点，小孩坐得靠后一点。

利用学生比较熟悉的一个例子来引发学生思考杠杆的平衡可能与什么因素有关，让学生从身边熟悉的生活现象中去探究并认识物理规律，体现了从生活走向物理的新课程理念。

提出问题：杠杆平衡时，动力、阻力、动力臂、阻力臂间存在什么样的关系呢？

学生猜想：A. 动力 + 动力臂 = 阻力 + 阻力臂

B. 动力 − 动力臂 = 阻力 − 阻力臂

C. 动力 ÷ 动力臂 = 阻力 ÷ 阻力臂

D. 动力 × 动力臂 = 阻力 × 阻力臂

老师：上面的猜想有两个显然是不合理的，是哪两个？

引导学生得出：第 1 个和第 2 个不合理，因为单位不同的两个量不能相加减。

②制订计划与设计实验

提出问题：用桌子上的器材来检验上述猜想，怎样来模拟动力和阻力呢？

引导学生得出：将不同个数的钩码挂在米尺的两端，两边钩码的拉力分别表示动力和阻力，改变钩码的个数就能改变力的大小。

提问：要直接能从米尺上读出力臂的大小，该怎么做？

引导学生得出：要让杠杆在水平位置平衡。

③进行实验与收集证据

学生分组利用桌子上的器材探究杠杆的平衡条件，将实验数据填入实验单的表格中。

实验次数	动力 F_1/N	动力臂 l_1/m	阻力 F_2/N	阻力臂 l_2/m
1				
2				
3				

④分析与论证

各组同学对所得的实验数据进行交流与讨论，得出实验结论。

杠杆的平衡条件是：动力 × 动力臂 = 阻力 × 阻力臂，即 $F_1l_1=F_2l_2$。

在此过程中，教师提醒学生要注意观察并发现一些比较特殊的数据，通过各组的交流讨论，说明一两次实验数据不具有普遍性，所以在探究过程中要避免人为设置一些特殊数据。

（4）杠杆的分类

利用杠杆的平衡条件计算下列问题：

某同学利用如右图所示杠杆（l_1=1m，l_2=10cm）将一个重 500N 的物体撬起，至少需要多少牛的力？

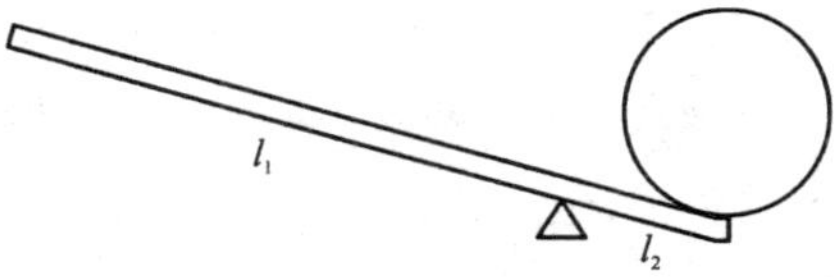

如果一个人用钓鱼竿（l_1=10cm，l_2=1m）将重 20N 的鱼钓起，向上至少要用多大的力？

引导学生得出：第一种杠杆的特点是动力臂大于阻力臂，所用动力小于阻力，可以省力。

引导学生得出：使用钓鱼竿时，所用动力大于阻力，不但不能省力，而且还费力，但节省了距离。

老师出示天平。引导学生利用杠杆的平衡条件分析得出：这类杠杆动力臂等于阻力臂，不省力也不省距离，但能利用它的这个特点测量物体的质量。

引导学生得出生活中的杠杆分成三类：用来省力的，用来省距离的，不省力也不省距离的。

老师总结：

当 $l_1> l_2$ 时，$F_1< F_2$，这类杠杆可用来省力，但要费距离，通常叫省力杠杆。

当 $l_1< l_2$ 时，$F_1> F_2$，这类杠杆可用来省距离，但要费力，通常叫费力杠杆。

当 $l_1= l_2$ 时，$F_1= F_2$，这类杠杆不省力也不省距离，通常叫等臂杠杆。

学生列举各种杠杆在生活中的应用。老师及时点评后利用投影展示一些利用杠杆的机械（如起重机、挖掘机等）。

（5）我国古代的杠杆

利用课件展示我国古代对杠杆的应用，培养学生的民族自豪感。

（6）作业

思考题：曹冲利用浮力称出了大象的重力，今天学了杠杆后，你能否用弹簧测力计称出大象的重力？

二、教后反思

学生在生活中接触过各种各样的杠杆，但没有对它们的规律进行有意义的探究和归纳，所以本节课先让学生进行一个简单的动手、动脑实验，用一个小于 50N 的力将一个 50N 的物体提起。部分学生由于在生活中已积累了此类经验，能完成这一任务，这一过程既激发了他们的学习兴趣，又自然地引入了杠杆的概念。

然后对来源于生活中的各种杠杆进行观察，认识到杠杆的共性，通过我的讲解，学生知道了关于杠杆的几个基本概念。对于力臂这个学生不易理解的概念，我利用练习进行强化，为后面猜想的提出和探究过程的进行提供基础。

我用生活中的一个实例——跷跷板，引发学生思考并提出猜想，体现了物理来源于生活的理念。在学生提出猜想后，我利用他们已有的知识“不同单位的物理量不能相加减”，说明猜想也要有一定的依据，不是胡思乱想。

此外，我引导学生通过设计实验来进行探究，在这个过程中，由学生自己总结出怎样模拟动力和阻力，怎样方便读出力臂，突出学生的创造性。

在探究的过程中，我提醒学生注意观察并发现一些比较特殊的数据，通过各组的交流讨论，说明一两次实验得出的数据不具有普遍性，所以在探究过程中要避免人为地设置一些特殊数据。

学生通过练习发现了杠杆的特点，对杠杆进行分类，并联想到生活中各类杠杆的应用，体现了物理来源于生活、服务于社会的新课程理念。

综上所述，在教学过程中，我努力做到视学生为学习和探究的主人，不是把知识直接“教”给学生，而是给予学生充分的空间，让他们发挥自己的才能，从而充分挖掘学生的创造性。

三、专家点评[1]

本课明确体现了探究教学的基本特征。在“进行实验和收集证据”阶段，教师提醒学生注意观察并发现一些比较特殊的数据，是对数据信度进行评估的行为，体现出优先考虑证据的探究教学基本特征；在“分析和论证”阶段，学生依据数据，发现了数据中的规律，即杠杆平衡条件，表现出依据证据形成解释的探究教学基本特征。

教师授课时重视培养学生的创造性思维能力：

（1）在“猜想与假设”阶段，教师允许学生提出各种观点（猜想），随后引导学生找出其中两种猜想的错误，是对学生发散思维能力和批判思维能力的培养。最终留下两个相互竞争的猜想，需要学生根据实验数据作出推断，对竞争性的猜想进行抉择，是对学生创造性思维的培养。

（2）在“制订计划与设计实验”阶段，教师提出两个问题：“怎样来模拟动力和阻力？”“要直接能从米尺上读出力臂的大小，该怎么做？”这是以提问的方式引导学生思考，使其设计的实验方案既切实可行，又有利于准确读取力臂数据。

（3）在布置作业环节，教师提问学生能否用弹簧测力计称出大象的体重，是在学生已知曹冲利用浮力可以给大象称重的基础上，要求学生以新思路解决问题，是促使学生在大象和阻力、弹簧秤和动力间建立联想，把杠杆平衡条件推广到称量大象体重的新情境中去，以培养学生的创造力。

在本课中，针对学生提出的四种猜想，教师通过引导学生从理论上分析，否定了前两个猜想。其实，可以保留前两个假设，因为学生在对它们进行检验的过程中，会更自然地提出或思考单位不同的物理量能否加减的问题，从而对这种错误有更深刻的认识。

---

[1] 河南教育学院物理系副教授　姜涛

第四节　压强[1]

一、教学设计方案

1. 适用对象：九年级

2. 教学课时：1 课时

3. 教学目标

知识与技能目标：理解压强的概念；理解压强的大小跟哪些因素有关；能用压强的公式进行简单的计算；了解增大和减小压弖的主要方法。

过程与方法目标：探究压力的作用效果跟什么因素有关，通过探究获得对压强的深入了解。

情感态度与价值观目标：通过观察和探究学习活动，培养尊重客观事实的科学态度。

4. 教学重点：压强概念的理解。

5. 教学难点：压强概念建立。

6. 教学方法与策略

依据新课标以学生为主体、提倡探究式学习的教学理念，本课主要采用探究式教学法，让学生在教师引导下，通过自主探究来发现科学规律；引导学生观察生活中的有关现象，通过对比，提出探究问题；指导学生用控制变量法来设计实验方案，从对实验结果的分析、归纳中得出结论。

7. 教具准备：压力小桌、钩码、海绵、气球、多媒体设备。

8. 教学过程

[1]　宁夏吴忠市第一中学物理二级教师　郝金福

环节	教师活动	学生活动	设计意图
问题情境引入	请一学生上台用一较厚的卡片来切苹果，让学生说说感受。引出本节学习课题——压强。	说出做的感受和可能的原因。	以问题情境引入压强学习。
新课学习	（1）认识压力		
	课件展示三种压力情况： 当人站在地面上时，会对地面产生力。 当人向墙壁上钉图钉时，会对墙面产生力。 把一个物体放在斜面上时，斜面受到力的作用。 我们把以上三个力称为压力。 给出压力概念。	观察三种情况下力的示意图，认识压力。	让学生了解压力及压力产生的作用效果。
	（2）体验压力的作用效果		
	引领学生动手实验：用手指压笔的两端，有什么感觉？再用力大点，又有什么感觉？ 用一只手掌平压在气球上，另一只手的食指顶住气球，观察气球变化。	学生做实验，注意观察并相互讨论。 说说自己观察到的现象和自己的体会。	亲身体验压力的作用效果，为猜想作铺垫。
	（3）探究压力作用效果的影响因素		
	提出问题：压力的作用效果与什么因素有关？	根据刚才的体验实验，说说压力的作用效果可能与什么因素有关。	让学生进行猜想。
	组织学生设计实验： 探究一：探究压力的作用效果与压力大小的关系。 参考实验器材：海绵、小桌、砝码。 请几个小组汇报展示，说出所用的研究方法。比如，控制的量和改变的量分别是什么？如何进行操作？得出了什么结论？	分小组进行实验： 观察实验现象、记录实验数据。 讨论：压力大小是如何影响压力作用效果的？ 小组代表汇报自己的研究过程和得出的结论。	锻炼学生设计实验与进行科学探究的能力，培养其合作学习的意识。 培养学生的归纳能力、分析能力、交流能力和语言表达能力。

（续表）

环节	教师活动	学生活动	设计意图
新课学习	探究二：探究压力的作用效果与受力面积的关系。 组织学生继续进行探究。 让各小组交流做法和得到的结论。	分小组继续进行实验，做好观察记录，并讨论结论。 交流自已的做法，并分析结论。	继续探究压力的作用效果与受力面积的关系，使学生充分体验成功的喜悦。
	（4）压强的概念		
	对学生的结论进行归纳，并引出压力的作用效果——压强。 组织学生自学压强的定义、公式和单位。 结合压强的公式，引导学生进一步理解压强与受力面积、压力大小的关系。 强调压强的单位和意义。	自学压强定义和单位。 根据压强的表达式，说说影响压强的因素及其具体关系。 受力面积一定，压力越大，压强越大。 压力一定，受力面积越小，压强越大。	由浅入深，使学生逐步建立压强的概念。 渗透比值定义法。 加深对压强概念的理解，培养学生的兴趣。
	例题：一个重为600N的人，站在水平地面上，每只脚与地面的接触面积是$0.02m^2$。他对地面的压强多大？ （强调解题的规范性）	试解答例题。 按照解答计算题的要求完成。	学以致用，应用知识解决问题。
	（5）增大和减小压强		
	结合上例进一步提出问题：如何改变站在地面上的人对地面的压强？	学生思考并提出多种改变压强的方法	培养学生的发散思维，引导其从多角度考虑问题。
	让学生思考图钉为什么是尖的，菜刀为什么很锋利。 生活中有哪些地方需要减小压强，请举出几例。	说出通过减小受力面积增大压强。 列举减小压强的事例。	使学生对生活中增大压强和减小压强的意义有深刻的感知，培养学生热爱科学、热爱生活的情感。
	让学生结合以上事例归纳出增大和减小压强的方法。	说出通过改变受力面积和压力的方法改变压强。	
课堂小结	提问：通过本节课学习，你有什么收获？	几位同学说说自己所学到的，对本节内容作简要总结。	一起交流，进行知识点梳理，共同提高。

二、教后反思

压强学习需要综合运用力、二力平衡等知识，学生学习起来有一定的难度。因此，我在教学中加强了活动体验。在活动中，一方面使学生积极参与、主动体验、交流合作，培养他们的科学态度、情感和价值观；另一方面启发学生的思维，培养他们主动提出问题、思考问题、设计实验、观察现象、收集证据的习惯，并合理进行解释。反思本节课，通过探究活动建构了和谐严谨的情境，学生在交流和总结的过程中获取了知识，并且能用所学的知识分析简单问题，体验成功的快乐，这增强了他们学习科学的信心。我认为本节课的成功之处有：

（1）密切联系生活实际，合理地利用教材，上课时没有拘泥于教材内容，能从学生亲历的比较熟悉的环境中去开发教学资源。

（2）课堂中突出了学生的主体地位，给予学生探究实验和交流展示的时间，因此学生的探究目的明确、结论准确。

（3）例题设计具有开放性。该题设计目的有两个：一是让学生通过练习，加强对压强公式的理解和应用；二是通过该题引出增大和减小压强的方法。学生的回答思维开阔，具有创新性。比如，学生能够想到抬起一只脚，可减小受力面积增大压强；躺下或趴下能够增大受力面积减小压强。

（4）鼓励学生利用现有器材进行创新设计。在探究压强大小与受力面积的关系时，出现了很有创新性的设计方案。有一组学生没用小桌，而是用钩码并排放和摞放进行探究，实验效果非常明显，学生在表达他们的做法时，表现自信，表达流畅。我对他们的做法进行了高度评价，激励其他同学在设计实验时都能有新的想法和设计，不要局限于教材所用的器材和方法。

本节课中也有不足之处：

（1）学生对压力作用效果的体验还不够充分，我对这一过程的处理过急。

（2）对学生回答问题中的错误未能及时引导和纠正。在学生探究或体验时，会出现许多意想不到的做法和说法，在此为了赶教学进度而忽略了学生探究中的问题。

（3）还未能充分地调动后进生的积极性，未给这些学生创造展示自己的机会。在以后的课堂中应更多地关注这一群体。

三、专家点评[1]

本节课结构安排合理——“激趣设疑—体验探索—探究发现—概念建构—实际应用”，由浅入深地给学生创设了一个开放的课堂、动态的课堂。在教学中，教师通过有序的引导和多种活动，让学生积极开展合作学习、自主学习、探究学习，在体验感悟中形成概念、理解概念、应用概念并解决实际生活问题。本节课体现出了以下特点：

（1）学生活动充分。如切苹果、压铅笔、压气球等，且这些活动都从生活中来，活动贴近学生实际，容易操作，学生有兴趣去做。

（2）方法渗透贯穿整个教学活动始终。在探究中启发学生用控制变量法设计实验，在学生汇报展示时，提问学生探究的量和改变的量分别是什么，让学生说时带着方法去说，做时更有方法指导，学生的科学素养在教师的方法引导中得到逐步提高。

（3）知识扩展到位。在计算人站立时对地面产生的压强后，提出如何增大和减小压强，从压强的定义到改变压强的方法，实现知识的自然过渡。

（4）对学情把握较好，会的不讲，提高了课堂效率。对于压强的公式、单位，采取了让学生自学的方式。学生自己能学会的，老师不包办代替，只讲学生较难理解的，对学生有信心、有期望。

几点建议：

（1）探究活动还可以更开放，教师做好指导。

（2）教师要适时进行点评，鼓励学生积极主动地参与。

（3）根据学生的反馈调整教学进度，让学生进行充分的思考。

[1] 吴忠市教育局教研室物理教研员、中学高级教师　王贵宁

第五节　小车沿斜面下滑的运动[1]

一、教学设计方案

1. 适用对象：高一年级

2. 教学课时：2 课时

3. 教学目标

知识与技能目标：能熟练使用打点计时器；会根据相关实验器材，设计实验并完成操作；会处理纸带求各点瞬时速度；会设计表格并用表格处理数据；会用 v-t 图象处理数据，表示运动规律，并能用语言描述运动的特点。

过程与方法目标：初步学习根据实验要求设计实验、探究某种规律的研究方法；经历实验过程，及时发现问题并做好调整；初步学会根据实验数据发现规律的探究方法。

情感态度与价值观目标：通过对小车运动的设计，培养学生积极主动地思考问题的习惯，并锻炼思考的全面性、准确性与逻辑性；通过对纸带的处理、实验数据图象的展现，培养学生实事求是的科学态度，使学生能灵活地运用科学方法来研究问题、解决问题，提高创新意识。

4. 教学重点

能熟练使用打点计时器；会根据相关实验器材设计实验并完成操作；会用 v-t 图象处理数据，表示运动规律。

5. 教学难点

会根据相关实验器材设计实验并完成操作；会处理纸带并求各点的瞬时速度；会用 v-t 图象处理数据，表示运动规律。

6. 实验室教学资源准备

打点计时器、天平、低压直流电源、细绳、纸带、小车、钩码、秒表、一

[1] 兴义一中高级教师、物理教研组组长　谢博；物理高级教师　邓吉坤；物理高级教师　郑太华

端有滑轮的长木板、自制长木板若干、低压交流电源、自制小木块若干、频闪照相机、刻度尺、光电计时器、气垫导轨。

7. 教学过程

（1）引入

问题讨论 1：放眼所见，物体的运动规律各不相同。比如，飞机着陆时的运动，火车出站时的运动，鸟儿在空中飞行……这些物体遵循什么样的运动规律？

问题讨论 2：速度是描述物体运动快慢的物理量，用它可以描述物体的具体运动情况，我们可以通过机动车的速度计知道机动车某时刻的速度大小，那么怎样才能知道小车沿斜面下滑时各个时刻的速度大小呢？

问题讨论 3：研究一个物体的速度随时间的变化规律，必须知道物体在不同时刻的速度，直接测量速度是很困难的，本课中我们是否可以用打点计时器先记录物体在不同时刻的位置，再通过纸带的分析，计算得到各时刻的瞬时速度？

教师逐步设问，让学生思考测量小车运动速度的方法，用打点计时器先记录物体在不同时刻的位置，再通过纸带的分析，计算得到各时刻的瞬时速度，探究小车沿斜面下滑的运动速度。

（2）探究

学生探究实验：选择器材，设计实验。

用打点计时器测小车的速度需要哪些器材？实验步骤如何设计？你们认为可以选用哪些器材、采用什么样的步骤去探究这个问题？

①建立假设

演示实验：教师构造斜面并将小车沿斜面滑下，学生感知小车下滑情况，并作出最优猜想——小车沿斜面下滑并做匀加速运动。

②设计实验

由于学校教学资源不足，实验器材满足不了要求，要开发身边资源解决器材问题。例如，气垫导轨数量少，常用自制长木板替代。所以，各探究学习小组桌面上摆放的器材不一样。探究学习小组从所给的器材中选择器材，进行实验步骤设计，并把本组的实验方案填在学生活动单上，向全班阐述。在这一过程中，若学生有困难，教师应给予提示，可能会形成以下几种实验方案：

方案 1：

器材：打点计时器、天平、细绳、纸带、小车、钩码、秒表、一端有滑轮的长木板、低压交流电源。

实验步骤：

A. 将附有滑轮的长木板平放在实验桌上，并使滑轮伸出桌面，把打点计时器固定在长木板上没有滑轮的一端，连接好电路。

B. 用一条细绳栓住小车，使细绳跨过滑轮，下边挂上适量的钩码，让纸带穿过打点计时器，并把纸带的一端固定在小车的上面。

C. 把小车停在靠近打点计时器处，释放小车后接通电源，让小车拖着纸带运动，打点计时器就在纸带上打下一系列点。换上新的纸带，重复实验三次。

方案 2：

器材：打点计时器、纸带、小车、长木板、低压交流电源、小木块若干、刻度尺。

实验步骤：

A. 将长木板平放在实验桌上，然后在长木板下面垫上木块，使其支撑成斜面，把打点计时器固定在长木板的上端，连接好电路。

B. 让纸带穿过打点计时器，并把纸带的一端固定在小车的上面。

C. 把小车停在靠近打点计时器处，接通电源后释放小车，让小车拖着纸带运动，打点计时器就在纸带上打下一系列点。换上新的纸带，重复实验三次。

方案 3：

器材：气垫导轨、小车、光电计时器、刻度尺等。

实验步骤：

A. 在气垫导轨下垫上木块，支撑成斜面。

B. 将光电计时器安装好。

C. 让小车沿气垫导轨下滑。

D. 读出遮光时间。

③交流方案

小组展开交流讨论，最后形成最佳方案并执行方案。教师对不同的实验方案给予充分肯定，好的实验方案要表扬。例如，方案 2 的实验器材选取简单，实验步骤设计恰当，符合实验要求。

教师引导学生分析实验过程中应注意的事项：

A. 固定打点计时器时应让限位孔处在长木板的中央位置。

B. 开始释放小车时，应使小车靠近打点计时器。

C. 先接通电源，计时器工作后，再放开小车，当小车停止运动时及时断开电源。

D. 当小车到达长木板低端时及时用手按住它。

教师给出两种数据记录表，让学生分析选择。

参考表格 1：

相邻计数点编号	0	1	2	3	4	5	6
时间 t/s	0	0.1	0.2	0.3	0.4	0.5	0.6
相邻两计数点间距离 s/m		s_{01}	s_{12}	s_{23}	s_{34}	s_{45}	s_{56}
对应计数点速度 v/（$m \cdot s^{-1}$）		v_1=	v_2=	v_3=	v_4=	v_5=	

参考表格 2：

相邻计数点编号	0	1	2	3	4	5	6
时间 t/s	0	0.1	0.2	0.3	0.4	0.5	0.6
各计数点到 0 的距离 s/m		s_{01}	s_{02}	s_{03}	s_{04}	s_{05}	s_{06}
各计数点速度 v/（$m \cdot s^{-1}$）		v_1=	v_2=	v_3=	v_4=	v_5=	

学生分析：参考表格 1 是测量相邻两计数点间的距离，参考表格 2 是测量各计数点到 0 的距离。其中，参考表格 2 可以减小测量误差（距离越大，相对长度测量就越方便，测量值越精确，测量的相对误差就越小）。

探究小组进行实验。

（3）解释

讨论 1：我们的实验目的是研究小车的速度随时间变化的规律，同学们通过打点计时器打下的纸带，能判断小车做什么运动吗？

教师引导学生科学选取纸带：

①纸带要选择点迹清晰的。

②舍掉开始过于密集的点。

③用每打 5 个点的时间为时间单位，即 $T=5\times0.02s=0.1s$，这样既可方便计算，

又可减少误差。

讨论 2：通过打点计时器打下的纸带，如何进行数据处理、得出结论？

可以鼓励学生采用不同方法处理数据。

方法 1：用计数点内的平均速度来代替各计数点的瞬时速度，即 $v_1=\frac{s_{01}+s_{12}}{2T}$、$v_2=\frac{s_{12}+s_{23}}{2T}$……算出各计数点的瞬时速度，填入参考表格 2 中后，用加速度的定义式 $a=\frac{\Delta v}{\Delta t}$，求出 a_1、a_2、a_3 ……加速度近似相同，在误差允许的范围内，加速度是不变的。

方法 2：用逐差法“$s_2-s_1=s_3-s_2=\cdots\cdots=s_n-s_{n-1}=aT^2$”来判断，发现连续相等的时间里，位移差近似相等，所以小车做匀变速运动。

方法 3：用图象法处理数据，即用计数点内的平均速度来代替各计数点的瞬时速度：$v_1=\frac{s_{01}+s_{12}}{2T}$，$v_2=\frac{s_{12}+s_{23}}{2T}$……算出各计数点的瞬时速度填入参考表格 2 中，然后以各点瞬时速度为纵轴，以时间为横轴，作出物体的速度时间图象，从函数关系 $v=kt+b$ 中得出 v 与 t 成线性关系。小车的速度随时间均匀增加（变化），小车做匀变速直线运动。

（4）扩展

某同学用以下方法绘制小车的 v-t 图象：把打点计时器打下的点迹清晰的纸带每隔 0.1s 剪断，得到若干短纸条，再把这些纸条并排贴在一张纸上，使这些纸条下端对齐，作为时间轴，标出时间，然后将各短纸条上端中心点连起来，于是得到 v-t 图象。

请你按以上办法绘制这个图象。这样做有道理吗？说说你的看法。

二、教后反思

我在教学中充分调动了学生学习的积极性和主动性，成功之处主要表现在以下方面：

（1）体现知识的自主建构，关注学生的情感发展。本教学设计包括探究问题的生成、探究方案的设计、探究行动的开展、探究结果的构建，主要围绕学生知识的自主建构这一核心来展开，体现了探究式学习的本质。同时，学生在探究活动中获得了丰富的情感体验，他们积极开动脑筋，认真分析，不时提出问题。

这培养了他们自主学习、独立思考、综合分析、交流协作的能力。

（2）通过指导学生之间相互交流与讨论，找出了学生中普遍存在的问题并及时纠错，使学生认识到猜想与假设、归纳与推理要根据已有的知识和实践经验进行，不能盲目去做。

（3）在分析与论证的过程中，给予每个学生充分的语言表达机会，使学生能够用较为准确的语言把自己的探究成果表述清楚，并且能用自己收集到的实验数据和观察到的实验现象作出有说服力的解释。

本教学中也存在以下不足之处：

课堂秩序比传统的教学方式难以控制，时间安排上存在不确定性，学生知识获取程度参差不齐。

三、专家点评[1]

本课中，教师在探究要素安排上有独到之处，即先猜想后设计方案，进行实验操作，得到点迹清晰的纸带，再依据纸带信息进行猜想和验证，使学生的猜想和验证在一定证据的支持下进行，起到了引导学生思维的作用。

在探究过程中，对探究基本特征有明确体现。如让学生提出问题，即学生在已经知道一些知识的基础上进行反思并提问。这种反思既是一种元认知活动，也有利于学生对探寻答案产生兴趣，深入参与活动。在方案设计阶段，体现了开放性，学生并没有局限于一种方案，而是提出多种方案，在交流、讨论、反思的基础上进行优选，这一活动促进了学生批判性思维能力的发展。在数据分析处理上，也体现出开放性，既允许依据加速度定义式进行，也可用逐差法进行，还可用图象法进行。学生可选择自己擅长的方式处理数据，还可与他人交流其他可行的数据处理方法，这促进了学习中的交流和论证。在教学接近尾声时，又应用了以纸带宽度代替时间，以纸带长度代替各点瞬时速度的方法来作 v-t 图象，使学生领略了“替代法”的妙用，并对物理学习中如何开放自己的思维获得了更深刻的心理体验。

探究中往往会根据学生反馈调整教学进度，在时间管理上存在不确定性，这

[1] 黔西南州物理学会名誉理事长、中学物理高级教师　景敏

是难以避免的。探究中要注意培养小组成员协作学习的习惯，使全体学生都能掌握本课中的重要科学内容。

总之，本课关注了学生的情感发展，体现了探究式学习的本质，培养了学生自主学习、独立思考、综合分析、交流协作的能力，培养了学生实事求是的科学态度和创新意识。

第六节　探究加速度与力、质量的关系[1]

一、教学设计方案

1. 适用对象：高一年级

2. 教学课时：1 课时

3. 教学目标

知识与技能目标：让学生明确物体的加速度与力、质量有关，并通过实验探究它们之间的定量关系；培养学生获取知识和设计实验的能力。

过程与方法目标：让学生体会科学探究过程；在探究过程中，渗透科学研究方法（控制变量法、实验归纳法、图象法等）。

情感态度和价值观目标：通过学生之间的讨论、交流与协作探究，培养其团队合作精神；让学生在探究过程中体验解决问题的成功喜悦，增进学习物理的情感。

4. 教学重点：知道决定物体加速度的因素；加速度与力、质量之间的关系的探究过程。

5. 教学难点：引导学生在猜想的基础上进行实验设计，提出可行的实验方案、完成实验并得出实验结果。

6. 实验室教学资源准备

教师教学准备：多媒体教室、课件。

学生分组实验器材（探究包）：学生电源、导线、打点计时器，复写纸、细线、

[1] 中国科技大学附属中学高级教师、安徽省教坛新星　王苏

小车、钩码、一端带有滑轮的长板、纸带、毫米刻度尺等。

7. 教学过程

（1）创设情境

从牛顿第一定律的定性结论引入本节的内容：运动状态改变的快慢问题。通过图例，分析什么是物体运动状态的改变。

得出结论：物体运动状态的改变是速度的改变，其实质是产生了加速度。

（2）引出问题

结合牛顿第一定律分析，力是物体运动状态改变的原因，即力是使物体产生加速度的原因。

讨论 1：加速度的大小与力有什么定性关系？

结合实际得出：同一物体，受力越大，加速度越大。

讨论 2：加速度的大小除了与力的大小有关外，还与什么因素有关？

通过分析，得出结论:加速度的大小还与物体的质量有关，物体受力一定时，质量越小，加速度越大。

（3）猜想与假设

问题：加速度的大小与力、质量有什么定量的关系？

充分鼓励学生进行大胆猜想，对各种猜想给予肯定或引导。

可能的结果：

①加速度的大小与力成正比，成二次方正比，成二分之一次方正比……

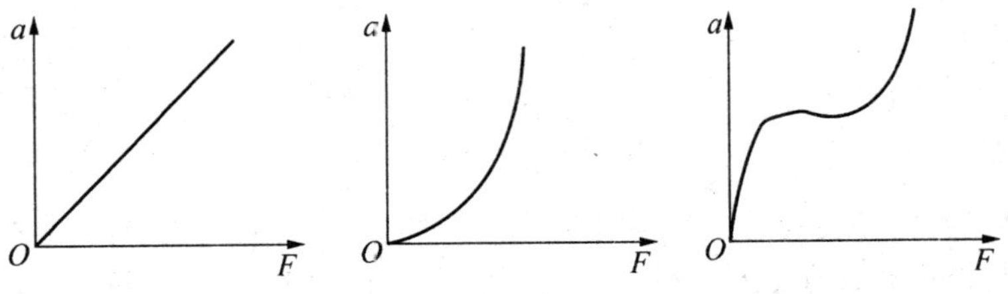

②加速度的大小与质量成反比，成二次方反比……

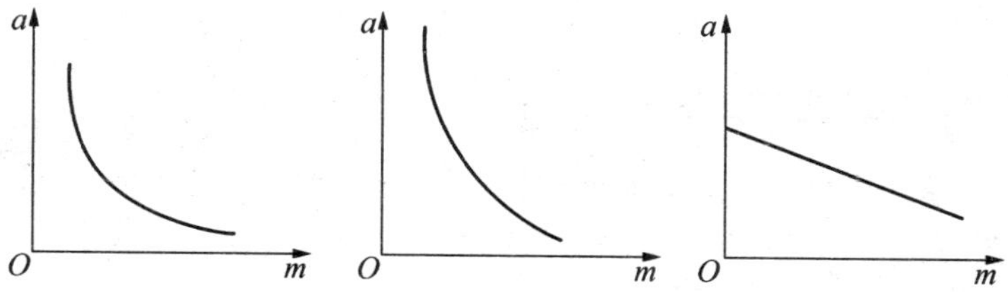

（4）设计实验

①本实验探究哪些物理量之间的关系？如何一一探究呢？（a、F、m；采用控制变量法）

②实验中要注意两个问题：怎样测量（或比较）物体的加速度？怎样提供和测量物体所受的恒力？

引导学生利用所学知识解决测量加速度的问题，如打点计时器的纸带方法、闪光照相的方法、课本中的比较方法等。由学生的方法逐步引导到利用重物牵引小车运动来提供恒定的外力。

③实验方案如何设计？需要哪些器材？引导学生根据以上分析设计较合理的实验方案，分析各种方案的可行性。

参考方案：

I. 直接测量法

以小车、打点计时器、纸带、一端带有定滑轮的长板、细线、钩码、刻度尺、天平为器材，研究小车运动。用天平测出小车的质量 m，把砝码的总重力当作小车受到的拉力 F，从打点计时器打出的纸带上测出 Δs，由 $\Delta s=at^2$ 计算出小车的加速度 a。

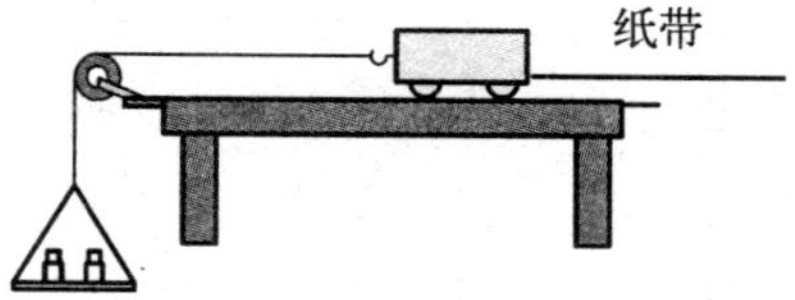

II. 比较法

以小车、一端带有定滑轮的长板、细线、砝码、刻度尺、天平、夹子为实验器材，研究小车的运动，利用两小车位移之比等于加速度之比来研究加速度与力、质量的关系。

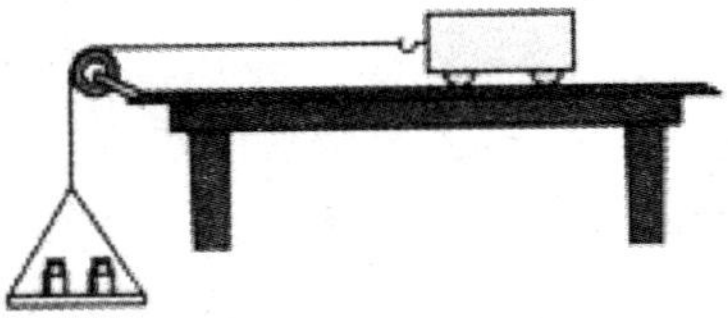

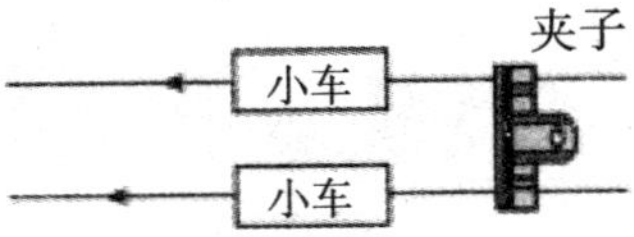

（5）实验探究

指导学生按上述的方案一进行下面的实验。学生实验，教师巡视指导，对出现的问题及时地给予解决。

探究加速度与力的关系，注意以下几个问题：

①保持小车的质量不变。

②实验中重物质量不能太大。

③如何平衡摩擦力。

（6）分析论证

指导学生将实验数据填入预先设计好的表格中，求出各个力作用时的加速度，分析实验数据，画出 a-F 图象，观察图线，在实验误差允许的范围内得出结论：加速度与力成正比。

（7）总结交流

引导学生与其他组同学相互交流实验数据和结论，相互合作，相互学习。

（8）实验结论

在对大量的实验数据进行分析和论证的基础上，得出结论：质量不变的物体，加速度与所受合外力成正比。

二、教后反思

本节科学探究示范课是一节合肥市公开课，受到了听课老师和专家们的高度赞扬，我在教学中努力做到以下几点，但也存在一些问题。

1. 让学生经历一个完整的科学探究过程

在《普通高中物理课程标准（实验）》共同必修模块“物理 1”中涉及本节的内容有：通过实验，探究加速度与物体质量、物体受力的关系，理解牛顿第二定律。本条目要求学生通过实验，探究加速度、质量、力三者的关系，强调让学生经历完整的实验探究过程。

2. 渗透两种方法

本节的学习任务类型是综合型。在知识上要求知道决定加速度的因素，理解加速度、质量、力三者的关系；在技能上要求能设计和操作实验，会测定相关物理量；在体验性上要求经历探究活动，尝试解决问题的方法，体验发现规律的过程，体会科学研究的两种方法——控制变量法、图象法的应用。

3. 发展学生的两种能力

第一种是理解推理能力。科学探究不是毫无根据的胡乱探究，而是有一定的规范要求。在科学探究过程中，逻辑推理是自始至终贯穿其中的，本实验就是要通过对加速度和力的关系的研究，让学生发展这种逻辑推理能力。

第二种是实验设计和操作能力。本实验的一个重要目标是训练学生的实验操作技能，会用打点计时器研究匀变速直线运动的加速度，要求具备一定的计算机操作能力。

三、专家点评[1]

牛顿第二定律是高中物理教学的重点和难点，过去的有关实验大都是验证性的，而且基本是教师做演示实验。本节课的设计将其改变为探究性的实验，并且让学生自己动手参与实验的全过程，在探究中找出加速度与力、质量的关系。

在实验“猜想”中，突破了传统教学的思维定式，提出了加速度大小究竟是与力成正比，还是成二次方正比，抑或是成二分之一次方正比；加速度大小究竟与质量成反比，还是成二次方反比……这样就增加了本节课的问题性和可探究性。在实验方案的设计、实验器材的选择等方面，都给了学生自由发挥的空间。

本节课的另一个特色就是重视物理学方法的渗透，如控制变量法、图象法等，同时还指导学生用电脑来处理实验数据。这些都是值得肯定和提倡的。

[1] 安徽省教育科学研究院教授 何润伟

第七节　探究功与速度变化的关系 [1]

一、教学设计方案

1. 适用对象：高一年级

2. 教学课时：1 课时

3. 教学目标

知识与技能目标：通过对 $W\text{-}v^2$ 图象的不完全归纳，探索做功与物体速度变化的关系；会正确使用打点计时器，能对纸带进行正确的数据处理；学会利用图象研究物理量间关系的方法；掌握通过微机处理实验数据及作拟合曲线的技巧。

过程与方法目标：经历科学探究的过程，认识实验对发现物理规律的重要意义；通过实验体会“实验控制思想”和“变换测量”的巧妙之处；掌握数据的收集、分析、处理方法；当实验数据与猜想出现较大偏差时，能尝试通过自己的努力作出正确的分析和处理。

情感态度与价值观目标：形成严谨的实验态度和实事求是的科学精神；学会分享与交流，懂得欣赏他人和尊重他人的劳动；体会物理规律探索历程的艰辛和喜悦，培养坚韧不拔的意志品质。通过得出 $W\text{-}v^2$ 的正比关系，会用简洁的语言描述自然规律，体会自然规律的简洁之美。

4. 教学重点：学习探究功与速度变化关系的物理方法，并会利用图象法处理数据。

5. 教学难点：实验数据的处理方法——图象法，实验过程中的规范操作，如何找到变力做功和物体速度变化的定量关系。

6. 实验室教学资源准备：小车（前面带小钩）、长木板（在两侧适当的对称位置钉两个钉子）、橡皮筋（5 ～ 6 条）、打点计时器及电源、纸带等。

[1] 中国科技大学附属中学高级教师、安徽省教坛新星　王苏

7. 教学过程

（1）导入新课

①情境导入

情境 1：运动会上，某标枪运动员用力投掷，标枪在力的作用下快速飞出去。

情境 2：行驶中的汽车因前方有路障而停下，汽车在阻力的作用下逐渐停下来。

提出问题：从功能关系角度看，以上两种情境有何共同特点？

学生猜想：它们都是通过力做功改变了物体的速度，也就是改变了物体的动能。

②复习导入

回顾力做功和能量改变之间的关系。

A. 重力做功与重力势能

由重力做功与路径无关，只与始末位置有关，从而引出重力势能。重力势能是物体和地球这个系统所共有的，具有相对性。重力做功等于重力势能的减少量，即：$W_G=-\Delta E_p=mgh_1-mgh_2$。从而得出重力势能表达式：$E_p=mgh$。

B. 弹力做功与弹性势能

和重力势能一样，由弹力做功的特点引出弹性势能，发生弹性形变的物体各部分之间存在弹性势能。弹性势能的改变与弹力做功有关，利用类比和无限分割再累积的方法可以推得弹力做功为：$W_{弹}=-\Delta E_p=\frac{1}{2}kx_1^2-\frac{1}{2}kx_2^2$，由此得出弹性势能的表达式。

以上实例表明：力对物体做功与物体能量改变有关。

③问题导入

在很久以前，人们就认识到，要想使物体运动是要付出“代价”的。在现实生活中我们也经常遇到这样的例子：要想使铅球、铁饼等物体获得初速度并把它们投掷出去，需要运动员耗费很大的体力；要想使汽车运动起来，需要消耗汽油；要想使火箭飞向太空，则要消耗很大的燃料。

以上现象表明：要使物体的速度更大，需要付出的“代价”也更大。这说明了什么物理问题?

（2）新课教学

①探究思路

指导学生阅读教材。

明确探究问题：探究外力做功和物体速度变化的关系。

要测量哪些物理量：做的功和物体的速度。

有哪些方案能完成以上的测量？

实验思想方法：倍增法。虽为变力做功，但橡皮条做的功，随着橡皮条数目的成倍增加，也在成倍增加。

数据处理方法：图象法。作出功—速度曲线，分析这条曲线，得出功与速度变化的定量关系。

②学生思考，提出预案

在教材提供的方案中，橡皮筋的拉力是变化的，它做的功不容易测量，不太好。

除了教材上提出的方案，有没有其他方案？启发学生思考。

③进行探究实验

A. 制订基本的实验方案

在制订实验方案的过程中培养学生的创新思维能力，引导学生明确以下几个问题：

探究中，橡皮筋的力不是恒力，不能方便地求出它做功的数值，解决这一问题的方法可以用倍增法。

课本方案中不需要测橡皮筋做功的具体数值，因为实验是以倍增的思想方法设计，若橡皮筋第一次做功为 W，则第二次做功为 $2W$……橡皮筋第 n 次做功为 nW。

为了达到各次实验中橡皮筋做的功成倍增加，各次实验中橡皮筋的伸长量必须相同。若使小车在橡皮筋的变力作用下产生的位移相同，就要有相同的运动起点。具体做法是：以第一次实验时小车前（或后）端的位置为基准，在木板上作出一条垂直运动方向的水平线。以后改变橡皮筋的条数时，小车前（或后）端仍以此位置为基准（均从静止）。

小车获得的速度的计算方法：小车在橡皮筋作用结束后，应做匀速运动。找出纸带上点距相等的一段，求出点距相等一段的平均速度，即小车加速后的速度。

实验中不一定需要测出每次加速后小车速度的数值。可以设第一次实验中小车获得的速度为 v，小车在第一次、第二次……第 n 次实验中的速度为 $v_1=\frac{\Delta x_1}{T}$、$v_2=\frac{\Delta x_2}{T}$……$v_n=\frac{\Delta x_n}{T}$。若令 $v_1=v$，则 $v_2=\frac{\Delta x_2}{\Delta x_1}v=n_2v$……$v_n=\frac{\Delta x_n}{\Delta x_1}v=n_nv$，即小车在第二次实验以后的速度是第一次实验中的速度的倍数。（注：这里的 n_n 不是橡皮筋的倍数，而是在匀速运动时，在相同时间 T 内，第 n 次的位移和第 1 次的位移之比，即把 $\frac{\Delta x_n}{\Delta x_1}$ 记为 n_n）

实验完毕后，用图象法分析橡皮筋对小车做的功与小车速度的关系，它是寻找物理量之间关系的一种直观而简洁的方法。它的具体做法是：以速度为横坐标、功为纵坐标，根据功和速度的数值或倍数确定标度。

如果作出的功—速度曲线是一条直线，这说明橡皮筋做的功和小车的速度成正比。如果作出的是一条曲线，则不能说明功和速度之间有什么关系。进一步可以作 W-v^2、W-v^3 图象……直到作出的是一条直线，来寻找它们的关系。

B. 确立基本的实验方案，设计初步的实验步骤

先将木板置于水平桌面，然后在钉有钢钉的长木板上放好实验小车。

把打点计时器固定在木板的一端，将纸带穿过打点计时器的限位孔，纸带一端要在小车的后端夹紧，打点计时器接电源。

过两钉中垂线上的适当位置作两钉的平行线，交中垂线于 A 点，作为小车每次运动的起始点（如图）。

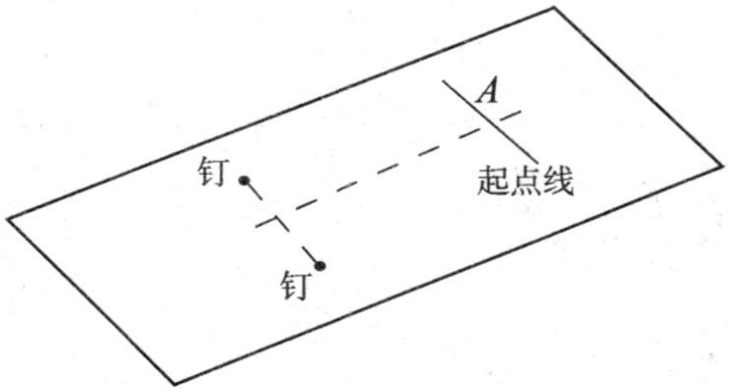

使用一根橡皮筋时，将小车的前端拉到 A 点，接通电源，打点计时器开始打点，释放小车，在小车离开木板前适时使小车制动，断开电源，取下纸带。重复本项前面的过程，选出点迹清晰的纸带。

换用材料、粗细、长度都相同的 2 根、3 根……6 根橡皮筋，依照上一步的方法，分别进行实验。

以功为纵轴（第一次橡皮筋做的功为纵轴的单位长度），以速度为横轴（第一次实验中小车的速度为横轴的单位长度），建立坐标系，用描点法作出图象，

看看是否是正比例图象，若不是，功与速度的哪种相关量（的变化量）是成正比的，功就与速度的这种相关量（的变化量）具有确定的函数关系。

C. 参考实验步骤

先将木板置于水平桌面，然后在钉有钢钉的长木板上放好实验小车。

把打点计时器固定在木板的一端，将纸带穿过打点计时器的限位孔，纸带一端在小车的后端夹紧，打点计时器接电源。

使木板略微倾斜，调节木板的倾角，测量纸带点距直到相等，表明恰好平衡摩擦力。

过两钉中垂线上的适当位置作两钉的平行线，交中垂线于 A 点，作为小车每次运动的起始点。

使用一根橡皮筋时，将小车的前（或后）端拉到 A 点，接通电源，打点计时器开始打点，释放小车，在小车离开木板前适时使小车制动，断开电源，取下纸带。重复本项前面的过程，选出清晰的纸带。记下点距相等后，在 $t=0.1s$ 的位移 Δx_1，求出小车获得的速度 v_1。

换用材料、粗细、长度都相同的 2 根、3 根……6 根橡皮筋依照前项的方法，分别进行实验。记下各次实验中间距相等后，在 $t=0.1s$ 的位移 Δx_2、Δx_3……Δx_n，分别求出小车的速度 v_2、v_3……v_n。

以功为纵轴（用第一次橡皮筋做的功为纵轴的单位长度），以速度为横轴（可以用适当的速度值为单位长度，也可以用第一次实验中小车的速度为横轴的单位长度），建立坐标系，用描点法作出图象，看看是否是正比例图象，若不是，功与速度的哪种相关量（的变化量）是成正比的，功就与速度的这种相关量（的变化量）具有确定的函数关系。

④某次实验数据的处理

A. 直接数据

W	0	1	2	3	4	5	6
Δx/cm	0	4.08	5.51	7.02	8.12	9.11	9.93
$v/(\mathrm{m\cdot s^{-1}})$	0	0.41	0.55	0.70	0.81	0.91	0.99
v^2	0	0.17	0.30	0.49	0.66	0.83	1.00
v^3	0	0.07	0.13	0.34	0.54	0.75	1.00
$\sqrt{v}$	0	0.64	0.74	0.83	0.90	0.94	1.00

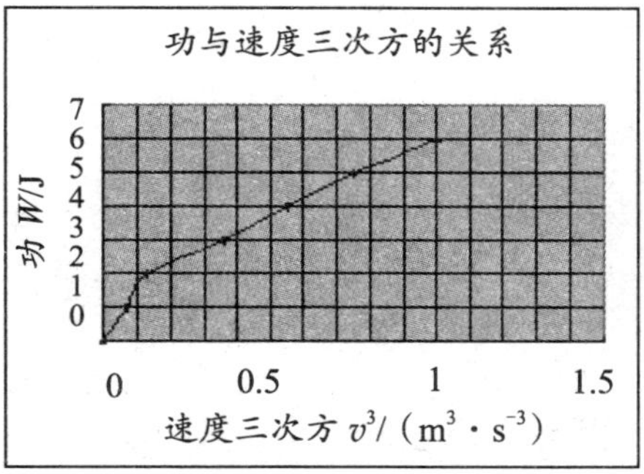

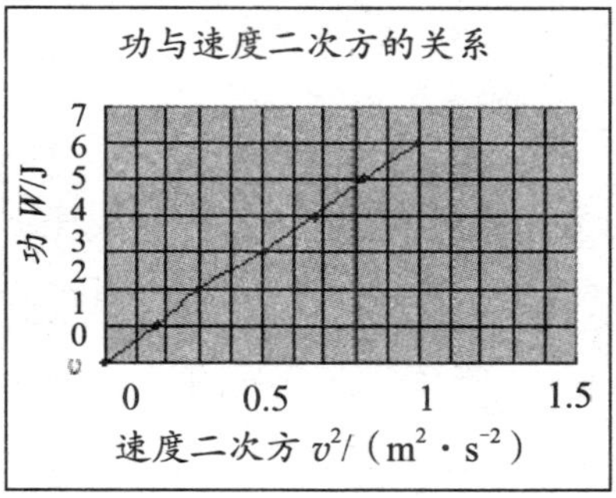

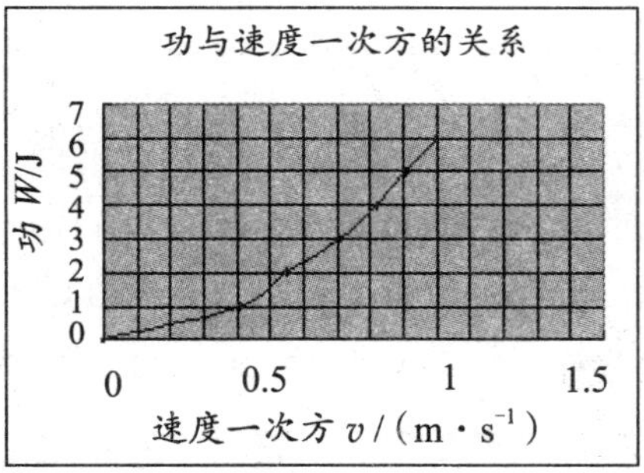

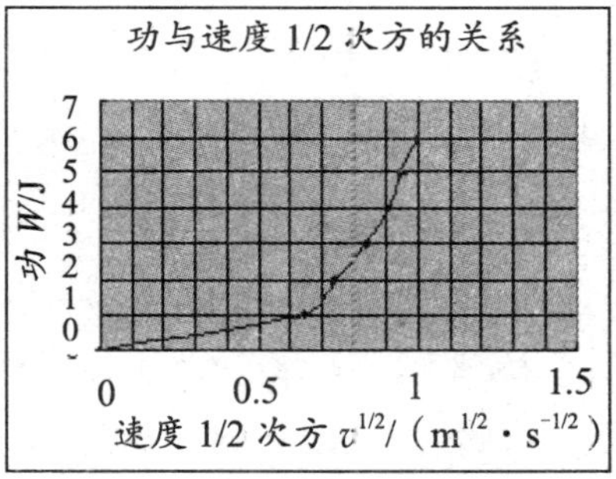

B. 倍数关系

实验次数	1	2	3	4	5	6
功 W	W	$2W$	$3W$	$4W$	$5W$	$6W$
速度比 (v_n/v) 倍数	1.00	1.35	1.72	1.99	2.21	2.42
速度二次方比倍数	1.00	1.82	2.96	3.96	4.88	5.86
速度三次方比倍数	1.00	2.46	5.08	7.88	10.79	14.17
速度平方根比倍数	1.00	1.16	1.31	1.41	1.49	1.56

⑤实验结论

在实验误差允许的范围内，外力做功与物体速度的二次方成正比。

（3）布置作业

①写实验报告。

②分析本实验的主要误差来源以及如何减小实验误差。

③对其他未能实施的实验方案进行完善，设计出合理的实验步骤，利用课外时间进行实验。

二、教后反思

本节是探究实验课，需要考虑什么是有价值的数据，用什么方法来获得数据，以及如何证明这些数据是可靠的。在进行实验时，操作应规范；在收集数据时，应实事求是，坚持严谨认真的科学态度。对实验所得到的结论要会判断是否科学，判断的标准就是看其是否具有重复性，即不论由哪位同学来做这个实验，也不论做几次，在误差允许的范围内结果都应该是相同的。

通过科学探究来培养创新型人才，不仅要培养其实验操作技能，还要重视实验中的科学思想培养。比如，在本课中为什么不需要计算功的具体数值，为什么选择用图象处理数据，怎样减少误差，等等，都需要学生认真思考。

本实验能较好地体现科学探究思想，对创新型人才的培养有很好的实践意义，通过对实验方案的设计、实验器材的选择、实验数据的收集、实验规律的探索等环节，能培养学生的创新素养，但在具体的教学中也暴露了一些不足：

（1）由于实验器材不精确，本实验误差较大，甚至得不出实验结论。实验中没有完全相同的橡皮筋，并且橡皮筋不好固定，使每次增加橡皮筋后，做的功不是成倍增加，对实验影响较大。

（2）学生从理论上设计了多种实验方案，但实验室只能提供少数的实验器材，限制了学生的实践，不能很好地培养学生的综合探究能力。

（3）实验中花费时间较多，不少学生参与热情不高，认为实验对学习没有帮助。

三、专家点评[1]

本节课试图让学生通过实验的方法，探究功与速度变化的关系。本节课的特点及其与传统教学不同的是：

（1）传统教学是直接探究功与动能变化的关系，而本节课先不出现动能概念，只探究功与速度变化的关系。在学生实验的基础上，得出外力做功与物体速度的二次方成正比。长期以来，高中学生对动能定律和公式有一个疑问：为什么动能中的速度是二次方，而不是一次方或其他次方？无疑，这样的教学设计有利于解决学生的这个疑问，是一次很好的尝试。然而，教学的难度也随之增大了。

（2）传统教材中关于功和动能关系的实验都是验证性实验，本节课力图将其改变为探究性实验。比如，给出多种实验方案让学生选择。又如，在分析实验数据时，对速度的指数进行了多次探索。

（3）本节课自始至终都是让学生来设计实验方案、选择实验器材、动手操作、收集实验数据、分析实验数据、探索实验规律，学生经历了实验探究的全过程。这对培养学生的科学探究能力是十分必要的。

总之，本节课的教学设计有独到之处，是一次有意义的尝试。

第八节　动能定理[2]

一、教学设计方案

1. 适用对象：高一年级

2. 教学课时：2 课时

3. 教学目标

知识与技能目标：理解动能的确切含义和表达式；培养学生在探究过程中获取知识、分析实验现象、处理数据的能力。

[1] 安徽省教育科学研究院教授　何润伟
[2] 福州高级中学物理一级教师　郑振宁

过程与方法目标：设置问题启发学生思考，让学生掌握解决问题的思维方法；在探究和验证过程中掌握观察、总结、用数学和图象处理物理问题的方法；经历科学规律的探究过程，认识探究的意义，尝试探究的方法，培养探究的能力。

情感态度与价值观目标：通过探究培养学生的合作精神和积极参与的意识；用简单仪器验证复杂的物理规律，培养学生不畏艰辛、敢于进取的精神。

4. 教学重点：理解动能定理内容；设计探究实验；实验现象分析和数据分析处理。

5. 实验室教学资源准备

学生分组实验器材：铁架台、带铁夹的重锤、钩码、天平、弹簧秤、米尺、轨道、小车、气垫导轨、滑块、打点计时器、DIS数据传感器（光电门、运动传感器）。

6. 教学过程

（1）引入

上节课我们学习了动能这一物理量，动能表达式是什么？我们利用这一表达式计算过子弹的动能，通过计算我们发现子弹质量不是很大，但动能却很大（约10000J），正因为有这样大的动能，子弹才有很大的破坏力。

在没有发射前，子弹是静止的，射出枪口时子弹具有很大的动能，说明子弹的动能发生了改变，我们又应该如何表示动能改变呢？

经过枪管发射的过程，子弹动能发生了改变，那么子弹动能改变的大小与什么因素有关？实际上，到底需要多长的枪管，火药爆发力要有多大，才能产生最佳的发射效果？到现在为止，这仍然是一个重大的研究课题。可见，研究物体动能变化与哪些因素有关，有着重要的实际意义。

今天我们就一起来讨论物体动能改变量与哪些因素有关。

（2）分组实验

各组桌面上都有小车，同学们想想用什么办法能让小车的动能发生改变，并思考小车的动能改变与哪些因素有关。

哪组同学愿意跟大家分享一下你们的实验过程？请你说说看。

生：给小车施加一个推力，小车的动能就增加了。施加更大的推力，小车动能改变更多。动能改变量大小跟推力大小有关。推力越大，动能改变越多。

师：其他小组有没有什么补充？

生：我们小组让小车从斜面上下滑，发现小车滑行的距离越长，动能改变量越多。

师：很好，这个小组的同学利用了物理上很常用的一个工具——斜面，利用斜面的好处在哪里呢？同学们有没有发现利用斜面使实验的过程更好控制？控制了什么？

生：斜面倾角一定，物体受到的力就一定（这就是控制变量的思想）。

师：很好，刚才这个小组的同学思考得非常好！首先，他们会利用轨道形成一个倾斜的斜面。其次，他们还使小车从轨道的不同位置开始下滑，使小车运动的位移不同。这些都是他们创造性的思考，值得我们大家学习。其他小组还有没有补充？

生：如果斜面倾角变大，在斜面长度不变的情况下，动能改变就更多。

师:非常好，这位同学提出增大斜面的倾角，能够使动能的变化更大。那么，斜面的倾角变化时，实际上是什么物理量发生了变化呢？

生：物体受到的合外力改变了。

（3）提出猜想

通过大家的讨论和分析，我们知道动能改变量与以上几个物理量有紧密的联系，那么动能改变量的大小跟以上几个物理量会存在什么样的定量关系呢？同学们根据已经学习过的知识和日常生活中的观察，思考并讨论一下，提出自己的猜想。

各组同学提出自己的猜想并说明理由。

①时间相同的前提下，合外力与动能改变量成正比。

②位移相同的前提下，合外力与动能改变量成正比。

③合外力恒定的前提下，位移与动能改变量成正比。

④合外力恒定的前提下，运动时间与动能改变量成正比。

⑤动能改变量与力、时间的乘积相关。

⑥动能改变量与力、位移的乘积（也就是功）相关。

师：很好，其他各组同学应该也有自己的猜想，由于时间关系就不一一请同学起来发言了。各组同学的猜想就是你们今天要研究的方向，现在要求同学们用实验的方法来验证一下你们的猜想是否正确。

给大家提供几种实验器材，每组桌面上都有：铁架台、带铁夹的重锤、钩码以及天平、弹簧秤、米尺。另外还提供了轨道和小车、气垫导轨和滑块、打点计时器、一套 DIS 数据传感器（光电门传感器、一对运动传感器）。

请各组同学展开讨论，利用老师提供的器材设计一个合理的实验方案来验证猜想。如果你需要的器材不在老师所提供的范围内，也可以提出，老师可以另外为你准备。

设计实验方案之前提几个要求：

请同学们先明确本组实验目标，比如，你们小组的猜想是在位移相同的情况下，动能改变量与合外力成正比，在实验中就要控制物体的位移，改变合外力。

根据你们小组的实验目标，采用适当的物理方法，其中需要测量哪些物理量，选取对应的实验器材，并在实验方案中做好记录。

在实验方案中画好装置的安装草图。

初步形成实验方案后才开始动手试着操作，发现问题后继续完善方案。

小组各成员要做好分工，如记录、安装调试仪器、画图等，每个小组成员都要参与进来，加强合作。

15 分钟后请各小组将实验方案展示给同学讨论、交流。

展示实验方案的时候要说明以下几个要点：实验目标（小组的猜想）；实验的主要操作过程；需要测量哪些物理量，分别用什么方法、什么仪器测量；实验操作中的注意事项。

（4）展示过程

一组展示结束后，其他小组觉得他们的实验方案能不能达到预期的目标？对他们有没有什么建议，或者对实验方案本身有没有什么疑问？

实验方案的可能种类：

①自由落体重力做功与动能变化。

②用钩码拉轨道小车，研究小车动能变化与钩码拉力做功的关系（课本实验）。

请各组同学一起讨论实验操作的具体方案。

各组讨论得出实验方案，形成具体的实验步骤。

各组展示方案供其他组讨论交流，其他组提出意见。

作业：继续完善实验方案。

（第二课时）

实验探究：

各组按方案操作，得出结论。

展示结论，其他组提出意见并阐述理由。

综合各组结论，得出动能改变量与合外力做功的定量关系。

（5）课后总结

各组同学通过不同方案，总结外力作用与动能改变之间的关系：合外力的功 = 动能改变量。

我们把这个结论称作动能定理。请翻开书本（把公式中的功加一个角标“合”，表示合外力的功），从式中我们发现：如果合外力做正功，末动能就大于初动能，也就是物体动能增大（如汽车启动的加速运动）；如果合外力做负功，末动能就小于初动能，物体动能减小（如汽车刹车的减速运动）。

作业：形成完整的实验报告。没有成功完成预期实验的同学，也可以分析一下自己实验失败的原因。

二、教后反思

本课的初衷是希望学生在已有知识的基础上，通过对常见现象的观察和对动手小实验的分析思考，获得对动能改变的认识。接着根据相关的数学知识，猜想动能改变量与合力、位移、时间的定量关系，然后通过合理的实验手段验证猜想。

上课过程中我希望学生的思维能够尽量开放，因此没有做过多的引导和演示实验，希望学生学会自主动手、观察、思考。

在实验方案设计中也不强求方案的雷同，而是希望学生“各显神通”，因为从初中到高一已经做过很多力学方面的物理实验，与动能改变相关的实验也已经有预备基础（如牛顿第二定律、自由落体运动、平抛运动）。虽然学生最终还是集中于几种方案，但思维还是相对开放的（事实上，在不同班级上课的过程中，确实还有许多不同的想法）。

这堂课对老师来说是一个巨大的挑战，因为思维的开放性，学生反应的不确定性增大，老师要灵活应对，但对学生而言是一次良好的体验。这节课真正做到了以学生为主体，使学生了解了科学探究的基本方式、初步体验了探究的艰辛（用了两节课的时间）。但学生获得的不仅仅是知识，他们的动手能力、创新设计能力、分析和解决问题的能力以及交流与合作的能力都有了较大的提高。

三、专家点评[1]

动能定理是功能关系的重要体现，是推导机械能守恒定律的依据，因此是本章的重中之重。在整个经典物理学中，动能定理又与牛顿运动定律、动量定理并称为解决动力学问题的三大支柱。

经过高一上学期的匀变速运动和牛顿第二定律的学习，学生已经具备了实验探究的能力。在此基础上，本课内容是培养学生实验探究能力的良好课题。

本节课以子弹发射过程引入，激发了学生的学习兴趣，引出探究目标：物体动能改变量与哪些因素有关？通过动手小实验促进学生对动能改变现象的观察，从而引发学生思考并提出猜想。

学生提出猜想后，老师没有给学生限定探究的目标、实验过程、方案甚至器材（如果学生需要新的器材老师另外准备），完全放开了学生的思维。这正是新课改，以学生为课堂主体的思路，同时又不偏离教学目标。比如，引导学生讨论交流，使学生集中小组的智慧，设计实验方案；提供实验方案，引导全班交流，更进一步地利用学生的智慧与讨论的力量，使学生在讨论中学习，在讨论中自我发现、自我完善。这有利于培养学生的探究意识和合作精神；有利于学生表达交流和解决问题能力的发展；有利于学生在批判性、爆发式的思维过程中获得知识，也为学生创新能力发展提供了动力。

本节课中学生获得的结论不是通过老师口述、推演得来的，而是学生通过自己猜想、设计实验、动手实验、汇报讨论，从个性中找出共性，最后总结得出来的。学生亲历了科学探究的过程，获得了宝贵的体验。不论实验结果与猜想是否一致，对科学学习来说都是一种成功，对学生来说都是一种胜利。这种经历对

[1] 福州高级中学物理教研组组长、物理高级教师　刘国健

学生的成长价值远大于知识本身。

第九节　单摆[1]

一、教学设计方案

1. 适用对象：高二年级

2. 教学课时：2 课时

3. 教学目标

知识目标：理解单摆是理想化模型；探究单摆周期与哪些因素有关并得出周期公式；运用单摆周期公式测定当地的重力加速度。

能力目标：将生产生活中的问题简化成物理模型的能力；运用控制变量法分析问题，培养由实验现象进行猜想和验证、得出结论等解决问题的能力；灵活运用所学公式解决实际问题的能力。

情感目标：进一步形成突出主要因素、忽略次要因素的辩证唯物主义思想；体验科学探究的一般过程及探究的乐趣。

4. 教学重难点：用控制变量法探究单摆周期公式的方案设计及实验。

5. 实验室教学资源准备

机械秒表、铁架台、单摆摆球组（内有各种大小和不同材质的带孔小球 5 只）、棉线、米尺、游标卡尺。

6. 教学过程

（1）课题引入，认识单摆

动画演示及讲解，日常生活中，常常可以看到这样的一些运动：公园里秋千的摆动，摆钟摆锤的摆动……悬挂的物体在竖直平面内到底做的是什么运动？摆钟是根据什么原理制成的？从这节课起我们就来研究这些问题。

演示实验——单摆。

[1]　常州市第一中学一级教师、物理教研组长　陈新华；江苏省物理特级教师、江苏省中学教授级高级教师、常州市第一中学教务主任　陶兆宝；江苏省中学教授级高级教师　费宏

教师介绍单摆：不可伸长的细绳一端系一小球，另一端固定在铁架台上，这就是一个最简单的单摆模型。把小球拉离平衡位置后放手，小球就能在竖直平面内来回摆动。为简化模型，要求绳的端点固定，且不可伸长。小球要小而重，尽量减小空气阻力的影响。

师：请同学们选择手边的器材做一个单摆，讨论为什么要固定悬点和选择小而重的球。

【学生活动一】制作简易单摆，讨论单摆作为理想化模型的条件。（让学生在自制单摆及讨论的过程中加深对单摆理想化模型的认识）

生：选择小球的时候要选择金属小球，不选塑料的，这样相对重一点，可以减少空气阻力的影响。

生:悬点一定要固定好,所以用铁夹夹住。如果悬点不固定,整个摆来回晃动，能量损失得很快。

师：很好，同学们都做好了单摆，下面我们就来研究单摆。我们能测量哪些物理量来描述单摆及其运动?

生讨论：摆球的质量、有效的绳长、摆球的直径、单摆的运动周期。

师：同学们考虑得非常周到。为了更简洁，我们把悬点到球心的距离称为摆长，也就是有效绳长和小球半径之和。如何测量质量、摆长、周期等物理量呢?

生：摆球的质量用天平称就可以了。摆长可以先用刻度尺测出绳长，再用游标卡尺测出小球的直径，然后进行计算。周期可以用秒表测，先测出多个周期的时间，然后求平均值。

师：非常好！现在我们不仅了解单摆，还有了一些测量它的方法。

（2）提出问题，猜想假设

师：（边演示边介绍）我这里有两个不同的单摆，把它们同时拉离平衡位置后放手，你们看到了什么现象?

生：摆动快慢不一样，周期不一样。

师：同学们观察得很仔细，猜想一下，单摆的周期可能与哪些因素有关呢?

【学生活动二】小组讨论，猜想可能有 4 个因素：摆长、摆球的质量、摆动的幅度（角度）、当地的重力加速度。

师：任何伟大的发现都是源于猜想，而任何猜想要变为现实都离不开实验和事实的验证。如何通过实验来检验我们的猜想呢？

生：可以用控制变量法，保证其他量不变，只改变要研究的变量，通过实验来研究变量与周期之间的关系

师：非常好，控制变量法是研究多因素问题的常用方法。请同学们选择你想研究的某一变量进行研究，讨论研究方案并通过实验得出结论。

（3）分组探究，共享交流

【学生活动三】每小组选择一个变量，用控制变量法进行探究。

全班学生分成 12 个小组，选择变量后进行实验探究。

【学生活动四】学生交流实验方案及探究结果。

①关于摆球的质量：组 1、组 3、组 4、组 12 探究

组 1：我们确定摆长为 80cm，先用这个小号钢球作为摆球，标定了振动的幅度，测定摆动 30 个周期所用的时间是 55.1s。然后再用大一号的钢球，依然把摆长调至 80cm，按原来的振动幅度，测定 30 个周期的时间是 54.9s，因为按表的时候人有反应时间，所以我们觉得在误差范围内可以认为这两个时间相等，摆球的质量对周期没有影响。

组 3：为了更好地控制振动的角度，我们和组 4 合作，这样就可以有两个铁架台，做两个单摆。我们分别选择了最大和最小的两个钢球，把两摆的摆长调到一样长，然后让两个摆以同样大小的角度振动，发现两个摆的振动快慢完全一致，说明周期与摆球的质量无关。

学生点评：我觉得组 3、组 4 合作的实验效果更好，不仅有效地控制了振动幅度这个变量，还避免了测量周期。

②关于振动幅度的研究：组 2、组 6、组 9、组 10 探究

组 2：我们就用我们做的单摆，只改变单摆的振动幅度，测量 30 个周期的运动时间，三次测定的时间分别是 50.4s、50.2s、50.3s，应该可以认为周期是不变的，说明周期与振动的幅度没有关系。

组 6：我们组也是用同一个单摆，只改变振动的幅度，测量 20 个周期的时间，分别是 32.2s、32.5s、32.7s，我们也觉得在误差范围内可以认为周期与振动幅度没有关系。不过我们从刚才组 3、组 4 的实验中得到启发，觉得也可以做两个

完全一样的单摆，拉离平衡位置不同幅度后同时放手，看它们振动快慢是否相同，这样就避免了测量周期，比较方便。

组 9：我们组和组 10 合作，就是用两个完全相同的单摆来对比验证。

现场演示：两个摆球质量和摆长一样的单摆，振动幅度不一样，同时放手，大家看，它们振动是完全同步的！

③关于周期和摆长的关系：组 5、组 7、组 8、组 11 探究

组 5：我们小组先测定了 30s 内单摆完成的周期——29 个周期多一点，然后我们增加了摆长，发现同样是 30s 的时间，单摆完成的周期接近 20 个，说明摆长肯定会影响单摆的周期，并且摆长越长，周期越大。

组 7：我们和组 11 合作，都用小的钢球作摆球，但摆长不一样，我们组的摆长短，组 11 摆长长一点，把两个摆球同时放手，发现摆长短的摆动得明显快，说明摆长短的周期也小。周期和摆长肯定有某种正相关的关系。

组 8：为了定量研究摆长和周期的关系，我们小组做了两次实验。第一次摆长为 78.50cm，周期是 1.78s；第二次摆长为 86.50cm，周期是 1.87s。摆长越长、周期越大是肯定的，但似乎不是正比关系，我们还在研究……

师：非常棒！同学们已经知道了单摆周期和摆长有关，并且摆长越长周期越大。而组 8 也开始了定量研究，只是数据少了一点，所以还有不确定的因素。我们该如何继续定量研究呢？

生：先得到更多的有关周期 T 与摆长 l 的数据，然后再研究它们之间的关系。

师：这个方法不错！我们每一组都测定一组摆长和周期的数据，就能得到 12 组数据来进行研究。下面就请每小组测定你们单摆的摆长和周期。为了确保数据的准确，可以多次测量和求平均值。

（4）教师引导下的定量探究

注意 12 组同学的摆长分布合理，从 30 ～ 100cm。

【学生活动五】测定单摆的摆长和周期并记录到黑板上。（如图 1）

A	B	C
组别	摆长 l/cm	周期 t/s
1	60.51	1.56
2	76.47	1.76
3	51.48	1.44
4	42.00	1.30
5	41.49	1.30
6	56.52	1.50
7	92.10	1.92
8	78.50	1.78
9	33.21	1.15
10	27.50	1.03
11	86.50	1.87
12	70.54	1.68

图 1

A	B	C
组别	摆长 l/cm	周期 t/s
10	27.50	1.03
9	33.21	1.15
5	41.49	1.30
4	42.00	1.30
3	51.48	1.44
6	56.52	1.50
1	60.51	1.56
12	70.54	1.68
2	76.47	1.76
8	78.50	1.78
11	86.50	1.87
7	92.10	1.92

图 2

师：为了更好地看出它们之间的关系，老师把数据按摆长从小到大排列（如图 2），用什么方法能简单明了地得出它们之间的关系呢？

生：图象法。

师：太棒了！利用图象法寻求物理量间的定量关系，是科学研究的一种重要方法。为了避免繁复的运算，我们还可以借助 Excel 软件来计算和作图。

教师操作：用 Excel 表对数据进行函数拟合，作出周期 T 和摆长 l 的拟合曲线。

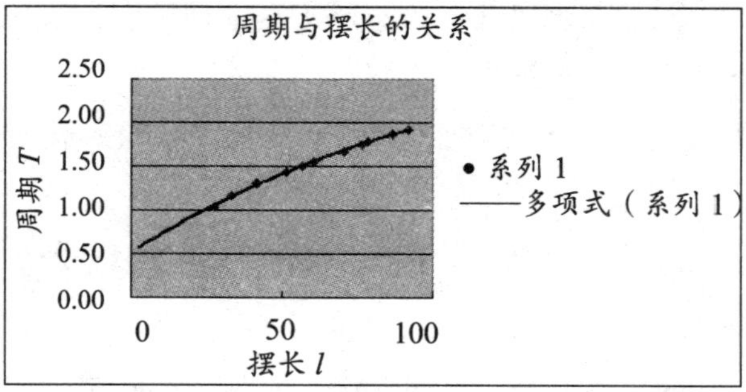

图 3

结果分析：图 3 中，周期 T 与摆长 l 不是一次函数的关系，怎么办？

生：可以看 T 与 l^2 的关系，或者是 T 与 $\sqrt{l}$ 的关系，看他们之间是不是有一次函数或正比关系，如果都没有，再考虑其他。

师：用 Excel 计算出与周期相对应的 l^2、$\sqrt{l}$，分别作 T 与 l^2、T 与 $\sqrt{l}$ 的拟合曲线，结果如图 4 和图 5。

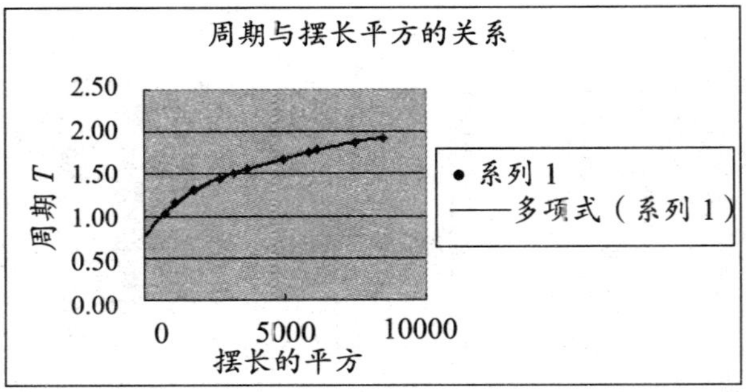

图 4

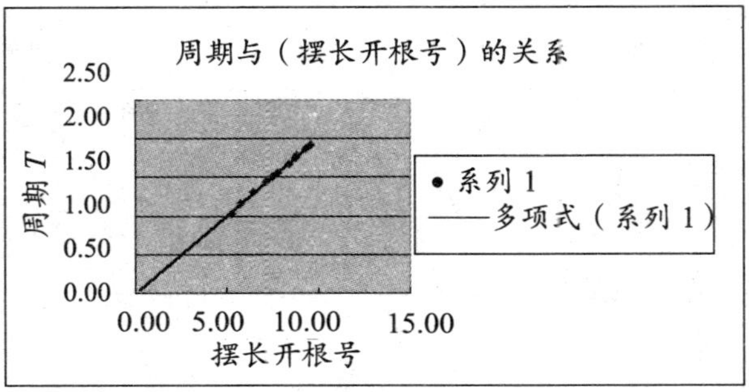

图 5

实验结果显示：T 与 l^2 的拟合曲线是一条曲线，而 T 与 $\sqrt{l}$ 的拟合曲线是一条直线！在误差范围内，如果近似认为二者过原点的话，就能说明 T 与 $\sqrt{l}$ 成正比。（通过简单的数据处理找到了看起来很深奥的关系，同学们都很开心）

关于周期和重力加速度的关系。

师：没有小组研究周期和重力加速度的关系，你们都觉得它们之间没有关系吗?

组 12：其实我们小组是想研究它们之间的关系的，但是我们讨论了一会儿，想不到有什么可行的办法。

师：这位同学提的问题很好，大家不妨先考虑一下如何解决这个问题。

学生又展开了热烈的讨论。

生：我觉得可以先让小球带电，如果能加一竖直方向的电场，使小球始终受到竖直向下的力的作用，相当于增加了重力加速度，看摆的周期有无变化。

师：这位同学的思路非常好，运用等效场的思想来改变重力加速度，在原理上是可行的。但在实际操作中，匀强电场和带电量不变的小球都很难得到，我们是否能用简单易操作的其他力来替代?

生：我觉得可以在摆的下方放一块磁铁，磁场对其中的铁磁性物质都有引力作用，相当于摆在摆动过程中多受了一个力，也就相当于增加了重力加速度，再看一看摆的周期有没有变化。

师：这个想法简单易行，但从科学性上不够完善，如何保证小球受到的磁场引力恒定不变呢？

生：可以在下面加一个大一点的匀强磁场，可以通过加条形磁铁的磁极来实现。

教师演示实验：同一单摆，先测定 30 个周期的振动时间（43.1s），在下方加匀强磁场后，30 个周期的振动时间为 32.4s，周期明显变小，说明周期与重力加速度有关，并且是负相关的关系。

生：加了磁场后，周期变小了，但依然没有定量分析呀！

师：用现有的实验条件进行定量分析比较困难，就只能定性地分析一下了。如果不受现有实验条件的限制，你能设计一个探究这两者关系的实验吗？

生：在北京和广州做实验，或者在平原和高山上做这一实验，或者在地球和月球上做这一实验，只要能找到重力加速度不同的两个地方做实验进行比较就可以了。

师：同学们思维很开阔，想得很有道理。荷兰物理学家惠更斯经过详尽的研究，测定了单摆周期的计算公式：$T = 2\pi\sqrt{\dfrac{l}{g}}$。

（5）应用拓展

师：既然单摆的周期与当地的重力加速度有关，我们也可利用单摆的周期公式来测定当地的重力加速度。你们能设计一个实验方案吗？

学生在活动后讨论交流。

生：我觉得可以把单摆的周期公式变为 $g = \dfrac{4\pi^2}{T^2}l$，只要测出单摆的摆长 l 和周期 T，把它们代入公式中就可以求当地的重力加速度了。

生：为了减少测量误差，我觉得测量摆长和周期时可以多测几次，求平均值。

师：这个方案不错，比较直接。还有其他方法吗？

生：我觉得可以把单摆的周期公式变为 $l = \dfrac{g}{4\pi^2}T^2$，把刚才同学们得到的关于摆长 l 和周期 T 的数据拿出来，用计算机求出 T^2 的值，再用计算机作 l-T^2 图线，

斜率就表示 $\frac{g}{4\pi^2}$，这样就可以求出当地的重力加速度了。

师：非常好！能将图象法活学活用，用这个方法处理数据误差比较小。请各小组选择一个方法来测定重力加速度。

小组活动：测定当地的重力加速度。

小组汇报当地的重力加速度是 9.75m/s^2。

（6）师生共同进行课堂小结

师：这节课我们探究了单摆的振动周期，同学们能总结一下探究的过程吗？

生：提出问题→进行猜想→实验探究→检验猜想→交流评估→运用结论。

师：总结得很好，这也是科学家进行科学探究的一般过程，有了这个法宝，同学们也能对今后遇到的困惑进行探究了。

师：我们经过探究得出了单摆的周期公式 $T=2\pi\sqrt{\frac{l}{g}}$，并且用这个公式测定了当地的重力加速度。探究和好奇心是开启科学大门的金钥匙，希望同学们能留心身边的物理现象，做一个有心人！

二、教后反思

本节课的课堂设计以科学探究为主线，充分体现了学生的主体地位。整节课中，学生始终处于探究状态，他们亲身实践科学探究的思想和方法，体会到了科学探究的艰辛与欢乐，收获了知识、方法和成功的体验。教师作为组织者组织了本节课的主要流程，只在学生目前难以达到的某些环节给予点拨和引导，确保学生的探究能顺利进行。教师和学生地位的互换使学生觉得很兴奋，整节课学生参与度较高，取得了很好的效果。

三、专家点评[1]

完成单摆这节课的教学需要 2 课时，课本从理论探究和实验探究两个方面同时展开研究，让学生逐步理解单摆的概念和规律。本节课设计是从学生的认知

[1] 江苏省物理特级教师、江苏省中学教授级高级教师、常州市第一中学教务主任 陶兆宝

规律和物理学科的知识形成特点出发，先以实验探究为主，通过实践操作，让学生在实验活动中掌握单摆的几个重要概念以及与单摆相关的重要物理量的测量方法，再让学生通过实际测量，探寻出单摆物理量之间的关系，真正实现了物理教学的返璞归真。

在学生活动的设计中，根据我国现行大班教学的实际，再结合本课题的特点，本节课我们利用控制变量法，从几个不同的方面探究问题，所以将全班学生分成12个小组，照顾到不同学生的研究兴趣，让学生有选择性地研究问题。在有限的时间和空间内，不同小组之间进行互动交流与资源共享，对单摆物理量之间的关系进行分析，这样既能提高学生的实验能力，又能提高学生的理论研究水平，还能培养学生的互相沟通与合作能力，培养学生的科学素养，达到提高学生创新思维能力的要求。

在探究性学习中，教师应根据课程特征和学生的实际探究能力，选择恰当的探究方法。本节课在全面研究影响单摆周期因素的基础上，特别突出探究单摆的摆动周期与摆长的关系，这样既能深化学生对单摆知识和规律的认识，又能提高学生收集证据的能力，还能进一步使学生掌握数据分析的方法。

探究过程中的探究深度和开放度，受到探究对象的难度和学生探究水平的共同制约，常见的高中探究课一般是具有适当开放度的结构式探究，探究的过程离不开老师的适时引导。例如，本节课教学中，教师在恰当的时候引导班级的12组学生分别测出与不同摆长对应的摆动周期的数据，为了便于科学处理，教师预设了分布合理的12组不同长度的摆，保证学生在活动中得到的数据能够被科学使用。由于学生在自由状态下的选择是盲目的，结果的指向性会较差，会使得课堂无法向前发展，因此不利于规律的发现。对于单摆周期与重力加速度的关系，根据学生的现有探究水平和实验条件是无法进行具体的定量探究的，教师就采用引导和启发的方式进行理论探究，这符合课程要求和学生实际。

本节课设计的学生活动较多，不同层次的学生会影响课堂的发展进程，教师在开展课堂活动时，要结合学生的实际，根据课堂中的动态生成情况，有所取舍，突出重点，适时调整，处理课前预设和课堂动态生成的关系，突出学生是课堂主人的理念，探究教学活动也应体现以学论教。只有真正让学生做主人的课堂才能产生高效率，只有让学生有独立思考的课堂才具有品位，而高效的、有品位的课堂才具有生命力。

第十节　探究影响单摆周期的因素[1]

一、教学设计方案

1. 适用对象：高三年级

2. 教学课时：2 课时

3. 教学目标

知识与技能目标：掌握单摆的构造；掌握单摆的回复力是重力沿切线方向的分力；掌握单摆在偏角很小时可以近似地做简谐运动；掌握单摆振动的特点及周期公式。

过程与方法目标：会应用力的分解原则——按作用效果分解；掌握近似处理方法；掌握因素分析法，能对问题进行定性分析；会用控制变量法设计探索性实验，并对数据进行分析。

情感态度与价值观目标：掌握抓住主要因素、忽略次要因素的思想。

4. 教学重点：单摆的摆角很小时满足简谐运动的条件；探究影响单摆周期的因素。

5. 教学难点：单摆振动时对回复力的分析及数学推理；探究影响单摆周期的因素。

6. 教学方法与策略

本节课着力体现“学生主体”的思想，充分发挥学生的主动性，以学生分组探究为中心，以提出问题为出发点。教师在教学过程中适时引导、启发、组织、评价，帮助学生养成理性思维的习惯，提升学生自主探究以及协作学习的能力。

7. 实验室教学资源准备：摆长、摆球大小和质量不一样的单摆 24 组。

[1] 陕西户县第一中学物理高级教师　王昌辉

8. 教学过程

教学内容	教师的活动	学生的活动	教学设计意图
引入新课	有意放置一个单摆，在上课的时候，不经意间让它摆动起来，引导学生观察小球的运动及特点。	聆听、思考、讨论、作出初步判断。	实际情境引入，激发兴趣。 从现象观察入手。
单摆模型	研究一种简单的装置——单摆。 拿出单摆，请学生仔细观察。 强调：单摆是实际摆的理想化模型。 引导学生进一步观察摆角较小时摆球的运动情况，并交流讨论，用尽可能准确的物理语言进行描述。	仔细观察单摆结构，总结单摆结构的特点： 悬线应长、轻，且不可伸长，小球应小而重。 观察摆角较小时摆球的运动特点。 讨论交流，用较为准确的物理语言进行描述。	训练学生的观察能力和运用物理语言进行科学表达的能力，可以让学生经过共同讨论后进行比较规范的描述。 在对单摆运动特点的规范描述中进一步认识单摆模型。
证明角度很小时单摆的振动是简谐运动	引导学生思考忽略阻力后单摆的运动情况，提出自己的猜想。 提问：将单摆拉开一定的角度，使其振动，单摆的振动是否是简谐运动？该怎么去证明？	思考忽略阻力后摆球的运动情况，提出是简谐运动猜想。 讨论得出：可以运用受力情况证明，满足 $F_{回}=-kx$。 思考单摆的振动是否满足这个条件。	学生体会力的分解原则——按作用效果分解。 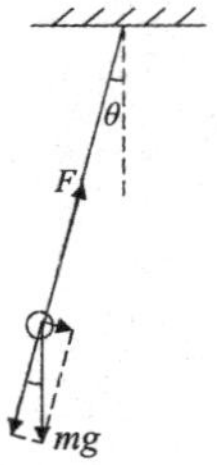
	证明：取小球振动中的任意一个位置，此时偏角为 θ。 提问：小球受哪几个力作用？	回答：小球受两个力作用，即重力 mg 和绳子拉力 F。	
	指导学生完成小球的受力分析图。 引导学生思考：两力不在一条直线上，应该怎么处理呢？ 引导学生把切向和法向分开来讨论，分析摆球运动。 巡回观看学生的证明过程，指出个别学生存在的问题。 鼓励学生上实物展台讲解自己的处理过程。	各自独立完成小球的受力分析图，并对小球受力进行正交分解。 每个人独立分析切向和法向的作用力，分析摆球运动，完成理论证明过程。 需要一名学生在实物展台上向其他学生展示自己的处理过程。	培养学生应用数学知识解决物理问题的能力。 培养学生与别人交流的基本技巧和能力。 从理论上深化学生对单摆模型及其运动规律的理解。

（续表）

<table>
<tr><th>教学内容</th><th>教师的活动</th><th>学生的活动</th><th>教学设计意图</th></tr>
<tr><td>证明角度很小时单摆的振动是简谐运动</td><td>分析小球径向和切向的受力情况。
<table>
<tr><th>角度</th><th>$\sin\theta$</th><th>弧度值 θ</th></tr>
<tr><td>1°</td><td>0.01754</td><td>0.01754</td></tr>
<tr><td>2°</td><td>0.03490</td><td>0.03491</td></tr>
<tr><td>3°</td><td>0.05234</td><td>0.05236</td></tr>
<tr><td>4°</td><td>0.06976</td><td>0.06981</td></tr>
<tr><td>5°</td><td>0.08716</td><td>0.08727</td></tr>
<tr><td>6°</td><td>0.10453</td><td>0.10472</td></tr>
<tr><td>7°</td><td>0.12187</td><td>0.12217</td></tr>
<tr><td>8°</td><td>0.13917</td><td>0.13863</td></tr>
</table></td><td>径向：
$F-mg\cos\theta=m\frac{v^2}{l}$
切向：$F_{回}=mg\sin\theta$
$\approx mg\theta$
$\approx mg\frac{x}{l}$
$=\frac{mg}{l}x$
$F_{回}$方向与 x 方向相反。</td><td rowspan="2">其中用到了两个近似：（1）$\sin\theta\approx\theta$；（2）在小角度摆动下，位移直线与弧线近似相等。这两个近似成立的条件是摆角很小，$\theta\leqslant5°$。

让学生体会近似处理方法的科学性。

体会抓住主要因素、忽略次要因素的思想。
在比较中体会单摆做简谐运动的条件，提升学生的科学思维及研究能力。</td></tr>
<tr><td></td><td>$\theta\leqslant5°$ 时，误差$\leqslant0.01\%$。</td><td>总结：当 $\theta\leqslant5°$ 时，单摆的振动可近似为简谐运动。</td></tr>
<tr><td rowspan="2">单摆的周期</td><td>引导学生猜想：周期可能会受哪些因素的影响？你怎么会想到和这些因素有关？怎样证明自己的猜想？
提出问题：你们是怎么想到会和质量、振幅、摆长这些物理量相关的？
引导学生提出验证自己观点的方法。</td><td>猜想：单摆的质量、振幅、摆长对周期各有什么影响？讨论并表达自己的想法。
讨论、思考、总结：从单摆的结构出发进行考虑。
提出：控制变量的方法。</td><td rowspan="2">在合作探讨过程中，初步掌握因素分析法，能对问题进行定性分析。

在集体讨论中感悟讨论问题的切入点，对以后的探究作好铺垫。

在保留不同见解的基础上，达成基本一致的认识。

体会控制变量法在设计探索性实验中的应用。

教师通过演示实验比较两个单摆在不同条件下的周期，学生通过观察得出实验结论。</td></tr>
<tr><td>演示实验：
①两单摆的摆球质量不同，比较单摆周期。
②两个单摆的振幅不同（都在小偏角下），比较单摆周期。
③两个单摆的摆长不同，比较单摆周期。
进一步提出：单摆周期与摆长之间会有什么样的定量关系呢？
需要测摆长。
需要测周期。</td><td>仔细观察并总结。
实验表明：单摆振动的周期与摆球质量无关，在振幅较小时与振幅无关，但与摆长有关。
进一步思考：单摆周期与摆长之间会有什么样的定量关系呢？
需要测摆长。
需要测周期。</td></tr>
</table>

（续表）

教学内容	教师的活动	学生的活动	教学设计意图
单摆的周期	分组实验：先讨论基本方法——控制变量法，然后讨论操作细节——仪器操作的注意事项。 明确：摆长指的是悬点到小球重心的距离。 用毫米刻度尺来测量，注意读数规则，摆球直径直接给出，为2cm。 指导学生使用秒表，教学生熟悉每一个控制按钮的作用。 引导学生讨论：从最大位移处还是最低点？ ①引导并适时指点实验过程注意事项，帮助学生形成正确的认识： a. 摆球摆动幅度要小。 b. 摆球摆动必须在同一竖直平面内。 c. 标记单摆的最低点。 d. 为了准确记录周期，实验过程中采用倒数的方式记录过最低点的次数。 e. 记录过最低点位置次数的同学必须正对单摆摆动的平面。 f. 为了保证测量的准确，选择累计测量的方法测量30～50个周期（即过最低点60～100次）。 ②相互配合与分工 指导学生合理分工：一名同学保证单摆摆动平稳且在同一平面内，另一名同学负责记录摆球经过最低位置的次数和经过最低点60～100次所用的时间。（在这一部分的讨论过程中，对学生语言的准确性与科学性适时地作出评价）	先讨论基本方法——控制变量法，然后讨论操作细节。 ①仪器操作注意事项讨论： a. 摆长指的是哪一部分？指的是悬点到小球重心的距离。 用毫米刻度尺来测量，注意读数，摆球直径直接给出，为2cm。 b. 周期如何测？ 用什么仪器？秒表。 仪器怎么用？熟悉各种控制按钮的作用。 从哪个位置开始测起？ 共同讨论，最后明晰从最低点测量的原因。 ②实验过程注意事项讨论： a. 摆球摆动幅度要小。 b. 摆球摆动必须在同一竖直平面内。 c. 标记单摆的最低点。 d. 为了准确记录周期，实验过程中采用倒数的方式记录过最低点的次数。 e. 记录过最低点位置次数的同学必须正对单摆摆动的平面。 f. 为了保证测量的准确，选择累计测量的方法测量30～50个周期（即过最低点60～100次）。 ③相互配合与分工	引导和组织学生讨论，适时点拨与强调。 让学生感知物理量——摆长，并进行准确认识和科学测量。 让学生在实验之前对应该注意的问题进行比较周全的考虑。 让学生充分感受通过实验进行科学探究的基本方法，感知科学探究的基本流程，如提出猜想、采集数据、分析验证等。 提升学生的实验操作基本技能。 感知实验的基本操作和注意事项。 感知利用累积法测量微小量，从而减少测量误差的巧妙之处。 学会在有限的条件下获得尽可能多的数据的方法，体会与人合作的重要性和必要性。 反思自己的预想和实验中遇到的实际问题的差异，对自己的预想进行修正。

（续表）

教学内容	教师的活动	学生的活动	教学设计意图
单摆的周期	组织学生进行定量实验：测量摆长不同的单摆运动周期，巡回检查学生在操作中可能存在的问题。 组织学生合理分组、相互协作、共享数据，以便找到单摆的摆长与周期之间的定量关系。 对学生中好的做法适时地提出表扬，对有瑕疵或错误的做法及时纠正。	学生实验：利用单摆、秒表、米尺测量摆长不同的单摆运动的周期，填入表格。 注意：$l = l_{线} + r_{球}$ $T = \frac{t_{总}}{n}$ 学生两人为一小组，合作实验，分别记录不同摆长单摆的周斯，并记录实验数据，共享所有实验数据。	对学生进行科学的思想熏陶。 体会数据共享带来的便捷，感知与人合作的重要性。
	指导学生选择合适的坐标轴，建立坐标系，寻找周期与摆长的关系。	自己选择合适的坐标轴，建立坐标系，自己作图，寻找周期与摆长的关系，观察描出的点，猜想周期 T 与摆长 l 是什么函数关系。 总结：单摆的周期 T 与 $\sqrt{l}$ 成正比。	指导学生通过实验进行科学探究，如提出猜想、采集数据、分析验证。

摆长 l/m	1.0	0.9	0.8	0.7	0.6	0.5
周期 T/s						
周期的平方 T^2/s^2						

教学内容	教师的活动	学生的活动	教学设计意图
单摆的周期	介绍物理学家——惠更斯的生平。 了解物理学史中单摆周期的发现过程。 拓展学生的知识面。	记录实验数据，交流共享实验数据。 课后自己分析实验数据，得出自己的结论，可以尝试进行更多的定量分析。 在物理学发展史上，伽利略、惠更斯等物理学家对单摆的振动做过很多研究，最后曰惠更斯给出了周期公式。 惠更斯的研究成果：单摆做简谐运动的周期 T 与 $\sqrt{l}$ 成正比，与 $\sqrt{g}$ 成反比，而与摆球质量、振幅无关。介绍单摆的周期公式： $T = 2\pi\sqrt{\frac{l}{g}}$	布置课后任务，让学生体会到完成一次科学探究的复杂性，对科学探究有更深切的体会。

二、教后反思

本节课教学流程如下图所示：

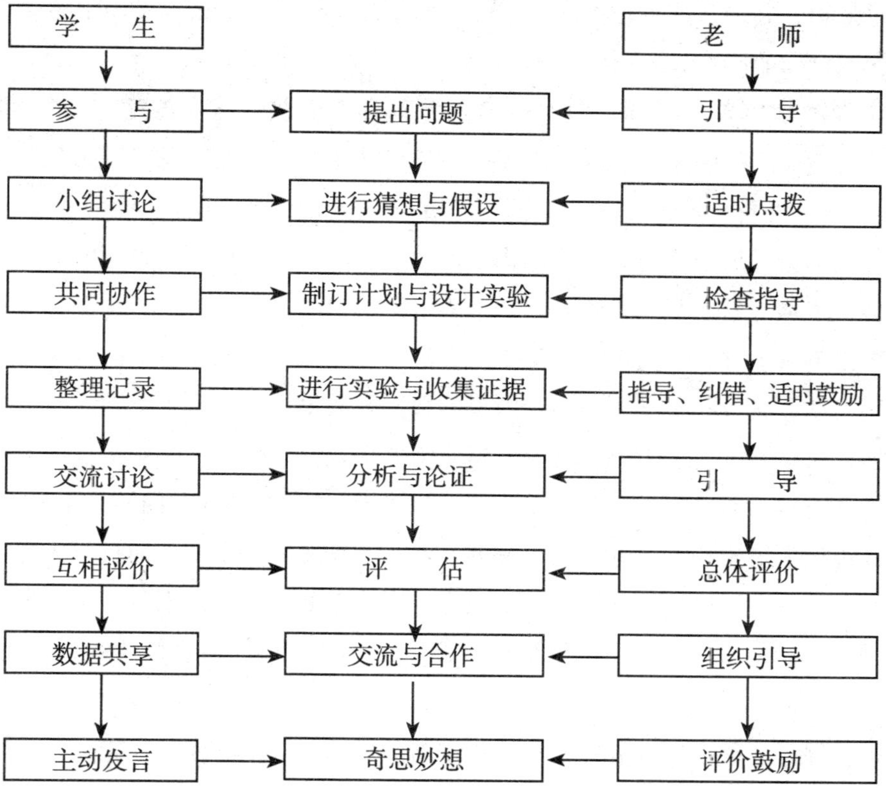

本教学设计力图通过引导学生围绕重点问题展开探究活动，使学生掌握知识与技能、体验过程与方法、受到情感态度与价值观的熏陶。在开展探究活动的过程中，遵循由易到难、循序渐进的原则，让学生估计可能存在的问题，互相讨论解决问题的方法，然后在实际操作中发现问题、分解难点，最终达到解决重点问题的目的。

教学中，从理论上证明单摆在小角度摆动时的运动是简谐运动以及单摆周期相关因素的定性、定量讨论都由学生来完成。学生在实际操作中学会了共享与分析数据，整个探究活动完成质量基本让人满意。如果让学生自己来选择器材、自行分组和分工并自主完成实验，效果可能会更好一些。

三、专家点评[1]

本课中教师用一个普通的实验引入新课，演示现象，激发学生提出问题，引导学生猜想，并通过演示验证和学生自行设计实验及处理数据，培养学生分析论证、交流合作的能力。

本课教学体现出教师对科学探究的深刻理解以及对探究策略的娴熟运用。美国《科学探究与国家科学教育标准——教与学的指南》提出，科学探究活动中，要促进学生领悟科学家的思想方法，认识数学在科学探究中的重要性。本课教学充分反映出教师对上述内涵的深刻认识。教师引导学生学习了理想化模型——单摆模型、近似方法、控制变量法、累积法（减小误差）、图象法（发现变量间的线性正比关系）等多种物理学家常用的方法，运用数学手段证明单摆振动可近似为简谐运动。通过对单摆周期影响因素的探究活动设计，整合了物理学思想方法和数学手段，使学生逻辑思维能力得到强化锻炼。

本课探究设计有以下特点：第一，较好地处理了课时与探究内容这一对矛盾。教师通过演示实验让学生寻找单摆周期与质量、振幅的关系，从而把学生探究活动的重心放在对周期与摆长关系的探索上。第二，对于探究要素，教师并没有面面俱到，而是把重点放在了“证据”以及“依据证据形成解释”这两个方面上。第三，教师强化了对证据的评估，其“实验过程注意事项”的引导，就是进行事前准备，保证了数据的可靠性，为量化实验的成功奠定了必要的基础。

第十一节　牛顿摇篮[2]

一、教学设计方案

1. 适用对象：高三年级

2. 教学课时：2 课时

[1] 河南教育学院物理系副教授　姜涛
[2] 浙江临海回浦中学物理二级教师　沈海辉

3. 教学目标

知识与技能目标：理解所要探究问题的含义和进行探究的基本思路；知道碰撞的不同类型，知道一维碰撞的实验方法；知道两个物体碰撞前后保持不变的物理量，写出相应的表达式。

过程与方法目标：通过实验提高学生的操作能力和数据分析能力；受已有方案和使用器材的启发，能够设计出新的方案；能够比较各方案的优劣；知道平衡摩擦力的方法。

情感态度与价值观目标：引导学生体会科学研究过程的艰辛与乐趣；培养学生实事求是的科学态度以及创新精神。

4. 教学重难点：对实验方案的理解与设计；对实验数据的收集与处理。

5. 实验室教学资源准备：斜槽（带重锤线）、两个大小相同但质量不同的小球、天平、刻度尺、白纸、复写纸、多媒体课件、视频等。

6. 教学过程

（1）导入新课

教师展示视频片段或动画：台球正碰、斜碰的场面；火车挂钩过程；粒子加速器中高速运动的粒子撞击靶核过程。

师：刚才大家看到的现象称之为碰撞，碰撞是自然界中常见的现象，本章研究的主要现象就是碰撞。下面我们动手做一个碰撞实验，观察碰撞前后哪些物理量发生了变化。

演示实验：几个单摆小钢球一样大，摆长一样长，竖直悬挂时两球恰好相切，将单摆 A 拉开某一个角度后释放，在最低点与 B 相碰。

以下实验中开始将 A 拉开的角度均一样大：

第 1 次实验：$m_A = m_B$，实验结果是碰后 A 静止，B 向右运动。

第 2 次实验：$m_A > m_B$，实验结果是碰后 A、B 均向右运动。

第 3 次实验：$m_A < m_B$，实验结果是碰后 A 向左运动，B 向右运动。

师：实验中 A、B 的什么物理量在碰撞前后发生了变化？这种变化又与什么物理量相关？

生讨论后得出：A、B 的速度大小或方向发生了变化，这种变化与质量有关。

师：刚才的碰撞过程中，会不会有什么物理量不发生变化呢？本节课和下节课我们就对这一问题进行探究。

（2）新课教学：守恒的猜想

师：我们只研究最简单的情况，碰前、碰后两物体均沿同一直线运动，这种碰撞叫一维碰撞。

师：在前面的实验中我们发现，物体碰撞前后速度随质量的不同而变化，那么物体的质量和它的速度组成的一个新的物理量在碰撞中会不会保持不变呢？那么我们先猜一猜，这个新的物理量是质量和速度以何种方式组合而成的？

学生猜测：可能是 mv、mv^2、m^2v、$\frac{m}{v}$、$\frac{v}{m}$、$\frac{v^2}{m}$……

师：设这两个物体的质量分别为 m_1、m_2，发生一维碰撞，碰前速度分别为 v_1、v_2，碰后速度分别为 v_1'、v_2'，刚才我们猜想到的这个物理量在此次碰撞中守恒的表达式是怎样的？

①学生猜测两物体一维碰撞中守恒的可能表达式：

$$m_1v_1+m_2v_2=m_1v_1'+m_2v_2'$$

$$m_1v_1^2+m_2v_2^2=m_1v_1'^2+m_2v_2'^2$$

$$m_1^2v_1+m_2^2v_2=m_1^2v_1'+m_2^2v_2'$$

……

师：在这些可能的表达式中，v_1 为矢量，一维碰撞中有两个方向，如何在以上表达式中体现这两个方向的不同呢？

生：规定一个正方向，与正方向同向的 v_1 为正，与正方向反向的 v_1 为负。

②检验猜想

师：要对以上几个表达式进行验证，我们需要做些什么？

生：需要测量小球的质量以及小球碰前、碰后的速度。

在讨论过程中，学生争论最激烈的就是如何来测量瞬时速度的问题，但根据学校所提供的仪器，只能利用打点计时器来测，故要对实验装置进行修改。

生讨论后得出：用打点计时器。

A. 教师组织学生自学（人教版）教科书上的方案三，并播放模拟动画。

教师提出思考题，组织学生讨论：纸带上的点迹是如何分布的？如何测出碰撞前后两车的速度？以 mv 表达的守恒表达式如何？能否让 B 车也有初速度，或者让 A、B 碰后分开？这样做有什么困难？

生讨论：如果让 B 车也有初速度，会增加实验的复杂性、困难性；如果让 A、B 碰后分开，同样也会增加实验的操作难度。

B. 教师组织学生自学教材上的方案一，并播放模拟动画。

教师提出思考题并组织学生讨论：遮光板的宽度为 d，遮光时间为 Δt，那么滑块速度为多大？若是甲图情境，以 mv 表达的守恒表达式如何？若是乙图情境，且开始时右边滑块静止，碰后两滑块均向右运动，以 mv 表达的守恒表达式如何？若开始时两滑块相向运动，碰后均向右运动，以 mv 表达的守恒表达式如何？若是丙图情境，且开始时右边滑块静止，以 mv 表达的守恒表达式如何？

师：以上两种方法都是直接测速度，各有优缺点，方案三器材简单，但准确率低，而且情境单一；方案一器材复杂，但准确率高且情境多样。

师：速度除了可以直接测得以外，还可以间接求得。

C. 教师组织学生自学教材上的方案二。

教师提出思考题并组织学生讨论：若已知摆长和最大偏角，如何求小球在最低点的速度？若开始时左球从 θ 角开始摆下，碰后左球向右摆起的最大角度为 α，右球向右摆起的最大角度为 β，测得左球质量为 m_A，右球质量为 m_B，摆长为 l，则以 mv 表达的守恒表达式如何？若开始时左球从 α 角开始摆下，碰后左球与右球粘在一起向右摆起的最大角度为 β，以 mv 表达的守恒表达式又如何？

师：这个方案的最大缺点是摆起的最大角度不好测量。

师：能不能再设计出一种间接测速度的方案，但不是测角度，而是测距离，以提高准确性？

D. 利用平抛的水平位移和飞行时间计算速度。

有个别学生在实践了这几个方案后提出一个想法，利用平抛运动也可以来测量速度，教师可以安排几分钟来组织学生讨论：若要用平抛运动，如何来设计实验方案？

最后，教师利用投影给出实验装置图，并提出思考题组织学生讨论：一斜槽固定在水平桌面上，斜槽末端水平，槽口在水平地面上的投影点为 O，若小球 A 从斜槽上的 P 点由静止开始滚下，经槽口后做平抛运动，在地面上的落点为 P'；在槽口前的水平部分安放一个与 A 球等大但质量较小的小球 B，让 A 球仍从斜槽上的 P 点由静止开始滚下，A、B 相碰后均经槽口后做平抛运动，A 球在水平

面上的落点为 M，B 球在水平面上的落点为 N，若已知 A、B 两球的质量分别为 m_A、m_B，则碰撞中以 mv 表达的守恒表达式如何？

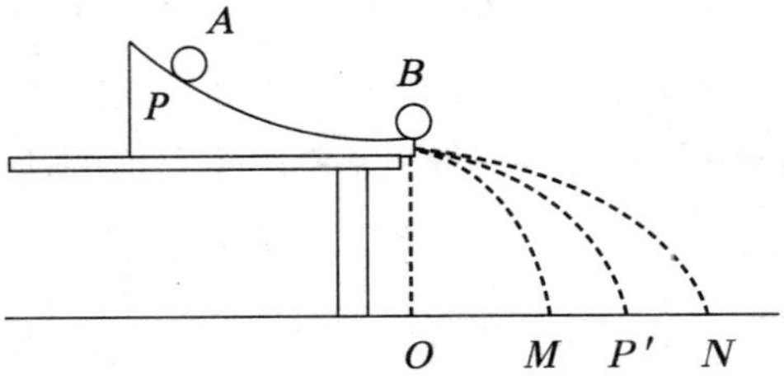

（3）验证实验，利用平抛实验验证动量守恒

器材：斜槽、两个大小相同而质量不等的小球、天平、刻度尺、重锤线、白纸、复写纸、圆规、游标卡尺。

步骤：

①在桌边固定斜槽（如下图），使它的末端处于切线水平，并在它的末端挂上重锤线。在桌边的地板上铺上记录纸来记录小球的落地点，在纸上记下重锤线所指位置 O 点。

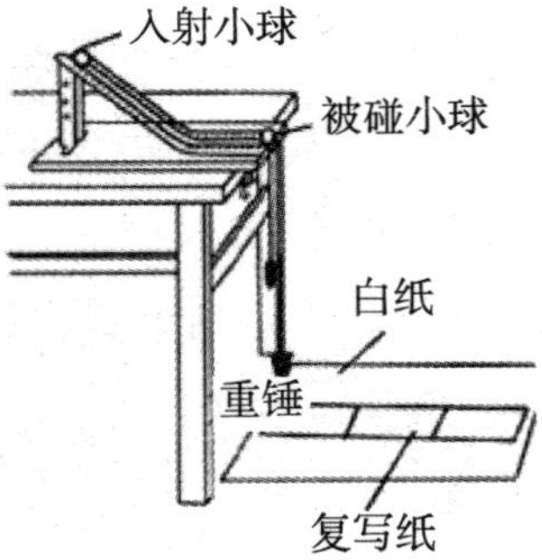

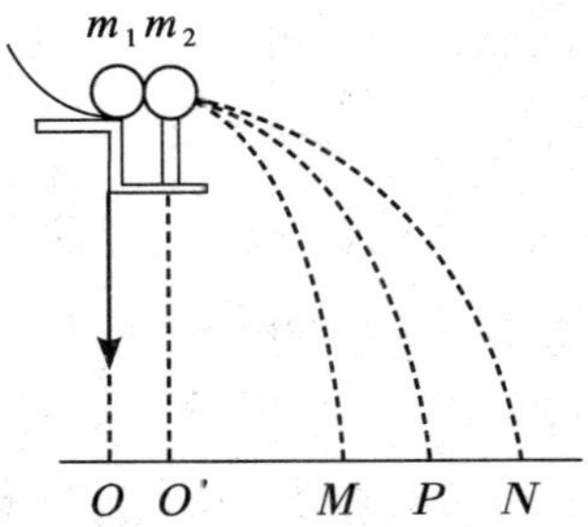

②用天平测出入射球质量 m_1 和被碰球质量 m_2。

③用游标卡尺测出两球直径 d（两球直径应相等），在纸上标出 O' 点，$OO'=d$。

④不放被碰球 m_2，让 m_1 从斜槽顶点 A 自由滚下，重复若干次，记下落地点平均位置 P。

⑤把被碰球 m_2 放在斜槽末端支柱上，使两球处于同一高度，让 m_1 从 A 点自由滚下，与 m_2 相碰，重复若干次，分别记下 m_1、m_2 落地点的平均位置 M、N。

⑥用刻度尺分别测出 OP、OM、$O'N$，验证：$m_1 \cdot OP = m_1 \cdot OM + m_2 \cdot O'N$ 是否成立。

注意事项：

①入射球质量 m_1 应大于被碰球质量 m_2。

②两球发生正碰，碰后均做平抛运动，要求通过调整支柱使两球等高。

③入射球每一次都从同一高度处且无初速度释放。

④在实验中，至少重复 10 次，用尽可能小的圆把各小球的落点分别圈在里面，以确定小球落点的平均位置，其目的是为了减小实验误差。

二、教后反思

动量守恒定律是物理学的重要内容之一，它不仅适用于低速宏观物体，而且适用于接近光速运动的微观粒子。在自然界中，大到天体的相互作用，小到基本粒子间的作用，都遵守动量守恒定律。它是宏观世界和微观世界都遵守的共同规律，应用非常广泛。

在现行的物理教学改革中，已将“动量”章节作为选修内容。自然，教师或学生对此内容的重视程度会明显降低。而“验证动量守恒定律”是学生实验的内容，但是由于仪器、动量守恒条件的要求等方面的问题，用传统方法做实验效果很不理想，因此，实际教学中对这一实验的处理多是“以讲代做”。这个问题也是目前学生实验中普遍存在的问题。

受传统学科教学目的、内容、时间和教学方式的影响，特别是在教师处于繁重的工作压力和教学资源相对短缺的现实条件下，在教学中普遍实施多元智能教学是有困难的。因此，以研究性学习为切入点实施多元智能教学，可以改变传统单一的、灌输式、填鸭式教学，开发学生的多种智能，给予每一个学生发挥主体性的广阔空间，并可帮助学生发现其智能的特点和业余爱好，促进其全面发展。动量守恒定律这部分内容属于选修内容，但我校学生目前已学习了这部分内容，据此，验证动量守恒定律的教学设计如下：

第一阶段：布置课题——利用实验验证动量守恒定律，使学生明确验证性实验是科学研究中的重要步骤，一个理论的建立常常要经过“观察→假想→验证”的过程。在明确研究目标后，学生可根据自身特点，自愿结合组成研究小组。

第二阶段：向学生介绍现有实验器材，学生自主、合作学习未使用过的仪器原理及使用方法（教师下发有关仪器的文字材料，学生也可查阅有关资料），而后，研究小组的学生共同研讨实验方案。

第三阶段：教师与学生一起实施实验方案，在实验过程中发现、总结问题、改进实验，最终得出实验结论。

第四阶段：各组完成实验报告（包括实验原理、方法、步骤、结论及问题分析）。

第五阶段：各组汇报并进行实验演示，学生、教师评议，共同思考还有哪些应深入研究的问题。

编制评价表——学生自评与互评。

总之，验证动量守恒定律的实验不仅能使学生掌握动量守恒定律的内容，更为重要的是，学生通过自主、合作学习，能够开发语言智能、逻辑数学智能、视觉空间智能、肢体动作智能以及人际智能、内省智能和自然智能等。

三、专家点评[1]

利用探究的方式学习动量守恒定律难度较大，一是涉及大量的逻辑思维和数学演绎工作，二是小球速度不易测准，从而影响探究结论的得出。鉴于此，教师利用两个课时来实施探究教学，一个课时侧重理论准备，一个课时侧重实验探究，从而收到了较好的成效。

本课的一个亮点是教师没有拘泥于原先的教学预设和准备的实验器材，而是能灵活依据课堂反馈，抓住学生的想法，改变预设，以更充分地调动全体学生的积极性。比如，教师原准备利用学校实验室已有的打点计时器，选用教材上提供的实验方案三来进行探究，但在教学过程中，发现有个别学生在学习了教材提供的三个方案后提出一个新想法：利用平抛运动也可以来测量速度。此时，教师灵活地调整了教学预设，果断地以学生提出的方案为探究方案，这样做最主要的优点在于能充分调动学生的探究热情，同时还是对学生能力的一种最好的肯定。

学生创造力在本课中亦明显表现出来，在实验方案设计阶段，学生首先抓住了“如何测量瞬时速度”这一关键问题，并根据学校能提供的实验器材——打

[1] 河南教育学院物理系副教授　姜涛

点计时器讨论选用的实验方案。后来，在教师引导下，个别学生综合考虑已有三个方案的优缺点，并联系以往学过的平抛运动规律，提出利用平抛的水平位移和飞行时间计算速度的实验方案，是针对探究目标、经过知识迁移和思维发散所设想出的创造性问题解决策略。学生创造力的激发与本课教学使用了两个课时是密不可分的，学生有了充分的思考时间，创造力得以展现。

本课在导入环节略有不足。教学以生活和科学研究中的碰撞现象导入，并用演示实验初步展示了碰撞现象中速度发生的变化，提出了是否存在不变的物理量问题。这一导入能够与学生日常生活经验联系起来，并提供初步的有关碰撞的信息，但启发性略显不足。

第十二节　势均力敌的较量[1]

一、教学设计方案

1. 适用对象：高一年级

2. 教学课时：1 课时

3. 教学目标

知识与技能目标：了解物体之间的作用总是相互的；掌握牛顿第三定律的内容及其本质含义；了解牛顿第三定律的应用。

过程与方法目标：经历牛顿第三定律的探索过程，领悟观察、实验、分析、比较、归纳等科学方法。

情感态度与价值观目标：激发学生勇于探索、敢于创新的精神，培养学生事实求是的科学态度，增强其理论联系实际的意识，培养学生与人合作的团队精神。

4. 教学重点：牛顿第三定律的内容及其本质含义。

5. 教学难点：牛顿第三定律的形成过程。

6. 实验室教学资源准备：一对拉压式弹簧秤、一对小磁针、一对带磁铁的

[1]　哈师大附中物理组一级教师　孙跃玲

小车、一个遥控车、一条橡皮筋、一套力学传感器。

7. 教学过程

（1）导入新课

①复习旧知

提问：力的作用效果有哪些？

②观看视频

播放幽默的头球短片，提出问题："同学们通过对短片中力的作用效果的观察，能得出怎样的物理规律呢？"

引导学生描述力的作用效果，得出结论：力的作用是相互的。

师：我们把物体之间相互作用的一对力称为作用力和反作用力，这节课我们就来探究作用力和反作用力的关系。

（2）新课教学

①物体间力的作用是相互的

师：谁能以身边的现象为例，说明力的作用是相互的？

学生举例说明。

教师评价并小结：力总是成对出现的；作用力和反作用力同时存在。

师：历史上，人们对作用力和反作用力的认识经历了漫长的过程，一些现象蒙蔽了人们的眼睛，如汽车启动，靠的是地面对驱动轮向前的摩擦力，但驱动轮对地面的摩擦力却很难观察到。

演示实验1：在桌面上并排放上一些圆铅笔，在笔上铺一块硬纸板，上面放一辆遥控电动玩具小车。用遥控器控制小车向前运动时，板向后运动；当车向后运动时板向前运动。

②探究作用力与反作用力的关系

师：请同学们先说一说，你认为作用力和反作用力有怎样的关系？

激发学生大胆猜想。

教师提供简单的实验器材：一对拉压式弹簧秤、一对小磁针、一对带磁铁的小车、一根橡皮筋。

引导学生分两个方向探究：探究作用力和反作用力的方向及作用线的关系；探究作用力和反作用力的大小关系及变化规律。

学生动手实验，各组派代表汇报实验成果。

教师鼓励学生大胆展示实验成果，肯定学生的各种想法，纠正学生的错误之处，引导学生全面寻找作用力与反作用力的关系。

师：运动中物体间作用力与反作用力是否也满足这样的关系呢？同学们从现有的器材中很难观察得到，老师介绍一种先进的仪器——传感器，它可以帮助我们解决这个难题。

展示并介绍传感器，并设置好相关参数，准备就绪后请两位学生上台协助实验，其中一人控制电脑，另一人用手指分两次用不同力量轻拉传感器测钩，再轻推测钩。

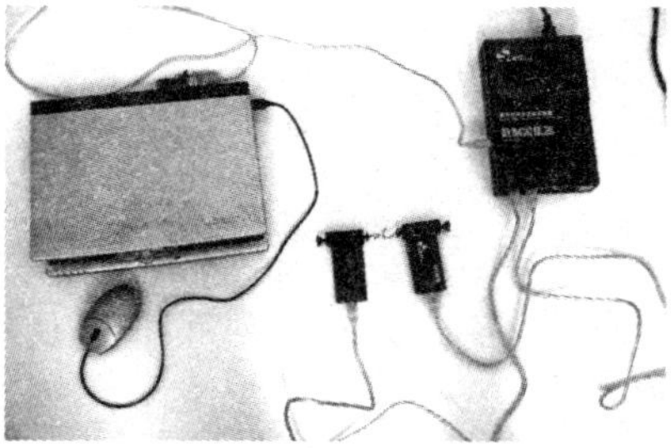

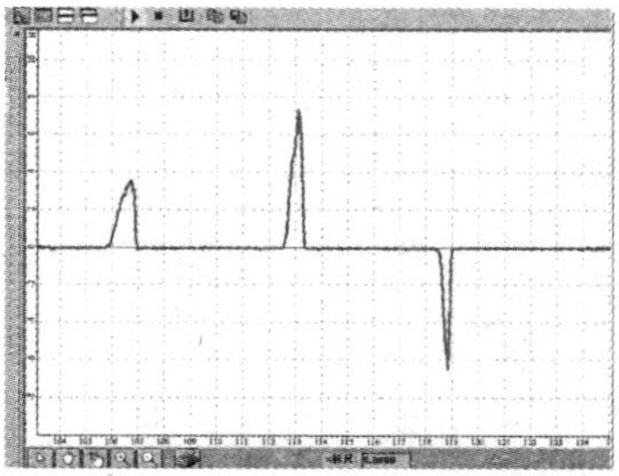

演示：一个传感器拉着另一个传感器做变速运动，得到图甲；两传感器对敲，得到图乙。

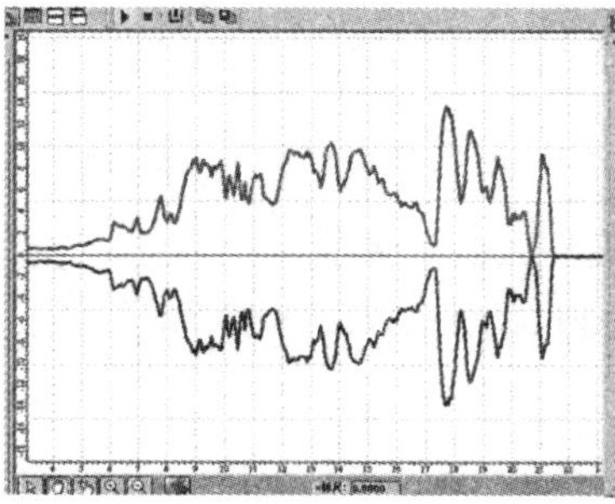

图甲

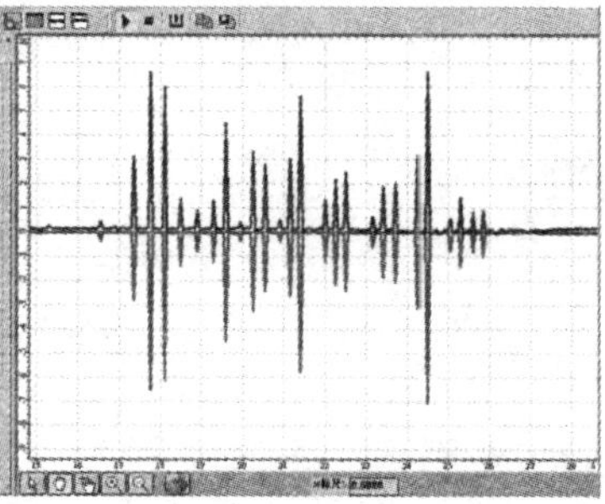

图乙

教师归纳作用力与反作用力的关系：异物、同性、同时、等值、反向、共线。这些关系的成立与物体的质量、形状、硬度及运动状态等因素无关。同时引出牛顿第三定律。

③牛顿第三定律

A. 牛顿第三定律的表述：两个物体之间的作用力和反作用力总是大小相等，方向相反，作用在一条直线上。

B. 牛顿第三定律的数学表达式：$F=-F'$。

教师：用相同字母表示作用力和反作用力说明两力性质相同；为了区分反作用力，用 F' 表示；负号表示反作用力 F' 与作用力 F 的方向相反；两个力分别作用在两个物体上。

④牛顿第三定律的应用

师：即使我们对牛顿第三定律的内容很熟悉，但一些问题我们还是觉得似是而非。

思考与讨论：一个孩子和一个大力士掰手腕，两手之间的作用力一样大吗？大力士为什么会赢呢?

引导学生讨论并回答问题。

师：牛顿第三定律不仅可以解释生活中的一些现象，更重要的是可以转化为生产力，推动人类社会的发展，让我们一起观看“嫦娥一号”探月卫星发射视频，共同领略作用力与反作用力的神奇对称规律。

播放视频

⑤课堂小结

由学生总结本节课所学所感。

教师总结：自然界的物体是相互联系、相互影响、相互作用的，所以我们通过今天学习牛顿第三定律就能够较全面地认识物体的运动规律。物理规律的发现是以实验为基础的，生活经验往往不可靠，实践是检验真理的唯一标准。

二、教后反思

本课教学有以下特点：新课引入中，通过播放足球运动员的头球视频，让学生在笑声中开始学习知识，此时学生的视觉、听觉、思维“多频道”运作，情绪被充分调动起来。随后，请学生举例说明力的作用是相互的，让学生感到物理就在身边，唤醒学生关于作用力与反作用力方面的生活经验。而把原来的演示实验改为探究实验是本节课的主要设计思想，实验中我给出各种简单的仪器和充分的时间，给学生充分的自由，让他们发挥想象、观察、质疑。这样既可激起学生创造思维之火花，又可让学生体验合作学习和成功的喜悦。

教学中还充分发挥了信息技术的优势，拓展利用DIS装置对运动中物体间作用力、反作用力的大小进行研究，用事实说话，让学生眼见为实，彻底地打消了他们心中的疑虑，也使他们对牛顿第三定律中的“总是”一词理解更为深刻。

本课教学设计完全体现了新课改的理念，充分显示了以教师为主导、以学生为主体的理念，充分调动了学生的积极性，重视对学生兴趣、合作精神和探究意识的培养。

三、专家点评[1]

本节课是一节很好的科学探究课，总体来讲有如下一些亮点：

1. 充分利用多媒体教学

本课采用了两段视频，一是引课，一是结课。利用头球短片激发学生学习的兴趣，通过火箭发射视频让学生体会到物理规律应用于实践所表现出来的巨大作用。由生活到课堂，由课堂到生活，多媒体的使用恰到好处。

2. 更加注重情境体验

本课关注了学生的生活体验。比如，让学生举例并分析，解释掰手腕等。让学生了解物理知识源于生活，但比生活更抽象。

3. 发挥实验的作用

本课有验证性实验，如利用遥控电动玩具小车验证车轮对地面的摩擦力；有探究性实验，如几组探究作用力和反作用方向的实验、几组探究作用力与反作用力大小关系的实验等。这体现了物理的学科特点。

4. 传感器的应用

传感器的使用彰显了现代科技在课堂教学中的魅力，而且效果十分直观。学生更加相信自己的眼睛或同学的演示，教师启动软件的数据采集键，计算机就开始采集数据，相互作用力的大小和方向的对称图线立刻在计算机屏幕上显现，直

[1] 哈尔滨师范大学附属中学特级教师、哈尔滨市兼职教研员　张波

观又有说服力，震撼了学生的心灵。

5. 采用探究式教学

探究式教学的基本方式是问题引领、实验探究，而提出问题的方式是探究的关键。由学生提出应该从力的方向和大小两个方面探究作用力和反作用力的关系，才能抓住本次探究的大方向，让学生设计具体的实验方案并操作保证了探究实验的完成。教师对探究式教学方法的理解、掌握和运用非常好。

6. 充分体现了学生的主体性

很多该总结的地方放手让学生自己去归纳和总结，有些瑕疵也无妨，这样做才能针对学生出现的一些错误看法进行探讨，从而有利于生生交流、师生交流。

第十三节　超重与失重[1]

一、教学设计方案

1. 适用对象：高一年级

2. 教学课时：1 课时

3. 教学目标

知识与技能目标：知道超重和失重现象；理解产生超重、失重现象的条件；能够运用牛顿运动定律分析超重和失重现象。

过程与方法目标：掌握正确观察超重和失重现象的方法以及对该现象进行分析和归纳的方法；体验通过实验和理论分析探究超重和失重现象的过程。

情感态度与价值观目标：对科学有兴趣和热情，了解我国航天技术的一些成就；在自主实验和逐步探究的学习过程中，形成细心观察、勤于思考和相互交流的学习习惯和合作精神。

4. 教学资源准备：自制的超重失重演示仪（20 套），视频录像，两本书，弹簧秤，钩码，体重计，砖头，卷筒纸，多媒体课件等。

[1]　重庆七中物理高级教师、教研组长　卿昭才

5. 教学过程

（1）引入

每位同学拿出两本书，将其分页交叉，然后平放着并用力拉，甚至可以两个同学合拉，均不易拉开。教师演示在两本书向下做加速下落运动时轻松拉开两本书。

学生对此既好奇又感兴趣，自然就会产生“这是为什么”的疑问，然后教师自然引入课题。

（2）探究

探究一：感受超重、失重现象

①介绍仪器、提出问题

自制的超重、失重演示器主要由圆盘测力计和钩码组成，测力计对钩码的拉力大小可以通过圆盘指针的偏转来显示。学生根据已有的知识或经验会毫不犹豫地认为拉力大小就等于钩码重力的大小，这时老师提出问题“有没有拉力与钩码重力不相等的情况”，学生感到新奇，产生用此装置来探究在不同状态下拉力与钩码重力大小关系的强烈欲望。

②方案设计

一定让学生清楚实验的目的，提示怎么改变钩码的运动状态，应记录哪些实验数据。学生先独立思考，再相互交流方案，相互评价和修正。

③实验探究

各小组根据自行设计的方案进行探究，并做好记录。

④实验交流

小组的实验展示及记录的数据：

钩码静止时，观察测力计的示数，即钩码的重力大小。（0.5N）

钩码加速上升时，观察测力计的示数变化情况。（0.5N 变为 0.6N）

钩码加速下降时，观察测力计的示数变化情况。（0.5N 变为 0.4N）

提出问题：通过该实验探究，你得出什么结论？

⑤教师提出超重失重的概念。

探究二：探究产生超重、失重的条件

①学生观看视频《电梯里的体重计》并填表：

	压力 F_N 与重力 G 的关系	超重失重	运动状态	速度方向	加速度的方向
电梯上升	初期	F_N ______ G			
	中途	F_N ______ G			
	末期	F_N ______ G			
电梯下降	初期	F_N ______ G			
	中途	F_N ______ G			
	末期	F_N ______ G			

②思考与讨论：尝试运用牛顿定律，从理论上推出超重和失重的条件。

③小组讨论并展示成果，其他小组质疑补充。

产生超重现象的条件：物体具有向上的加速度，而不是具有向上的速度。超重现象包括两种运动情形：向上的加速运动或向下的减速运动。

产生失重现象的条件：物体具有向下的加速度，而不是具有向下的速度。失重现象包括两种运动情形：向下的加速运动或向上的减速运动。

引导学生尝试用牛顿运动定律解释超重、失重现象。

超重公式：$F_N - mg = ma$，$F_N = mg + ma$。

失重公式：$mg - F_N = ma$，$F_N = mg - ma$。

（3）理解应用

①学生列举生活中的超重、失重现象。

②请阅读教材 P118-119（人教版）信息窗，了解超重对宇航员的影响，了解太空中的失重环境。

提出问题：为什么航天器升空或返回时宇航员通常采用平躺姿势，而不是站姿或坐姿？

③定量计算：设某人质量是 70kg，站在电梯里的体重计上，电梯向上（或向下）的加速度大小 $a=3\text{m/s}^2$，你能算出人对体重计的压力吗？（g 取 10m/s^2）

④现在你能解释刚才老师为什么能轻松地把两本书拉开吗？

通过对上述问题的分析，学生对超重、失重有了更深刻的理解，同时也加强了对牛顿第二定律的理解。

学生活动略。

二、教后反思

1. 注重了物理概念和规律的产生、构建过程

本节课紧紧围绕超重、失重、完全失重这几个概念和产生超重、失重的条件，使其附着在新颖的情境中，让学生通过自主探究，一层一层揭开面纱，从而认识到事物的本质，凸显了物理知识的产生、构建过程。学生通过充分感受知识的产生过程，理解到位，记忆深刻，同时有莫大的成功感，产生了强烈的学习欲望。

2. 充分发挥了学生学习的主动性

在教学设计的每个板块，体现了学生的自主学习、合作学习，让学生或独立思考，或讨论，或交流展示，或进行批判性的评价，使各层面的学生都积极融入课堂，充分调动了他们的积极性，同时培养了他们的思维能力。

3. 情境设置紧扣目标

本节课无论是新课引入，还是对新知识的探究，都紧紧围绕超重、失重和产生超重、失重的条件，使学生能通过已有的知识展开思考、讨论，一步一步挖掘出知识的本质，逻辑性很强，在帮助学生理解知识的同时，还培养了他们的推理能力、分析能力、综合运用知识能力，也让他们感受到了物理知识来源于生产、生活，激发了他们学习物理的兴趣和动力。

三、专家点评[1]

1. 教学目标定位准确，教学重点突出，教学难点突破有法

教学目标设计中充分体现了三维目标，而且符合学生实情和新课程标准的要求，通过两个探究，突出了重点，难点突破也显得自然和得法。

2. 问题及情境设置有针对性和探究性

在课题引入中通过两个对比实验的演示，激发学生自然提出“这是为什么”和想解决这个问题的强烈欲望。在探究一中，打破了“测力计的示数等于钩码重力”的经验结论，激起学生探究测力计示数大于、小于钩码重力的动力。在探究二中，

[1] 重庆市物理研究员、特级教师　谢德胜

学生通过实验数据的分析计算，也自然发现了产生超重、失重的条件。

3. 体现了学生的自主探究

在探究一和探究二中，问题设置恰当，教师组织引导得好，使学生自主探究的欲望被激发起来，通过对实验方案的设计，对实验数据的分析，对实验结论的交流、评价，对理论的推导等活动，培养了学生良好的思维品质。同时，学生经历了思维和实践活动的过程，加深了对知识的理解，发展了探究能力。

第十四节　美丽弧线的秘密[1]

一、教学设计方案

1. 适用对象：高一年级

2. 教学课时：2 课时

3. 教学目标

知识与技能目标：知道平抛运动的条件及相应的控制方法；知道用实验获得平抛运动轨迹的方法和判断轨迹是不是抛物线的方法；知道测量初速度时需要测量的物理量；会推导初速度的表达式；会计算初速度。

过程与方法目标：通过对平抛运动规律的探究，加强对运动的合成和分解的理解；利用已知的直线运动规律来研究复杂的曲线运动，渗透物理学中“化曲为直”“化繁为简”及“等效代换”的思想。

情感态度与价值观目标：通过实验探究平抛运动的规律，激发学习兴趣，增强求知的欲望；养成仔细观察、认真思考、积极参与、严谨、实事求是的科学态度。

4. 教学重点：学会自然科学的一般研究方法，体验平抛运动规律的科学探究过程。

[1]　江苏省天一中学物理特级教师　汤守平；江苏省天一中学物理高级教师　谢玉荣

5. 教学方法与策略

本节课由上节课理论分析得出的结论入手，以问题驱动的“引导探究式”模式进行教学，引导学生设计实验，并利用现有的简易装置研究，从而使学生能清楚地观察、分析平抛运动，得出平抛运动的规律，让学生在获得知识的同时，体验科学探究过程，了解科学研究方法，培养学生的实验探究能力和交流协作能力。

6. 实验室教学资源准备

平抛运动演示仪（钢球）、自制喷水柱实验装置、玻璃板、平抛竖落仪（小铁球）、坐标纸、数码照相机、多媒体设备、电源等。

7. 教学过程

根据上一节课的学习，我们知道：平抛运动可分解为水平方向匀速直线运动和竖直方向的自由落体运动。它们真的按照这样的规律运动吗？

（1）探究平抛运动在竖直方向的运动规律

研究问题：平抛运动在竖直方向是什么运动？

实验设计：学生提出方案、集体讨论、修改完善、确定方案。

分析结论：让两个物体（从同一高度）同时开始运动，一个做自由落体运动，一个做平抛运动，看它们是否同时着地，同时落地则证实猜想。

生成性问题：如何判断两个小球是否同时落地？

学生有可能提出的方法：①看；②利用数码相机拍频闪照片；③听。（课堂上听的方式最简单易行，所以用听的方式）

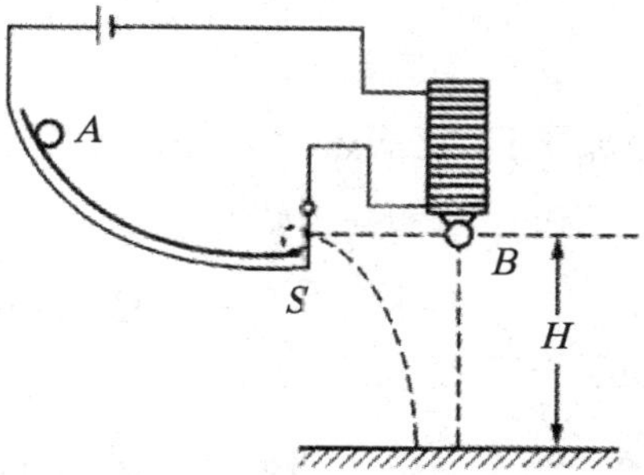

实验操作：学生代表利用平抛运动和自由落体运动对比演示仪验证猜想，如图所示。

探究结论：平抛运动在竖直方向应是自由落体运动，采用方法为对比法。

（2）探究平抛运动在水平方向的运动规律

研究问题：平抛运动在水平方向是匀速直线运动吗？如何研究证实？

讨论研究方向，确定实验方案：通过前面对比研究法的启发，加之教师引导，学生讨论得出上述现象也可以通过对比实验或定量测量实验进行验证。

①对比实验

让两个小球同时以相同的速度开始运动，一个做平抛运动，一个在水平面上做匀速运动，观察：在相同的时间内，水平方向位移是否相等。若相同，则证实猜想。

实验设计：学生提出方案，集体讨论，修改完善，确定方案。

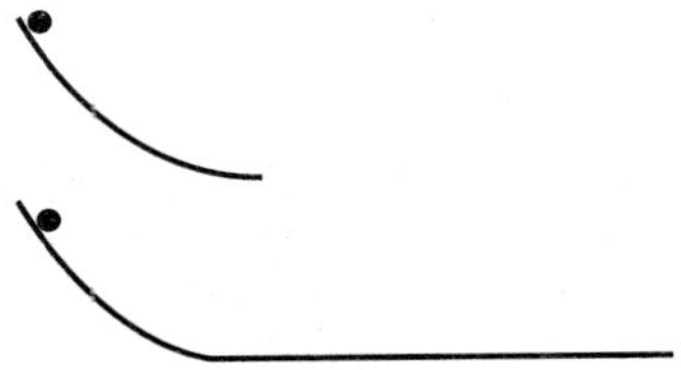

方案一

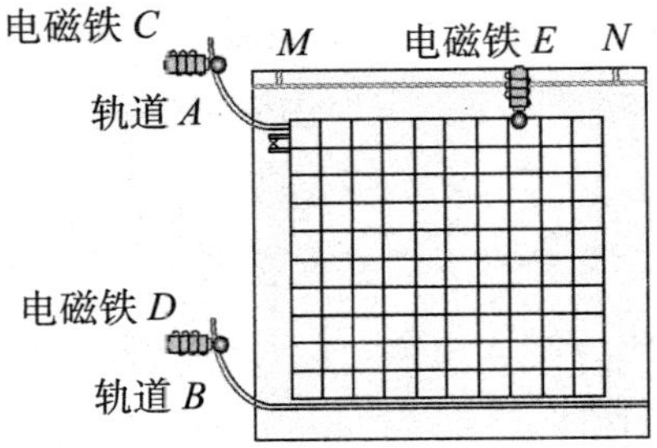

方案：对比实验，将两个斜槽水平对齐，上下放置，如上图所示，用电磁铁控制两个小球，它们以相同的速度同时离开斜槽，上面的小球做平抛运动，下面的小球在水平轨道上做匀速直线运动，若它们在水平轨道上相碰，则验证猜想。

选择实验器材并实验：两个完全相同的斜槽，其中一个与规格相同的水平槽相接，两个小球，两个电磁铁（含导线和电源）。

②定量测量实验方案设计

师：上述实验只能定性粗略判断小球平抛运动在水平方向的运动规律，我们能否准确定量研究呢?

讨论分析：如果平抛运动在水平方向上是匀速的，那么它们的水平位置应该是等距离间隔，所以可测出做平抛运动的物体在几段相等时间内的水平位移，通过水平位移判断猜想是否正确。假设我们能画出平抛运动的轨迹，按照我们对水平方向规律的猜想，*O*、*A*、*B*、*C* 点之间是等时间间隔，即运动的等时性。

生成问题：实验中物体平抛运动时间很短，如何测时间并确定 *O*、*A*、*B*、*C*

点的位置呢？

生：前面我们已经得出了平抛运动的竖直分运动为自由落体运动，根据等时性原理我们知道水平分运动和竖直分运动是同时发生的，所以可以通过竖直方向来找相等的时间间隔。

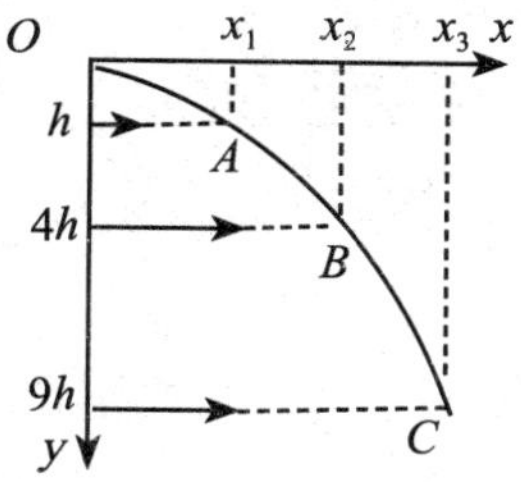

师：具体步骤如何？

生：平抛运动在竖直方向上的分运动是自由落体运动，竖直的位移公式为 $h=\frac{1}{2}gt^2$。因此，在竖直坐标轴 y 轴上，从坐标原点开始，向下任取一个坐标为 h 点，则在时间 t、$2t$、$3t$ 内下落的高度分别为 h、$4h$、$9h$，再找到坐标为 h、$4h$、$9h$……的点。在物体运动过程中，纵坐标从其中一个位置运动到下一个位置所用的时间都是相等的。过这些点作水平线与运动轨迹相交，交点就是物体所到达的位置。过 A、B、C 等点作竖直线与横轴相交，可得到各点的水平位移 x_1、x_2、x_3 等，再测量 x_1、x_2、x_3 等的大小。用数码相机拍照的则直接根据频闪间隔相等确定时间。

师：那么怎么描绘出轨迹呢？

选择实验器材：斜面小槽、小钢球、粘了方格纸的木板、铅笔、数码照相机、带水平喷嘴的瓶子、玻璃板。（投影出上述器材，留出足够的时间，分小组设计一个或多个实验来得到平抛运动的轨迹）

评价交流设计方案：学生介绍方案，其他同学进行质疑或提出改进建议。

方案一：让小球从斜槽上滑下，从末端水平抛出，用数码相机拍频闪照片。用频闪照片记录小球所经过的多个位置，连起来就得到小球做平抛运动的轨迹。

方案二：用水平喷出的细水流来显示平抛的运动轨迹，在水流后面竖直放置一块玻璃板，用彩笔描出水流的轨迹。

方案三：让小球每次从斜槽上同一高度滑下，从末端水平抛出，用铅笔描出小球经过的位置，通过多次实验，在竖直的背景方格纸上记录小球所经过的多个位置，连起来就得到小球做平抛运动的轨迹。

③分组实验

各小组选择方案，进行实验。

说明：学生常出现的问题是背景板放置不够竖直，槽口末端没调水平，没有确定好抛出点，没有及时确定 y 轴等。

实验前投影以下问题，学生讨论回答：

如何确保小球水平抛出？（小球在水平轨道的任一位置都能静止）

悬挂在槽口的重锤线起什么作用？（A. 调整木板竖直；B. 确定 y 轴）

在斜槽上无初速释放小球时高度上有什么要求？（A. 适中；B. 每次从同一位置释放）

如何确定坐标原点（抛出点）？（小球在槽口时，球心在木板上的水平投影点）

如何描点？

④交流评价

一个小组汇报实验情况，其他小组可进行补充，分析误差原因。

讨论：为了求得抛体的初速度，还需测量什么量以及进行怎样的计算？

⑤课堂作业设计

A. 右图所示为研究小球的平抛运动时拍摄的闪光照片的一部分，其背景是边长为 5cm 的小方格，重力加速度 g 取 $10m/s^2$。由图可知：小球从 A 点运动到 B 点经历的时间____（填“小于”“等于”或“大于”）从 B 点运动到 C 点经历的时间；照相机的闪光频率为_____Hz；小球抛出时的初速度大小为______ m/s。

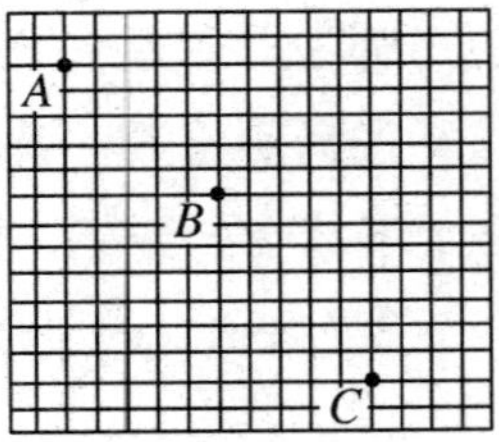

目的：通过改变数据条件（抛出点未知）来培养学生的数据处理能力，深化学生对描轨迹法的理解。

②某同学设计了一个研究平抛运动的实验。实验装置示意图如下图所示，A 是一块平面木板，在其上等间隔地开凿出一组平行的插槽（P_0P_0'、P_1P_1'……），槽间距离均为 d。把覆盖复写纸的白纸铺贴在硬板 B 上，实验时依次将 B 板插入 A 板的各插槽中，每次让小球从斜轨的同一位置由静止释放。每打完一点后，把 B 板插入后一槽中并同时向纸面内侧平移距离 d。实验得到小球在白纸上打下的若干痕迹点。

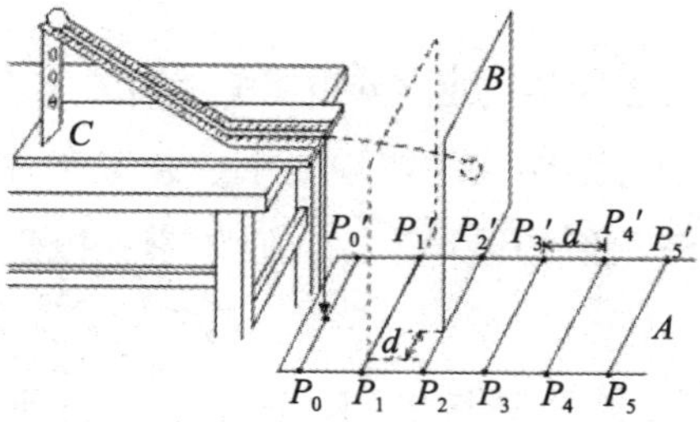

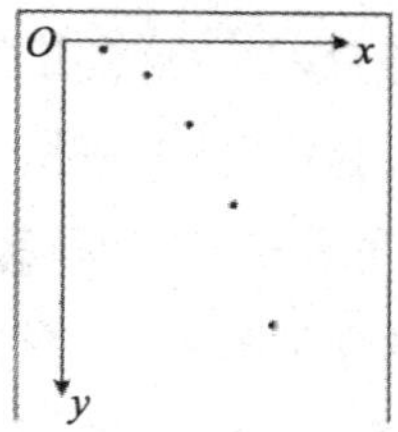

实验前应对实验装置反复调节，直到______________。每次让小球从同一位置由静止释放，是为了____________________。

每次将 B 板向内侧平移距离 d，是为了____________________。

在图中绘出小球做平抛运动的轨迹。

目的：改变实验方法，深化学生对平抛运动的理解。

二、教后反思

本课采用“引导探究”模式进行教学，教学重点落在“探究”上。由于探究过程较多，而且与学生知识基础和动手能力有较大关联，课堂弹性就较大，完成难度也比较大。教学过程中我灵活把握了教学进度，通过巧妙设问、恰当启发、适时引导，留给学生充分发挥想象的空间，完成了基本的预期目标。同时，重视对学生学习方法的点拨，使不同层次的学生在原有基础上取得了进步，学到了知识和方法，充分体验了科学探究的乐趣。对于学生提出的研究方案，我给予了必要的肯定评价，并帮助学生完善方案。本节课中，师生、生生的评价以民主、和谐的方式进行。

三、专家点评[1]

本节课的亮点之一在于用“生本教育”的理念进行教学设计。在平抛运动竖直和水平方向运动规律的定性探究方案设计中，采用“学生提出方案，集体讨论，修改完善，确定方案”的方式进行。教师关注方案设计过程中的生成性问题，实现了由“师本教育”向“生本教育”的转变，学生通过积极主动的思考，感悟

[1] 江苏省无锡市锡山区教育局物理教研员　张杰

所学知识，在感悟中发展能力。

本节课的亮点之二在于用“问题导学”进行分组实验指导。在分组实验环节，设计了5个与实验相关的问题，引导学生关注实验要求、思考实验过程、分析实验数据、评价实验结论等。在教学组织的设计上，鼓励先学，以学定教，少教多学，直至“教是为了不教”。

本节课的亮点之三在于为了检测教学目标的达成度而进行作业设计。学生若能完成作业，说明本节课的教学目标已达到；若不能完成或完成作业不理想，则要从“教”与“学”两个方面分析原因，寻找对策，使学生为后续的学习积累经验和方法。

第十五节　向心力[1]

一、教学设计方案

1. 适用对象：高一年级

2. 课时安排：1课时

3. 教学目标

知识与技能目标：理解向心力的概念及特点；掌握向心力的表达式。

过程与方法目标：通过本节课的学习，培养学生的实验能力、分析归纳能力。

情感态度和价值观目标：通过科学探究，培养学生的合作精神和实事求是的科学态度。

4. 教学重点：理解向心力的概念，掌握向心力的表达式。

5. 教学难点：向心力的概念，向心力是一种效果力。

6. 教学资源

[1] 福州高级中学物理二级教师　倪静怡

实验仪器	来源与用途
装有水的小桶	自制 （“水流星”实验）
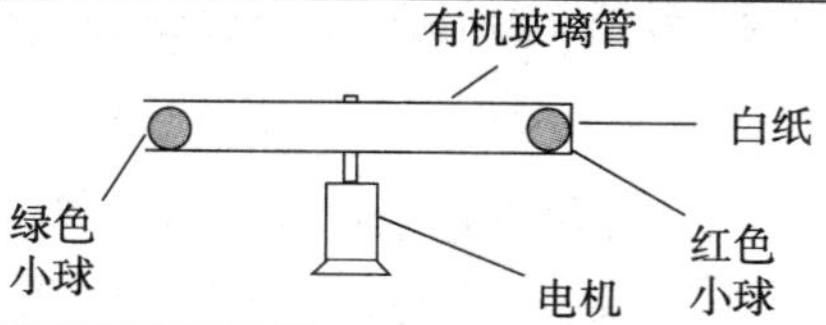	自制 （探究向心力的特点）
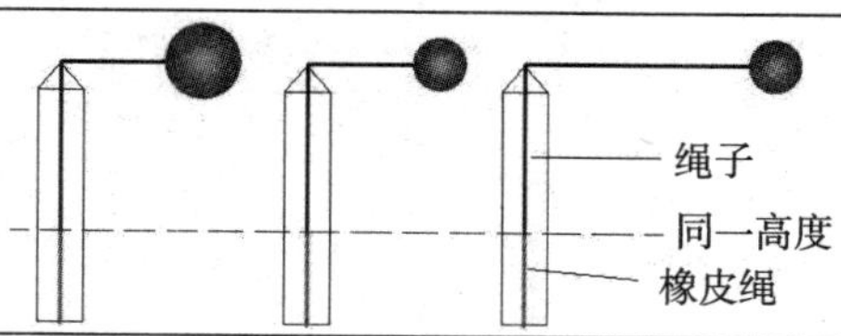	自制 （定性研究向心力）
向心力演示仪（7 台）	实验室 （定量研究向心力）

7. 教学过程

（1）引入实验——“水流星”

播放视频：卫星绕地球转动，链球运动员手执球链转动链球，过山车绕轨道转动。

实践活动：向学生展示一个装有茶水的透明小桶。请学生思考，采用什么方法能让小桶底朝天翻转过来时，桶里的水不撒出，鼓励学生大胆提出自己的想法并上台加以尝试。实验的过程中，学生会惊奇地发现，小桶在竖直面内做圆周运动的过程，当小桶开口向下时，水不撒出。由此激起学生的好奇心——水为何不撒出呢？以此引入本节课需要研究的内容——“向心力”。

（2）探究向心力的特点

演示实验（实验装置如下图所示）：

①转动玻璃管，绿色小球飞出玻璃管，红色小球仍做圆周运动。

②继续增大转速，当转速达到一定值时，红色小球破纸而出。

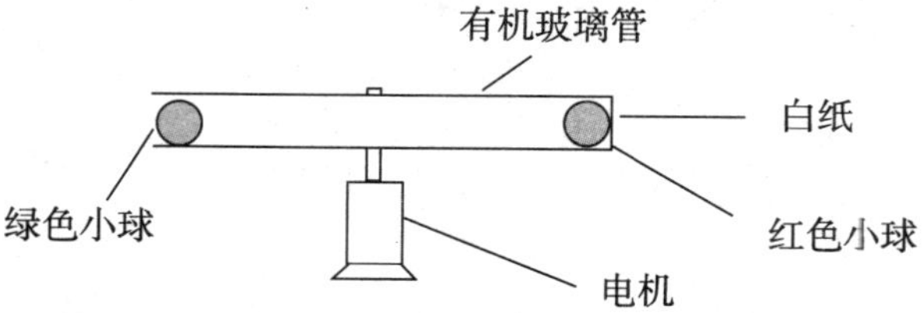

通过实验观察，首先引导学生讨论以下两个问题：

问题1：当绿色小球飞出玻璃管时，红色小球为何仍做圆周运动?

问题2：当转速增大到一定值时，红色小球破纸而出。纸破之后，红色小球为何不再做圆周运动了?

通过这两个问题的讨论，学生意识到：小球能做圆周运动是因为纸对小球施加了一个作用力。

引导学生进一步讨论以下三个问题：

问题3：纸对小球的力总是指向哪儿?

问题4：该力的方向与速度方向间有什么特点?

问题5：该力对速度产生了怎样的作用效果?

通过对以上问题的讨论总结得出：做圆周运动的物体必须受到一个始终指向圆心的等效的力的作用，这个力叫作向心力。它始终与速度方向垂直，只改变速度的方向。

做圆周运动的物体需要向心力，那么向心力从何而来呢?教师继续引导学生加以分析。

问题6：小球做匀速圆周运动的过程中，向心力由哪个力提供?（教师可引导学生对小球进行受力分析）

学生：由纸对小球的弹力提供；由小球所受到的合力提供……

总结：向心力不是特殊的力，只是按作用效果命名的，它可以由某个力或某几个力的合力来提供，进行受力分析时不能把向心力当作一个独立的力。

（3）探究向心力的大小

①学生探究活动一（实验仪器如下图所示）：学生抡动小球，使小球做圆周运动，根据实验现象，猜测向心力的大小可能与哪些因素有关。

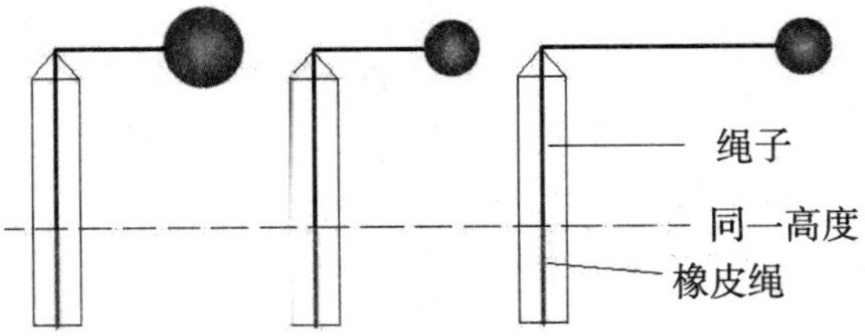

为了避免学生在实验过程中漫无目的地加以猜测，实验之前，教师可提示

学生思考以下几个问题：

问题1：三个实验装置有哪些相同点和不同点？

生：后两个小球质量相等，转动半径不等。

生：前两个小球质量不等，转动半径相等。

……

问题2：尽可能使小球在水平面内做圆周运动，小球做圆周运动的向心力由哪个力提供？

学生：绳子拉力。

问题3：小球做圆周运动的过程中，如何观察向心力的大小？

学生：通过橡皮绳的伸长长度判定向心力的大小。

汇报成果：学生汇报向心力与哪些物理量有关，说明从何种实验现象得出该猜测，并猜测它们之间存在怎样的定性关系。

师生总结：向心力的大小与小球质量、转动半径、转动快慢（v、ω、T、F、n）有关。

②学生探究活动二：利用向心力演示仪研究向心力与m、r、ω之间的定量关系。

设计实验：教师向学生介绍向心力演示仪并通过问题的形式引导学生进行实验设计。

问题1：向心力与m、r、ω有关，采用什么方法研究它们之间的定量关系？

学生：控制变量法。

问题2：如何研究？

学生：保持r与ω不变，研究F与m的定量关系；保持m与ω不变，研究F与r的定量关系；保持r与m不变，研究F与ω的定量关系。

学生实验：由于时间的限制，每组学生只研究其中的一个实验。实验过程中，教师可适当对学生出现的问题加以指导。

汇报成果：每组学生推选一个代表填写表格并汇报。

实验与记录：

	相同量	不同量	向心力	结论
步骤一	r、ω	m 1:1 1:2	F 1:1 1:2	$F \propto m$
步骤二	m、ω	r 1:1 1:2	F 1:1 1:2	$F \propto r$
步骤三	m、r	ω 1:1 1:2 1:3	F 1:1 1:4 1:9	$F \propto \omega$ 的平方

总结：向心力的大小，在质量和角速度一定时，与半径成正比；在质量和半径一定时，与角速度的平方成正比；在半径和角速度一定时，与质量成正比。

通过研究得出：$F=mr\omega^2$。利用 $v=r\omega$，可得：$F=m\dfrac{v^2}{r}$。

二、教后反思

“向心力”这节课以“创设情境——定性探究向心力的大小与哪些因素有关——定量探究向心力与质量、半径、角速度之间的关系”为主线组织教学，通过科学探究，培养学生的实验能力、合作精神以及实事求是的科学态度。

1. 创设情境，引入新课

圆周运动是生活中的常见现象，我首先从学生的生活经验出发，通过一个小实验——“水流星”创设情境，引入新课。由于该实验的成功率高，因此这一环节由一位学生来完成，并带动所有学生参与到实验观察中来。通过创设真实的情境，拉近了物理与生活的距离，让学生确实感受到物理学的神奇之处，由此调动学生的思维和学习热情。

2. 通过实验引入向心力

物理学是一门以实验为基础的科学，让学生在实验观察中发现问题、解决问题有利于培养学生的观察能力和思维能力。本部分的教学，我采用了自制教具进行实验的方式。

在原来的设计中，我只采用了一个小球，当转速增大到一定值时，小球破纸而出，学生得出的结论是：小球不做圆周运动是由于受到了一个离心力的作用。因此，我改进了实验方案，使用如设计中所示的实验装置。

当玻璃管转动之后，绿色小球飞出并不再做圆周运动，而红色小球仍能做圆周运动。通过对两小球受力情况的对比分析，引导学生得出做圆周运动的物体需要有一个指向圆心的力；进而加大转速，红色小球破纸而出，再一次说明没有指向圆心的力，小球无法做圆周运动。通过真实的实验现象得出的结论，更具说服力。

这部分的教学，虽然使用了自制教具的方式成功地导出了物体做圆周运动的条件，但整个教学过程，学生的积极性不够，课堂气氛不够活跃。另外，在教学过程中，我还不敢大胆地让学生提出一些有建设性的问题，在质疑环节上还有待提高。

3. 定性探究向心力的大小与哪些因素有关系

有人认为，物理探究式教学就是让学生自己摸索，通过一定的实践，去探索未知，教师只需交代学生探究的任务或提供有关的器材，然后放手让学生去“探”。这样做似乎教师比以前更轻松了，但实践告诉我，教师比实施新课标以前更忙碌了，教师在探究式教学中所起的作用显得更加重要。

在本部分的教学中，我给每位学生提供了探究所需要的实验装置。

一开始，我放手让学生自己摸索，我问学生：“请大家利用提供的器材完成实验，从实验中猜测向心力的大小可能与哪些因素有关。”大部分学生都不明白怎么做，把时间花在玩小球上了。其实，这并不是学生的能力不够，而是他们在探究方面的经验不足，看到提供的实验仪器，他们并不会认真地观察、认真地思考。因此，教师适度的引导非常必要。

之后的教学中，我首先引导学生观察三个仪器的特点并在小球转动的过程中引导学生思考：通过何种实验现象可以判定向心力的大小。这样一来，学生明确了研究目的，我再加以适当的鼓励和启发，学生不仅猜测出向心力与哪些因素有关，还猜测出了它们之间的定性关系。

由此，我深刻体会到，猜想是有依据的猜，不是盲目的猜。在学生猜想的过程中，教师不仅要鼓励他们，而且要进行适当的提示和引导，引导学生从实验现象中找依据。在教学过程中，教师应该充当一个组织者、引导者、评价者的角色，让学生在“实验课题”的探究中，去体验挫折、体验合作、体验质疑、体验挑战。

4. 定量研究向心力与质量、半径、角速度之间的关系

本部分的教学是建立在定性探究的基础上，对向心力的大小进行更深层次的研究，由学生设计实验、进行实验探究、汇报实验成果。通过探究，学生的实验能力、合作交流的能力、分析归纳的能力和表达能力得到提升。

由于时间问题，每组学生只研究向心力与一个物理量之间的关系。通过这个环节，我发现学生的能力是不可忽视的，三个小组的代表都能很清晰地描述实验过程，汇报实验结论，并做好记录。在整个实验过程中，学生在掌握知识的同时，思维得到相应的启发和训练，语言表达能力、自学能力、解决问题的能力、团结协作的意识和能力都得到了训练和提高。

在实验的汇报环节，我觉得还存在着一些不足。由于时间仓促，每组学生只研究向心力与一个量之间的关系，而对于 F 与其他两个量之间的关系，部分学生了解得并不完全。在学生汇报实验成果的过程中，如果能引导学生多做几组力之间的比值，可以让其他组的学生了解得更清楚，效果可能会更好。

整节课的教学设计基本上符合探究教学的要求，但同样存在着时间上的问题。学生活动很耗时间，一节课 45 分钟时间，探究的内容多，给学生思考的时间不足。为了让学生充分体验探究的过程，应该安排足够的时间让学生设计、评估、交流。

探究式教学要充分发挥学生的主体作用，教师在教学中要敢于“放”，要充分相信学生的能力。但是，敢“放”并不意味着放任自流，不要教师的指导，否则也就不叫“探究教学”。当学生在探究中遇到困难时，教师要予以指导；当探究方向偏离探究目标而学生又浑然不觉时，教师也要予以指导。教学过程中应结合教学的内容、学生的特点和教师自身的教学修养，采用多种教学策略和方法，培养与提高学生的学习能力，促进学生可持续性发展。

三、专家点评[1]

1. 强调感受，注重兴趣激发

本课采用录像、实验引入课题，从学生熟悉的事例入手，增强了学生的感

[1] 清华同方教育技术研究院物理所　涂克昌

性认识，激发了学生兴趣。

首先播放卫星绕地球转动、链球运动员手执球链使链球转动、过山车绕轨道转动的情景，让学生观察和思考卫星、链球、过山车的运动有什么共同之处，它们为什么不沿直线运动，而是沿着圆周运动，由此引入课题。

为了激疑，进一步引起学生的兴趣，教师还做了水流星的实验，问："用什么办法让装水的小桶倒过来，而水不流出？"然后让学生回答，并让其亲自操作，引起学生的极大兴趣。

2. 坚持以实验为基础，渗透探究思想

教师想办法自己设计实验，在风扇电机上垂直其轴，固定一个可水平转动的两头空的玻璃管，在管内两端分别放不同颜色的小球，一头蒙上薄纸。当玻璃管转动时，在开口端的小球立即飞出，在蒙有薄纸一端的小球被纸挡住，随玻璃管做圆周运动。若纸不挡或挡得力度不够，小球将飞出，不再做圆周运动，教师用水将纸打湿，玻璃管转动时，纸破球出，有力地说明了做圆周运动的物体需受向心力的作用。

教师还制作了多组笔杆实验，在学生实验中，让学生亲身体验做圆周运动的物体需有向心力作用，并探索向心力的大小与什么因素有关。这一过程渗透了探究思想，变传统的演示实验为学生实验，让学生分组探究向心力与质量、半径、角速度的关系，自行操作，记录、归纳、总结，从而得出结论。学生参与了探究的过程，学习了探究的方法。

3. 科学地利用信息技术，突破教学难点

做水平玻璃管演示实验时，虽然是真实实验，但在动态中学生很难通过视觉感受到薄纸与小球间的相互作用，导致实验依然是看结果（小球是否被甩出）、猜原因（小球是否受力的作用）。在此，教师应用了信息技术，用动画情境来解决这一难题，可变快为慢、变动为静，将纸变为可伸缩的橡皮膜。如果膜与小球间有压力的作用，则橡皮膜将变形，从而提供了更佳的可视效果。

在学生定性研究完向心力与哪些因素有关的笔杆实验后，教师提供了与实物直观相一致的模像直观，当学生汇报时，再现了学生的探究过程，并变橡皮筋为弹簧，粗大弹簧的形变，更能清晰显示向心力的大小。为了更好地展示学生的汇报情景，对比展示了用控制变量法研究的过程，使学生感受更深。

在定量探究向心力与质量、半径、角速度的关系中，教师使用了科学方便的电子记录表格，在多媒体教室中，用来汇报展示；在计算机实验室中，用来交流、上交、汇报。从而方便了教学，提高了效果。

第十六节　探究弹性势能的表达式[1]

一、教学设计方案

1. 适用对象：高一年级

2. 教学课时：1 课时

3. 教学目标

知识与技能目标：理解弹性势能的概念及意义；领悟求弹力做功时通过微元思想化变为恒。

过程与方法目标：猜测弹性势能的表达式与哪些因素有关，培养科学预测能力；体会计算拉力做功的方法，体会微分思想和积分思想在物理学上的应用。

情感态度与价值观目标：通过探究弹性势能公式的过程和所用方法，形成探究知识的欲望和学习兴趣，体味弹性势能在生活中的意义，提高物理知识在生活中应用的意识。

4. 实验室教学资源准备：铁架台，弹簧两根（粗细分别为 0.8mm 和 1.5mm、长 12cm），PVC 圆管两个（长 2.5cm，外径 17mm）。

5. 教学过程

（1）导入新课

引入：前面我们已经学习了重力势能，清楚重力势能是物体由于被举高而具有的能量。

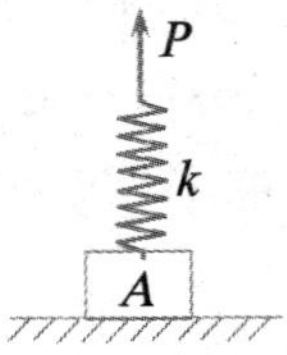

图 1

情境 1：如图 1 所示，重物 A 的质量为 m，置于水平地面上，其上表面连接一根竖直的轻质弹簧，弹簧的长度为 l_0，劲度系数为

[1]　江苏省天一中学物理二级教师　朱顺明

k。现将弹簧的上端 P 缓慢地竖直上提一段 H，当重物 A 刚要离开地面时，此时重物 A 具有的重力势能为多少？（以地面为参考平面）

学生：物体的重力势能为零。

教师追问：那做的功转化成什么能量呢？

情境 2：播放体育运动项目视频（撑杆跳高、拉弓射箭、跳板跳水），并请仔细观察弯曲的杆、拉开的弓、压弯的跳板以及它们有什么共同的变化。

（2）举例介绍，点出主题

请同学们举例，日常生活中，还有哪些物体也具有弹性势能？

学生举例：弹弓、卷紧的发条、网拍、羽毛球拍、弹簧等。教师最后总结：对弓、跳板、发条等物体的弹性势能的研究比较复杂，下面我们着重研究比较简单且具有典型性的弹性物体——弹簧，探究弹簧弹性势能的表达式。

（3）猜想假设，设计方案

问题：影响弹簧弹性势能的因素有哪些？（根据生活经验进行猜想）

学生猜想：压缩量、伸长量、外力 F、材料、弹簧丝的粗细、弹簧圈的直径、温度等。

教师对这些猜想进行及时评价，归纳：这些因素与形变量 l、劲度系数 k 有关。同时，进一步提出 E_p 与上面这些因素到底是怎样的关系，请同学们设计实验方案并检验猜想。

设计实验方案时，请从下列四个方面入手：明确实验目的；设置实验情境；选用实验器材；拟定实验方法。

各小组先自己思考，再一起讨论交流。老师巡视，适时参与部分小组的讨论，最后请各小组代表对实验方案进行简要的汇报。

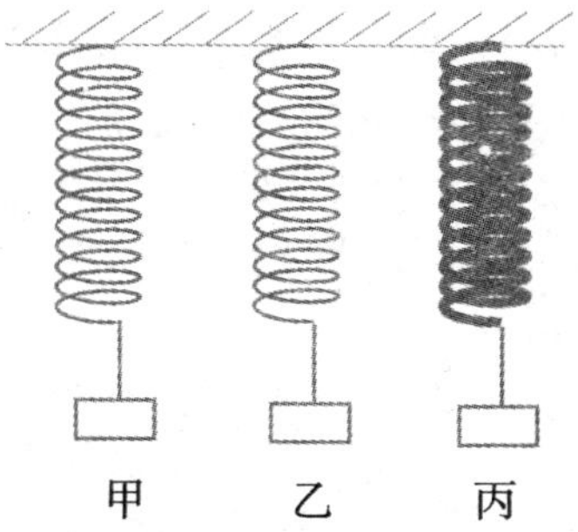

图 2

图 3

方案 1：如图 2 中甲、乙相同的弹簧，下面挂上不同的钩码 m_1 和 m_2，让它们都从弹簧原长处释放，测出从开始到最终停止的高度，得到 $E_{p弹}=mgh$，比较 E_p 与 l（h）的关系；乙、丙图取不同型号的弹簧，挂上相同的钩码，再比较 E_p 与 l（h）的关系。

方案 2：如图 3 所示，同一压簧下压不同的形变量，测出物体上升的最大高度。得出 $E_{p弹}=mgh$，比较 E_p（h）与 l 的关系；用两种型号不同的压簧，下压相同的形变量，比较 h 的大小，得到 E_p（h）与 l 的关系。

方案 3：如图 4 所示，水平弹簧一端固定，当弹簧为原长时位于 O 点。开始时将质量为 m 的物体压缩至位于 O 点左方的 B 点．O 与 B 之间的距离为 l，从静止释放到最终物体停止在 A 点，测出 AB 间的距离 x。根据“$E_p=W_{f克}=fx$”得到 E_p 的值，改变压缩量 l，测量物体滑行的距离 x，比较得到 E_p 与 l 的关系。

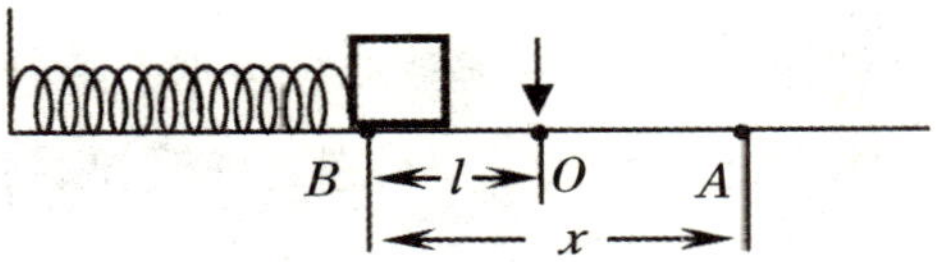

图 4

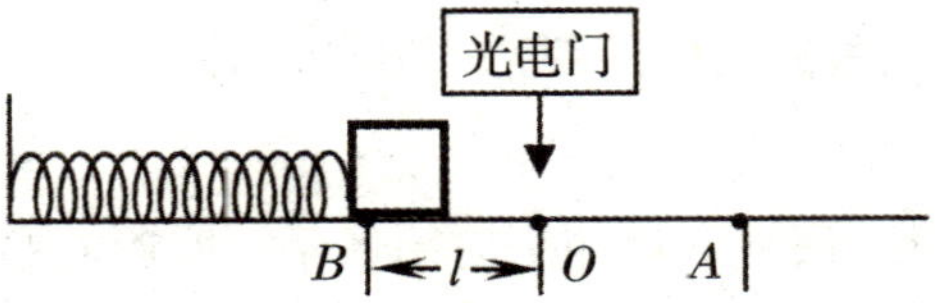

图 5

方案 4：如图 5，在方案 3 的基础上进行改装．在弹簧恢复原长处加一个光电门，测出该位置处小球的速度 v，根据公式 $E_p=\Delta E_k=\frac{1}{2}mv^2$，研究 E_p 与 l 的关系。

方案 5：图 6 在方案 3 的基础上进行改装，弹簧对小球做功转换成小球的动能。应用平抛原理 $x \propto v_0$，得到 $E_p \propto x^2$，改变形变量，从而研究 E_p 与 l 的关系。

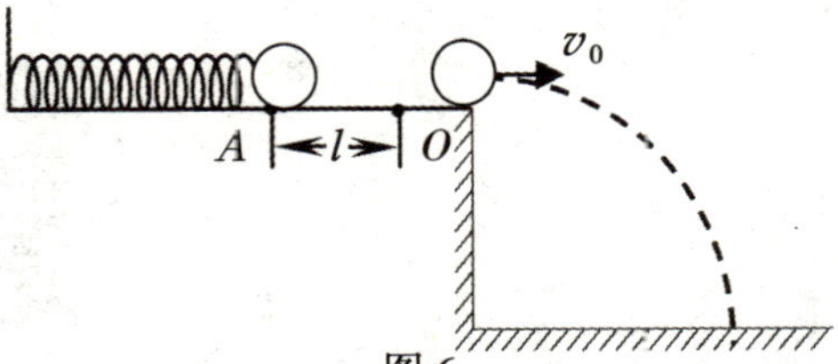

图 6

师生讨论，反思方案：

对于方案 1，学生已经用到了控制变量法和能量转换法来研究弹簧的弹性势能 E_p，这点是值得肯定的。但问题是在该情境中，$E_{p弹} = mgh$ 吗？实际上 $E_{p弹} + Q = mgh$。显然，这种实验原理还有些缺陷，而且在换用不同型号的弹簧时，不能做到在形变量相同的情况下研究问题。

对于方案 3，采用能量转换法，弹簧的弹性势能转换成物体滑行时克服摩擦所做的功。但在实际操作中，很难保证物体运动在一条直线上。

对于方案 4 和 5，将弹簧的弹性势能转换成物体的动能。但误差产生在弹簧作用物体的一段过程中，不可避免地有摩擦力在做功。

对于方案 2，能够保证物体在竖直方向运动，可以方便地测出上升的最大高度 h。不足之处在于物体与竖直杆的摩擦有时比较大。

（4）学生活动，体验方案 2

提供器材，如铁架台，粗细分别为 0.8mm 和 1.5mm、长 12cm 的弹簧各一根，PVC 圆管。

操作要求：

①将同一弹簧压缩不同的形变量，比较重物弹起的高度。

②将不同的弹簧压缩相同的形变量，比较重物弹起的高度。

教师巡视指导，最终定性得出弹簧的弹性势能与劲度系数、形变量的关系。

（5）逻辑推理，探究规律

我们通过实验探究了弹性势能与劲度系数 k 以及形变量 l 的定性关系，那么弹性势能的具体表达式又是怎样的呢？下面我们着重从理论角度探究弹性势能与劲度系数 k、形变量 l 的关系。

通过名言引入类比思想。

师：现在我们想要找出弹性势能的表达式，是不是应该拿它与所学过的知识进行类比？想一想，小组交流一下。

学生思考交流：用求重力势能的方法来求弹性势能。

老师追问前面探究重力势能的过程是什么。学生回顾，老师进一步完善。

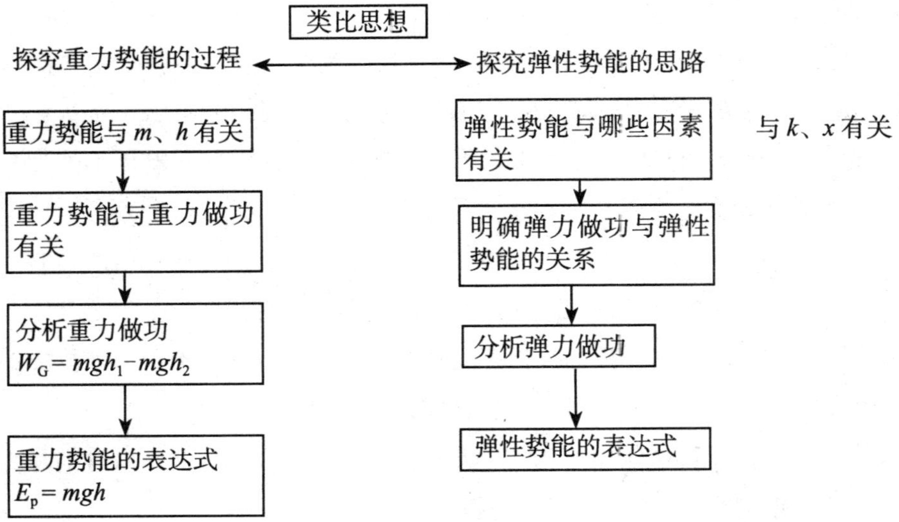

老师提出问题：

问题 1：弹力做功与弹性势能之间有什么关系？

问题 2：有一原长为 l_0 的弹簧，劲度系数为 k_0，在外力 F 的作用下，缓慢从 O 拉到 A，伸长量为 l，试求弹簧弹力所做的功？

学生沿着下面的思路回答：弹力做的功能不能直接用公式 $W_F=Fl$？如果不能的话，可以怎么处理？我们以前有没有学过类似的方法？

让学生针对上述问题展开思考并发言，教师及时点评并解答学生提出的问题。利用类比的方法，得到弹性势能的变化量。

在最终得到弹性势能的表达式时，传统的做法是将弹簧原长处的弹性势能看作零，则 $E_p=\dfrac{1}{2}kl^2$。本课中则设置了如下问题进行引导：

问题 1：弹性势能与弹性势能的变化量是什么关系？有什么特点？

问题 2：若取弹簧原长处的弹性势能为零，当弹簧伸长 l 时，此时弹簧的弹性势能是多少？

问题 3：若弹簧原长处的弹性势能为零，若弹簧压缩 l 时，此时的弹性势能又是多少？

问题 4：能不能规定弹簧在某一任意长度时的势能为零势能呢？说说你的想法。

问题 5：若取任意长度的势能为零势能，想想看，这时弹性势能有没有可能是负值？

（6）联系生活，感悟人生

同学们，你们参加过蹦极运动吗？（播放蹦极视频，背景音乐《飞得更高》）

人生感悟，提升境界。

最后，老师引导学生回答开头的问题：外力 F 所做的功转化为弹簧的弹性势能。

二、教后反思

为使学生更好地体验科学探究的方法和过程，本课的开放性程度较高。

1. 成功之处

本课引导和鼓励学生围绕“探究弹性势能的表达式”这一主题进行自主学习、合作交流。学生提出的探究方案多种多样，虽然个别方案有些不太成熟，但有利于学生创新能力的培养。

本课自制了学生实验装置 55 套，目的不仅是让学生进行思维探究，还要亲身感受，培养其动手和合作能力。

2. 不足之处

情境 1 的引入有些传统且效果不佳，可以直接从情境 2 展开，充分利用好视频素材。教学中完全可以大胆地提出更开放的问题，再结合学生的想法分析，这样才能水到渠成地引导到弹性势能这个主题。

在回顾探究重力势能的过程时，学生的回答不够全面，缺乏条理，与开始的预设有出入，致使教学环节的衔接不够流畅，因此应以问题串的形式引导学生一步步展开，并由此去分析研究弹性势能的思路。

三、专家点评[1]

本节课是探究式教学的典型案例。教师立足于“学生的主体性和教师的主导性”，进行科学而合理的设计，让人耳目一新。整节课按照“情境设疑—科学猜想—实验探究—推理归纳”的主线层层深入，通过设计有效问题来促使学生积极参与和交流合作，让学生真正成为课堂的主人。它让学生在自主设计方案的过程中培养创新思维，在共同评价中优化方法，在实验探究中提升能力，在逻辑推

[1] 江苏省天一中学教授级高级教师、江苏省物理特级教师　卞志荣

理中得到发展，在实际应用中体现科学魅力。因此，可以说本课例很好地落实了教学三维目标。

第十七节　刹车距离与速度关系的探究[1]

一、教学设计方案

1. 适用对象：高一年级

2. 教学课时：2 课时

3. 教学目标

知识与技能目标：通过对刹车距离与速度关系的探究，加深对匀变速直线运动的理解，学会对复杂运动过程的分析。

过程与方法目标：在分析实际问题中培养处理数据的能力；形成用多种途径解决问题的能力。

情感态度与价值观目标:理论联系实际，运用物理知识分析身边的实际问题，学以致用，激发对物理的兴趣；通过了解汽车刹车距离与速度的关系，增强交通安全意识。

4. 教学重点：知道刹车过程分为匀速和匀减速两个阶段。

5. 教学难点：知道刹车过程分为匀速和匀减速两个阶段；刹车距离与速度关系式中 K 值的确定。

6. 教学准备：

数据收集。（学生收集不同车速情况下对应的刹车距离与反应时间）

数据筛选。（学生对明显存在错误的数据进行甄别）

7. 教学过程设计

（1）引入

生活中常常会有交通事故发生，有的较为轻微，而有的则惨不忍睹，根据有关数据显示，造成交通事故的绝大部分原因在于，要么超速行驶，要么没能把

[1] 重庆七中物理一级教师、备课组长　文艺；重庆七中物理二级教师　洪伟、万小龙

握好车辆间的安全距离。所以，有效地减少交通事故就十分重要。此时，基于探究和解决实际问题的目的，学生的学习热情十分强烈，勇于承担责任的意识更加突出。

①理论分析，建立数学模型

讨论：刹车过程应该包括哪些运动阶段？每一个阶段都有什么特点，遵循什么样的规律？

小结：刹车距离 s 包括反应距离 s_1 和制动距离 s_2。

反应阶段：$s_1 = vt$（t 为反应时间）。

制动阶段：由运动学公式 $2as = v_1^2 - v_0^2$，有 $s = v_0^2/2a$，其中 a 为制动过程的加速度，为常数。所以上式可简化为：$s_2 = kv^2$。

刹车距离与速度的关系为：$s = vt + kv^2$。

（2）联系实际，处理真实数据

探究：对于真实的初速、反应时间与刹车距离的关系，应如何分析？

为了将这个模型用于实际，需要知道其中的参数 t 和 k，通常有经验估计和数据拟合两种方法，这里采用反应时间 t 的经验估计值 0.5s，而利用交通部门提供的一组刹车距离的实际数据来拟合 k。

车速 $v/(\mathrm{km\cdot h^{-1}})$	车速 $v/(\mathrm{m\cdot s^{-1}})$	反应时间 t/s	刹车距离 s/m
40	11.11	0.50	12.76
60	16.67	0.50	25.54
80	22.22	0.50	39.92
100	27.78	0.50	58.9
120	33.33	0.50	81.49

将表格中数据带入 $s = vt + kv^2$，利用表格中的数据可以得到 $k = 0.05907$，则刹车距离与速度的关系式为：$s = 0.5v + 0.05907v^2$。用图象表示为：

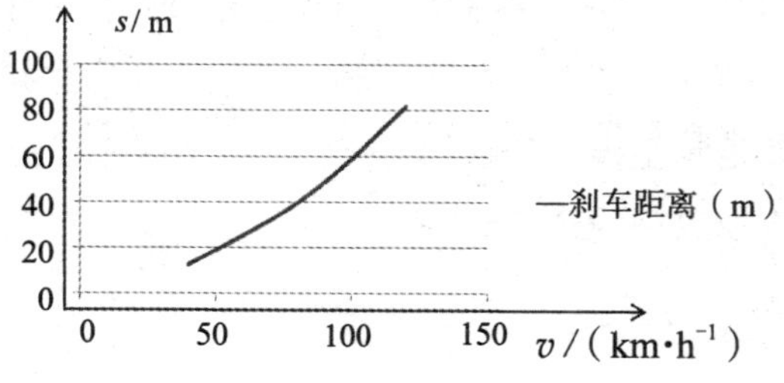

（3）实际生活中的安全距离

讨论：城市行车安全距离。

车速 v/（$km\cdot h^{-1}$）	30～40	40～50	50～60
安全车距 s/m	12.76	18.34	25.54

小结：行车应保持安全车距，以免发生意外，而人的反应时间存在着差异，所以不同的人对安全车距的取值应该根据实际情况而定，另外，雨天应适当增加车距。

二、教后反思

1. 物理问题即是生活问题

通过对刹车速度与距离的探究，学生真切地感受到物理知识源于生活，又回到生活中去，物理规律中有许多都是对生活现象的科学总结。在本次探究中，学生充分体会到物理问题在实际生活中的应用，也认识到理论和实际之间的差距往往不是书本上所讲的那么小，所以，探索科学时需要养成严谨细致的习惯，来不得半点虚假和马虎。就本课例的教学效果来看，物理规律的实用性让学生深入地理解了周围世界，他们为此而感到欣喜。

2. 探究需要理论联系实际

本次探究中，理论上的分析、数学模型的建立都只是在理论层面上，而这个模型在实际应用中是否恰当？对真实数据的处理又面临哪些困难呢？这些问题都让学生的思维发生碰撞，学生亲身体验了学习物理绝不是一味地记公式和做繁琐的题目，而往往是解决一个又一个有趣的实际问题。有时，这些问题非常富有挑战性，学生需要克服重重困难，要深入现实生活中收集材料、做实验，甚至需要借助一些必要的工具来进行观测。然而，比起探究过程中的困难，探究实际问题所带来的成就感和喜悦是非当事人所不能感受到的，这有助于锻炼学生探求科学的勇气和培养科学精神。此外，探究的结论如何联系实际应用，面对实际情况该如何处理，这些又是学生需要积极思考的问题，学生在处理这些问题时获得的是对物理理论模型更加深刻的理解。

三、专家点评[1]

这是一个学生综合使用调查方法和数学演绎方法解决实际问题的探究案例。

在调查阶段，学生首先收集了相关数据并对数据进行了初步的筛选，体现出优先考虑证据的典型探究特征。通过这一调查活动，学生也认识到数据不仅可以来源于真实的科学实验，还可以来源于网络、交通主管部门等其他途径。但是，由于这些数据并不是通过亲身经历得来的，而是一些二手数据，所以需要对各种途径所获得的数据进行对比、分析，筛选出错误数据，上述活动丰富了学生对数据来源途径的认识，加强了学生对探究的理解。

教学中，教师首先用演示文稿展示了一些汽车追尾的图片，说明刹车距离不足所造成的严重后果。针对这一来源于学生生活的实际问题，我们可以看到，学生表现出了浓厚的探究兴趣。为引导学生的探究活动，教师提供了分析问题的初步模型，这就是由匀速直线运动及匀变速直线运动位移公式所组成的刹车距离公式。这是一个有明确物理内涵的数学模型。学生将调查中所获得的数据应用于数学模型，获得刹车距离与车速关系的经验模型。通过上述过程，学生模仿了科学家在研究实际问题的过程中经常采用的数学建模、经验数据拟合的方法，获得了与其他探究活动（通过实验获得数据，分析数据中体现的关系）不一样的经历和体验。

正如教师所言，本课中学生的另一个收获是体验到学物理不仅是记公式和做题，还可以是解决实际生活中的问题，他们所经历的困难、挑战，最终获得的成功和喜悦，促进了他们对物理的认识和欣赏。

[1] 河南教育学院物理系副教授　姜涛

第四章

电磁学探究活动案例剖析

本章精选了10个教学实践中的优秀电磁学探究活动案例。这些案例包括初高中物理课程内容标准、活动建议及中学物理教学实践中的部分电磁学探究主题。其中部分案例为同课异构，在设计和实施上各有其特色。通过其教学设计及实施、教学反思，反映教师探究课堂教学的关注点、预期目标的达成度、对中学生创新思维的培养等。

第一节　电路“三剑客”的立法[1]

一、教学设计方案

1. 适用对象：九年级

2. 教学课时：2 课时

3. 教学目标

知识与技能目标：能够熟练使用电压表和电流表；通过实验探究，认识电流与电压、电阻的关系；通过探究实验，学会收集数据并能够对数据进行简单的分析。

过程与方法目标：经历实验探究的过程并掌握实验探究的思路、方法；发展实验操作能力、分析和归纳实验结论的能力以及控制变量的能力。

情感态度与价值观目标：正确对待实验中存在的问题，分析和改进实验；大胆猜想，缜密求证，形成严谨的科学精神；养成小组合作、相互交流的学习习惯。

4. 教学重点：探究电流与电压、电阻关系的实验设计；理解欧姆定律的内容及其表达式。

5. 教学难点：探究电流与电压、电阻关系的实验设计（实验仪器选取、电路图设计、实验方案制订）。

6. 教学资源准备

演示用具：电学器材一套、调光台灯一个。

学生分组器材：干电池（2 节）、2.5V 小灯泡、开关、导线、定值电阻（5Ω、10Ω、20Ω）、滑动变阻器、电压表和电流表。

7. 教学过程

（1）回顾

电流是怎样形成的？形成电流的原因是什么？电阻会影响电路中的电

[1]　中国科技大学附属中学高级教师　李明芳

流吗？

（2）创设情境，引入新课

将一个调光台灯接入插座，使之通电并调节旋钮，观察灯泡发光亮度是否变化。思考：灯泡亮度为什么会改变？

引导学生猜想：有电流通过灯泡，亮度改变是因为电流的大小改变了。电压是形成电流的原因，通过灯泡的电流大小是由电压决定的，所以与电压有关；电阻表示导体对电流的阻碍，电流的改变可能与电阻有关。

分组完成下列实验：

实验验证：把 2.5V 的小灯泡和电流表串联，分别跟一节干电池和两节干电池组成电路。闭合开关，观察先后两次电流表示数及小灯泡的亮度。分析实验现象，得出猜想电流的变化与电压有关是正确的。

实验验证：把滑动变阻器、小灯泡、两节干电池和电流表组成电路。闭合开关，调节滑动变阻器阻值，观察电流表的示数和小灯泡的亮度。分析实验现象，得出猜想电流的变化与电阻有关是正确的。

引导学生思考、大胆猜想：通过导体的电流的大小跟导体两端的电压、导体的电阻这两个因素有关。电流与电压、电阻之间有什么样的定量关系呢？

（3）实验探究

过程 1：确定实验方案——控制变量法。

电流可能受电压和电阻两个因素的影响，为了研究电流与电压、电阻之间的定量关系，该如何设计实验来探究呢？

总结：一个物理量往往受两个或多个因素影响，为了研究这个量与其中一个因素的关系，可以固定其他因素，这种方法叫“控制变量法”。

实验方案：先让电阻保持不变，改变电压，观察电流随电压变化的情况；再保持电压不变，改变电阻，观察电流随电阻变化的情况。

过程 2：探究电阻一定时电流跟电压之间的关系。

请同学们讨论：该如何选用实验器材呢？怎样才能改变电阻两端的电压？小组合作画出电路图。

引导学生分析：为了找到规律，要做三次实验，若通过换电池的方法，改变电压测三次，操作太麻烦，而且三次的电压值比较特殊。此外，三节电池提供

的电压也有点大，用接入滑动变阻器的方式来调节电压较好。

填写学案。

学生分组实验，教师巡视指导。

学生按照电路图连接好电路，闭合开关后，调节滑动变阻器的滑片，使 R 两端的电压成整数倍地变化（如 1V、2V、3V），读出每次加在 R 上的电压值和电流值，并填入表格中，画出电阻的 $U\text{-}I$ 关系图象（图略）。

请学生分析实验表格中的数据，在坐标纸上描出点、连成线。

归纳总结：在电阻一定的情况下，导体中的电流跟导体两端的电压成正比。

过程 3：探究电压一定时电流与电阻之间的关系。

利用刚才的电路，研究电流跟电阻的关系。

改换电阻，通过调节滑动变阻器，保持每次电阻两端的电压不变，测出不同电阻对应的电流。

填写学案。

学生分组实验，教师巡视指导。

实验中，换用不同的电阻，闭合开关后，调节滑动变阻器的滑片，使 R 两端的电压（如 U=2V）保持不变，读出每次电阻值和相应电流值，并填入表格中。

请学生分析实验表格中的数据，并在坐标纸上描出点，粗略连成线。

归纳总结：在电压一定的情况下，导体中的电流跟导体的电阻成反比。

（4）教学小结

以上两个结论是同学们通过分析实验数据归纳得出的。在这之前，科学家们已经进行了大量的实验，并证明了上述结论是正确的。

通过实验探究，可知：一段导体中的电流，跟加在这段导体两端的电压成正比，跟这段导体的电阻成反比。德国物理学家欧姆最先通过实验归纳出这个规律，人们为了纪念他，就把这个规律叫作欧姆定律。用公式表达为：$I=\frac{U}{R}$。

应用注意事项：

统一性：所用物理量统一为国际单位。

同一性：三个物理量针对的是同一段电路中的电流、电压和电阻。

同时性：三个物理量是同一时刻的电流、电压和电阻。

（5）拓展应用

如果已经测出通过一段已知电阻值的导体的电流，能计算出这段导体两端的电压吗？

如果已经测出一只在 220V 电压下工作的白炽灯的电流，能计算出灯丝此时的电阻值吗？

探究电流与电压的关系时，定值电阻 R 换成小灯泡是否可行？为什么？

二、教后反思

欧姆定律是电学中的基本定律，是进一步学习电学知识和分析电路的基础。这一节内容综合性较强，从知识角度讲，要用到电路、电流、电压和电阻的概念；从技能角度讲，要用到电流表、电压表和滑动变阻器等。学生要通过自己的实验得出欧姆定律，最关键的是实验方法，其难度主要体现在实验设计、数据记录以及数据分析方面，因为在这些方面学生出现错误的可能性比较大。此外，对实验的评估和交流也很重要。

本节课的成功之处是我在教学中能够合理地启发学生选择实验器材、设计实验电路图、亲自动手实验、分析数据、归纳得出结论，充分体现了学生的主体作用。这样不仅培养了学生的动手操作能力、观察思维能力，而且使学生在获取知识的同时，感受欧姆定律被发现的逻辑过程，感受实验成功的喜悦。

三、专家点评[1]

本节课教学设计的整体思路明确，通过小组自主探究与完成学案相结合，教师指导启发与学生自主探究相结合，体现了现代课程的教育理念——“以学生为主体，以教师为主导”。在引入新课阶段所创设的情境，具有生活化、启发性、现象明显等特点，能够引起学生的大胆猜想，激起学生探究的欲望，也为接下来的学习埋下伏笔。新课探究教学过程中，探究的思路、方法明确，层层设疑，步步推进，结论自然，重点突出，难点有所突破。探究电流与电压、电阻关系的实验设计是整个探究成败的关键要素，因此在此环节需要充分调动学生小组合作。

[1] 合肥师范学院物理与电子工程系教授　王从戎

教师启发、进行器材选取、电路图设计，为后面的实验探究打下基础；同时，也充分强调欧姆定律的内涵与条件，为后面的应用拓展打下基础。但是，在教学实施中还要明确具体的教学目标，提问要有创新性，尽量避免直叙式提问，教学反思中要写清楚对学生学习效果的预测。

第二节　是谁在拖自由电子的后腿[1]

一、教学设计方案

1. 适用对象：高中二年级理科班

2. 教学课时：2 课时

3. 教学目标

知识与技能目标：理解导体电阻与哪些因素有关；能利用电阻定律进行有关的分析和计算；理解电阻率的物理意义，了解电阻率与温度的关系。

过程与方法目标：利用控制变量法探究导体电阻的决定因素；掌握数据处理的技巧。

情感态度与价值观目标：通过电阻率的学习体会生产活动中选材的重要性；通过分组进行探究推理，培养团体合作精神；通过 Excel 处理实验数据，体验电脑软件处理各种数据的便捷性。

4. 教学重点：实验探究和理论探究的过程；利用电阻定律进行分析和计算。

5. 教学难点：准确测量数据，采取恰当的方法处理数据；电阻定律的推理过程；对电阻率的理解。

6. 实验室教学资源准备

学生小组的实验仪器：学生电源（带开关）、安培表、伏特表、滑动变阻器（20Ω）、金属丝若干、开关一个、导线若干、米尺、小灯泡（3.8V　1.8W）一个、废弃小灯泡灯丝一根。

教师演示用的实验仪器：学生电源（带开关）、滑动变阻器、小灯泡、导线若干。

[1]　乌鲁木齐市第 70 中学物理高级教师　赵旭江

安全性：学生将废旧灯丝接入电路时要注意自我保护，防止金属丝扎入人体；闭合开关前检查滑动变阻器滑片的位置。

7. 教学过程

（1）创设情境，引入课题

①复习螺旋测微器的读数方法。

②复习较准确地测量金属丝直径的方法。

选择间距较大的三个部位，用螺旋测微器进行测量，取其平均值。

③实验演示

如图所示连接的电路，通过改变滑动变阻器滑片位置，让学生观察灯泡的亮度变化。

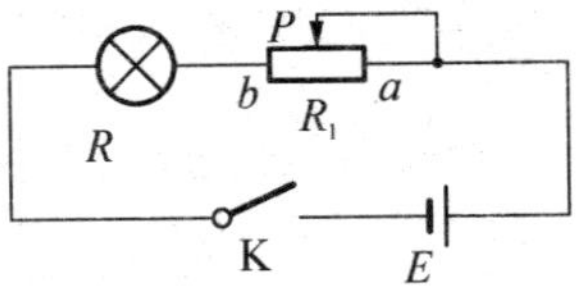

教师设问1：为什么会出现这样的现象？怎样描述导体电阻对电流的阻碍作用？

教师设问2：初中学过，电阻是导体本身的一种性质，导体电阻的大小取决于哪些因素？能说出其定量关系吗？电阻与电压、电流有关吗？

教师设问3：当我们研究一个物理量与多个物理量之间的定量关系时，常用什么方法？

让学生一步步考虑，回答出影响电阻的有关因素以及本次探究所用的基本方法——控制变量法。

（2）探究

①探究问题：决定导体电阻因素的定量关系。

②猜想与假设。

引导学生在初中所学有关电阻知识的基础上，猜想电阻和各因素的定量关系。

猜想一：由于串联电路的总电阻等于各电阻之和，所以电阻可能与长度存在正向的定量关系。

猜想二：根据并联电路中电阻的知识，电阻可能与导体横截面积存在反向的定量关系。

猜想三：生活中用不同的材料制作导线或者电器元件，所以电阻可能与材料也存在某种特殊的定量关系。

猜想四：电阻与温度之间也可能存在正向或反向的关系。

……

不论学生的猜想是否符合实际，教师都应该采取不予肯定也不予否决的态度。

教师课前准备材料：

分别在木板底座上将长度大约为 130cm 的某材料电阻丝和米尺紧密并列在一起（长度直观）。

长度、粗细、材料都相同的电阻丝按照条数递进规律并列成多组（各组面积递增），然后再串联在一起。

将长度和粗细相同但材料不同的 6 根电阻丝串接在一起。

③设计实验与记录数据

探究决定导体电阻因素的定量关系，首先要解决电阻的测量问题——用伏安法测电阻。（要求学生自行设计电路，对所涉及的电路中各元件进行简要分析）

A. 学生在实验报告册上设计实验装置电路图

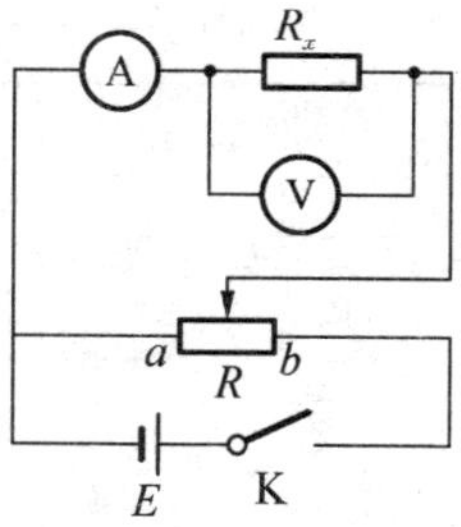

教师指导：由于使用的学生电源稳流输出，所以安培表选择 0 ～ 3A 的量程，伏特表选择 0 ～ 3V 的量程，滑动变阻器选择 0 ～ 20Ω 且额定电流较大的。提供的电阻丝或者灯泡电阻值都很小，电路可以选择限流外接法和分压外接法，如右图，在开关闭合前，滑动变阻器的滑片应该滑到阻值最大端或者分压接法的 *a* 端。

B. 分组探究猜想

第一组：材料、横截面积、温度相同，分析 R 和 L 之间的关系。

第二组：材料、长度、温度相同，分析 R 和 S 之间的关系。

第三组：长度、横截面积、温度相同，分析 R 和材料之间的关系。

第四组：材料、长度、横截面积相同，分析 R 和 U、I 之间的关系。

C. 各组分别根据猜想设计实验步骤

第一组第一种实验探究程序及其数据记录表：

按电路图所示，连接好实物装置，开关闭合前，注意检查滑片的位置。

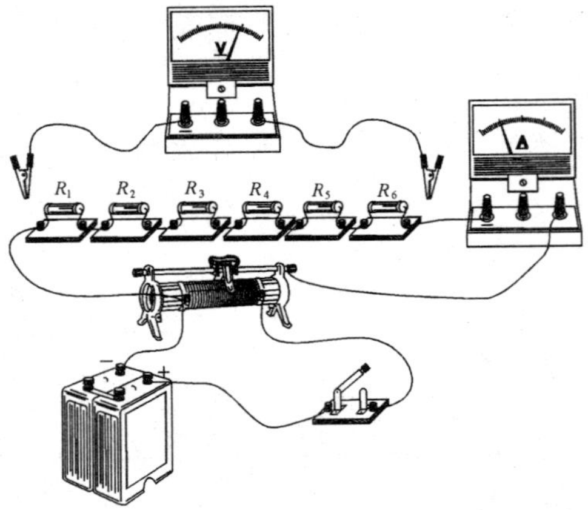

闭合开关，调节滑片位置，使安培表示数保持在某一特定值。

伏特表正（或负）接线柱与电阻丝一端（米尺的零刻度）的接线柱固定连接，分别将与另一接线柱连接的表笔按照长度递增的原则和电阻丝接触，并读出和记录各次伏特表示数，每次长度标为 L_1、L_2、L_3……相对应的伏特表示数记录为 U_1、U_2、U_3……

数据记录表 1：

次数	1	2	3	4	5	6	7	8	9	10
长度 L/cm										
电压 U/V										

第一组第二种实验探究程序及其数据记录：

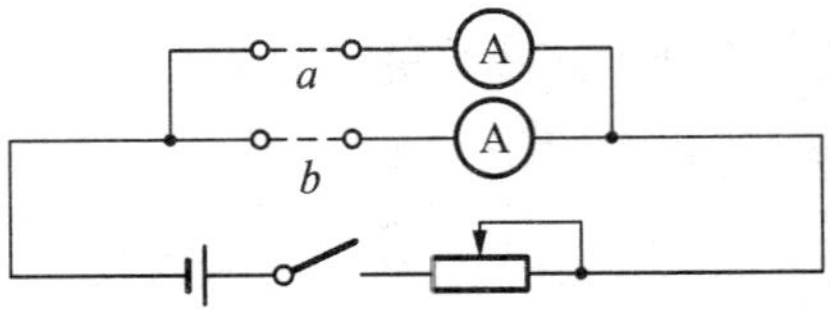

按右图所示电路，连接好实物装置（两根电阻丝长度取倍数关系），开关闭合前，注意检查滑片的位置。

闭合开关，调节滑片位置，读出两安培表的示数。

分析比较电流和长度的关系。

第二组第一种实验探究程序及其数据记录表：

按电路图所示，连接好实物装置，开关闭合前，注意检查滑片的位置。

闭合开关，调节滑片位置，使安培表示数保持在某一特定值。

正确连接伏特表正、负接线柱，分别测量各电阻组两端的电压，分别读出和记录各次伏特表示数，示数分别记录为 U_1、U_2、U_3……相对应地记录下各组的电阻丝条数，横截面积即为 S、$2S$、$3S$……

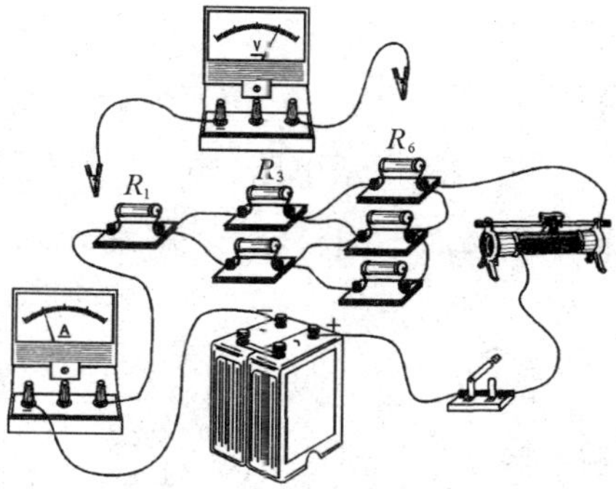

数据记录表 2：

次数	1	2	3	4	5	6
横截面积 S/m^2						
电压 U/V						

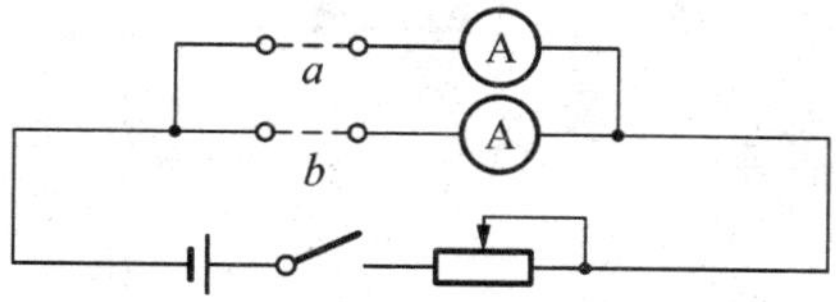

第二组第二种实验探究程序及其数据记录：

按左图所示电路，连接好实物装置（两组电阻丝横截面积或粗细相同，根数取倍数关系），开关闭合前，注意检查滑片的位置。

闭合开关，调节滑片位置，读出两安培表的示数。

分析比较电流和横截面积的关系。

第三组第一种实验探究程序及其数据记录表：

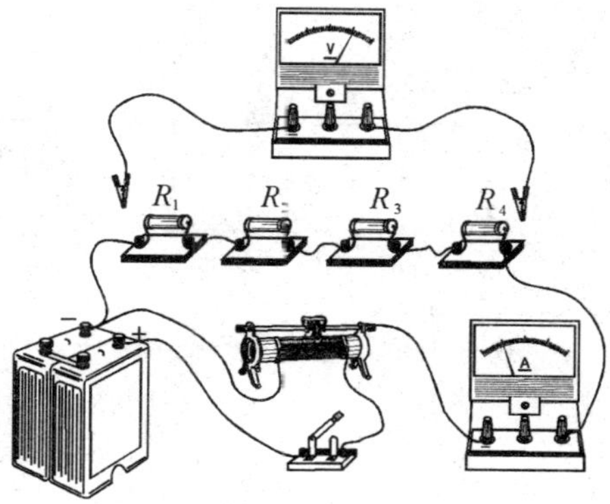

按电路图所示，连接好实物装置，开关闭合前，注意检查滑片的位置。

闭合开关，调节滑片位置，使安培表示数保持在某一特定值。

正确连接伏特表正、负接线柱，分别测量各电阻丝两端的电压，分别读出并记录各次伏特表示数，示数分别记录为 U_1、U_2、U_3……相对应地记录各组的电阻丝材料名称。

数据记录表 3：

次数	1	2	3	4	5	6
材料						
电压 U/V						

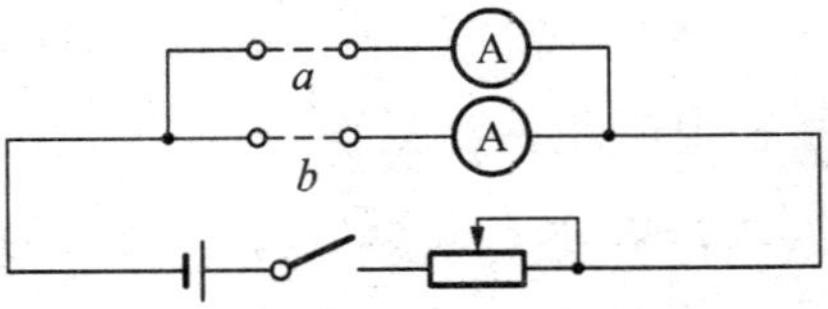

第三组第二种实验探究程序及其数据记录：

按右图所示电路，连接好实物装置（两根电阻丝取不同材料），开关闭合前，注意检查滑片的位置。

闭合开关，调节滑片位置，读出两安培表的示数。

分析比较电流和材料的关系。

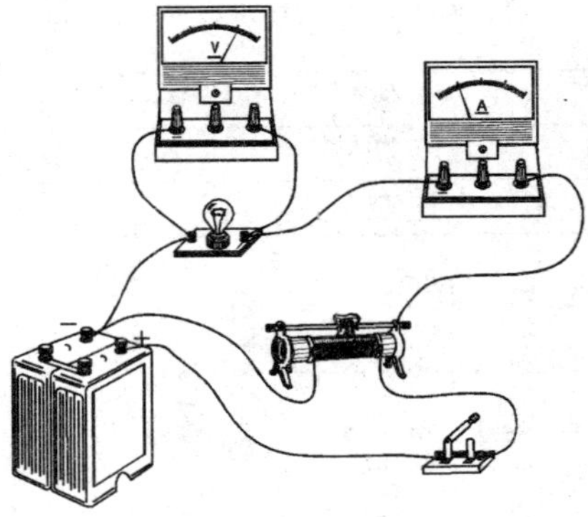

第四组第一种实验探究程序及其数据记录表：

按电路图所示，连接好实物装置，开关闭合前，注意检查滑片的位置。

闭合开关，缓慢、均匀、有节奏地移动滑片，分别记录下每一次节奏性停顿时的电压表、电流表示数，分别记录为 U_1、U_2、U_3……I_1、I_2、I_3……同时观察小灯泡的亮度变化。

数据记录表 4：

次数	1	2	3	4	5	6	7	8	9	10
电压 U/V										
电流 I/A										

第四组第二种实验探究程序及其数据记录表：

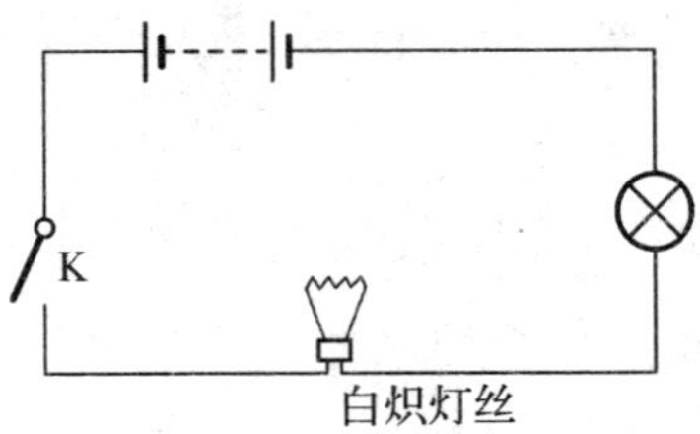

按电路图所示连接好实物装置。

闭合 S，点燃打火机，加热白炽灯灯丝后再移开。现象：小灯泡先变暗，后又慢慢变亮。

第四组第三种实验探究程序及其数据记录表：

将电路中的白炽灯丝换成半导体材料制作的热敏电阻，按电路图所示连接好实物装置。

闭合 S，点燃打火机，加热热敏电阻后再移开。现象：小灯泡先变亮，后又慢慢变暗。

④分析与论证

根据实验中的数据，找出电阻与各因素的定量关系，利用 Excel 处理数据的方法，每一组同学将所记录的数据分别输入 Excel 表格中，第一组第一种方案例子如下所示：

	长度	长度平方	长度倒数	……	电压
	L/m	L^2/m^2	L^{-1}/m^{-1}		U/V
0–1					
0–2					
0–3					
0–4					
0–5					
0–6					
0–7					
0–8					
0–9					
0–10					

通过 Excel 自带的图象处理功能，分别绘出 $U\text{-}L^{-1}$、$U\text{-}L^2$、$U\text{-}L$ 图象。

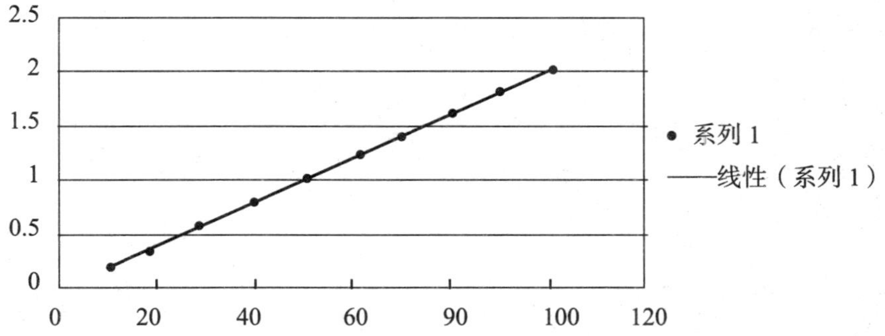

根据 $U\text{-}L$ 图象可以看出：U 与 L 成正比，电压与导线长度成正比，串联电路中各部分电流强度相同，所以表明导线电阻与导线长度成正比，即 $R \propto L$。

第二组第一种方案：将所记录的数据分别输入 Excel，设计如下表格后再处理：

	横截面积	横截面积平方	横截面积倒数	电压
	S	S^2	$\frac{1}{S}$	U/V
0–1				
0–2				
0–3				
0–4				
0–5				
0–6				

通过 Excel 自带的图象处理功能，分别绘出 U-S、U-S^2、U-$\frac{1}{S}$ 图象。(略)

第二组同样可以根据 U-$\frac{1}{S}$ 图象得出：U 与 $\frac{1}{S}$ 成正比，电压与横截面积成反比，同理可得出导线电阻与导线横截面积成反比，即 $R \propto \frac{1}{S}$。

第三组第一种方案：将所记录的数据分别输入 Excel，设计如下表格后再处理：

	材料	电压
		U/V
0–1	材料 1	
0–2	材料 2	
0–3	材料 3	
0–4	材料 4	

第三组同学经过讨论，得出电压与导体材料有关，表明电阻与材料性质有关。

第四组同学将第一种探究方案所记录的数据分别输入 Excel，设计如下表格后再处理：

	电压	电流强度
	U/V	I/A
0–1		
0–2		
0–3		
0–4		
0–5		
0–6		

通过 Excel 自带的图象处理功能分别绘出 $U\text{-}I$ 图象。(略)

第四组第一种探究同样可以根据 $U\text{-}I$ 图象得出：图线的斜率即电阻会随着功率（$P=UI$）的增大而增大，表明电阻会随着温度的升高而增大。

第四组第二种探究，根据现象得出结论:温度升高，灯丝电阻变大;温度降低，灯丝电阻变小。

第四组第三种探究，根据现象得出结论:温度升高，热敏电阻变小;温度降低，热敏电阻变大。

⑤交流与讨论

学生分析讨论：综合各组的探究过程，比较方案的操作性和准确性。

前三组的第二种方案使用的器材（安培表）较多，而安培表内阻对电路的影响较大，连接电路又较麻烦；若少接一些支路，误差又比较大，得出结论比较勉强。故本次学生分组实验采用第一种方案。

综合各组结论，能得出导体电阻与各因素的定量关系吗?

通过逻辑推理得出电阻与各因素之间的定量关系：$R=k\frac{L}{S}$。

引导学生思考：材料之间并不存在必然的关联，那么如何考虑材料与电阻之间的关系?

对于用不同材料制作的电阻，温度对它们的影响大不相同，如何认识温度与电阻之间的关系?

通过所得函数式，我们知道 k 的单位是欧姆米（$\Omega \cdot m$），材料不同，比例系数也不同，所以我们用一个符号 ρ（电阻率）来代替比例系数 k。

电阻率与导体的材料有关，是一个反映材料导电性能的物理量。

提示学生，第四组的探究结论应该是：金属导体的电阻率随温度的升高而增大，有些材料（如半导体热敏电阻）的电阻率随温度的升高而减小。

教师顺势推出超导现象：当温度降低至绝对零度时，某些材料的电阻率突然减小到零，处于这种状态下的导体叫超导体。

向同学们简单介绍我国的超导材料研究。

⑥结论

内容：在温度不变时，导线的电阻 R 与它的长度 L 成正比，跟它的横截面积 S 成反比，导体电阻与构成它的材料有关。

表达式：$R=\rho\frac{L}{S}$

（3）应用

课堂活动：把一均匀电阻丝对折在一起，作为一根电阻丝使用，电阻是原来的多少倍？

测量一根较粗的实心电阻丝的电阻率，长度约为50cm，粗细约6cm，电阻丝的两端有导电接线柱 M、N。现有器材为米尺、游标卡尺、螺旋测微器、电压表、电流表、电池组、滑动变阻器、电阻箱、开关和导线。请你设计一个测量该电阻丝电阻率的实验方案。

二、教后反思

在实验设计阶段，我们用一个简单的串联电路来进行研究，但并没有直接研究导体的电阻与长度、横截面积、材料以及温度的关系，而是间接地利用串联电路电压与电阻成正比的特性，来研究电压与导体长度、横截面积、材料之间的关系，从而说明决定导体电阻的因素。应该说这种实验设计思路是来源于现行的新课标教材，但比新课标教材的设计更加独特、巧妙。首先，在研究电压与长度的关系时，我们直接将一根电阻丝与一根米尺平行固定好，然后接入电路中，用电压表测量电阻丝两端的电压。这时，将电压表的一端固定不动，移动另一端，然后分别测量长度10cm、20cm、30cm、40cm、50cm、60cm、70cm、80cm、90cm、100cm的电阻丝的电压，但我们并不是用几个电压表测量，而是用一个电压表活动测量，这一点应该说比现行教材的处理更加巧妙。其次，在研究电压与横截面积的关系时，我们将两根电阻丝并联、三根电阻丝并联、四根电阻丝并联（每根电阻丝长短、粗细一样），然后将这几部分串联使用，依次用电压表测量每一部分电阻丝两端的电压，从而说明导体的电阻与横截面积的关系，这一点是现行教材没有涉及的。再次，在研究电压与材料的关系时，我们将三根长度、粗细都相同的铁丝、铜丝、镍铬丝串联接入电路中，用电压表依次测量它们两端的电压，从而说明导体的电阻与材料的关系，这一点也是现行教材没有涉及的。

在实验的过程中学生的动手能力较差。比如，在实物连线的过程中，学生往往要思考、讨论很久，偶尔还会争论，有的学生的手还会被扎破，这时就需要老师适时地点拨、指导，提醒他们注意安全。

我们在探究导体的电阻与长度、横截面积、材料的关系时，出于安全的考虑，采用干电池作为电源，但是在反复实验的过程中，效果并不理想，电压表、电流表的读数非常小，以至于误差较大。于是我们采用学生电源，并且用稳压 6V 输出，这样一来，实验效果就非常明显，实验进展非常顺利，但因为学生电源要 220V 的输入电压，因此在实验过程中一定要强调安全性，避免出现安全事故。我们在探究导体的电阻与温度的关系时，准备了很多日光灯的灯丝，在实验的过程中，发现用酒精灯加热效果其实并不理想，在不经意间采用打火机加热，发现实验效果更加明显，因为在酒精灯加热时火苗太大，而且不时飘动，火焰并不集中，操作也没有用打火机简单实用。

三、专家点评[1]

本节探究课的重点放在“设计实验”以及“分析和论证”两个要素上。在“设计实验”阶段，学生思维的发散性、活动方案的新颖性表现明显。学生针对所提出的四种猜想，分别设计相应方案，且方案并不唯一。同时，许多方案都具有新颖性。在“分析和论证”阶段，为得出电阻影响因素的定量关系，教师引导学生使用 Excel 软件的图象功能来处理因变量和自变量之间的关系。这种方式有以下特点：一是表达直观，二是符合物理实验中通过图象发现关系和规律的研究范式，三是降低了数据处理的难度并反映出技术应用给物理学习和研究带来的便捷。因此，通过上述两个阶段的重点教学，加强了学生进行科学探究的能力及对科学探究的理解。

本课中，教师从宏观与微观两个方面对探究实验设计进行反思。从宏观上看，教师对教材上实验设计的不足之处进行了改进，使其操作更为便捷，对规律的探究更为全面；从微观上看，教师注重研究实验细节，如用学生电源替代干电池，用打火机替代酒精灯等，体现了“细节决定成败”的科学研究法则。上述行为为数据收集提供了便利，收到了良好的成效。

[1] 河南教育学院物理系副教授　姜涛

通过本案例，亦可了解科学探究对从事新课程教学的教师所提出的挑战性要求。教师不再是教材的忠实陈述者，而是有反思能力的使用者；不再是权威的代言人，而是学生活动的引路人；不再是因循守旧的教书匠，而是不断吸纳新理念、学习新技术的学习者；不再是只动脑的劳心者，而是能动手实践、进行改变和创造的研究者。

第三节　闭合线圈与条形磁铁的对话[1]

一、教学设计方案

1. 适用对象：高二理科生

2. 教学课时：1 课时

3. 教学目标

知识与技能目标：通过实验探究得出感应电流与磁通量变化的关系，并会叙述楞次定律的内容；通过对实验过程的回放分析，体会楞次定律内容中“阻碍”二字的含义，感受“磁通量变化”的方式和途径；通过实验现象的直观比较，进一步明确感应电流产生的过程仍遵循能量转化和守恒定律。

过程与方法目标：观察实验，体验电磁感应现象中感应电流存在的方向问题；尝试用所学的知识设计感应电流方向的指示方案，并动手操作实验；关注实验现象的特殊性，找出实验现象的共性，并总结出规律，培养学生的抽象思维能力和创新思维能力。

情感态度与价值观目标：在实验设计、操作过程中逐步积蓄探究热情，培养勇于探究的精神；养成主动参与科学研究的良好学习习惯；在自由、开放、平等的课堂中，能互相配合、互相鼓励、友好评价、和谐相处。

4. 教学重点：楞次定律探究实验设计和归纳实验结果。

5. 教学难点：感应电流激发的磁场与原来磁场之间的关系，对定律内容中“阻碍”二字的理解。

[1]　浙江临海回浦中学物理二级教师　沈海辉

6. 教具：条形磁铁、U 形磁铁、灵敏电流计、线圈、发光二极管、导线、开关、干电池等。

7. 教学过程

（1）实验引入，激发探究兴趣

师：（演示）用方形线圈在磁场中来回切割，灵敏电流计的指针左右来回摆动。大家是否注意到，不同的切割方向，回路中产生的感应电流的方向是不同的？那么，感应电流的方向由哪些因素决定？遵循什么规律？我们需要通过实验来探究这个问题。

（2）学习新知，实施探究

①教师启发，完成电流方向的指示设计

师：我们要解决的是感应电流的方向问题，那么首先要做什么呢？

生：了解感应电流方向的指示。

师：如何指示呢？有哪些实验器材可以利用？

生：利用电路改装实验中的表头，没有电流时，指针在表盘的中央。当电流从不同的接线柱流入时，指针的偏转方向不一样，我们可以根据指针的偏转方向判定电流的输入方向。

生：利用发光二极管的单向导电性，将二极管串连接入闭合回路。当二极管发光，表明感应电流的方向与二极管的导流方向一致。

师：如何查明电流方向与电表接线柱、电流方向与二极管发光的关系？

经过一番交流与讨论，大家一致认为利用表头或二极管都是很好的判断电流方向的方法，但有些学生提出利用表头更好，因为表头对微小电流更加灵敏，而二极管对微小电流可能不是很灵敏。

师：按照设计的方案连接电路，辨明电流指示的方向并进行简要说明。

②教师主导，完成实验方案设计和数据收集

师：我们要研究感应电流的方向，接下来该做什么呢？

生：连接闭合回路，让磁通量发生变化，产生感应电流，并用相应的仪器来指示。

师：可以设计哪些方案来实现呢？

学生交流互动，设计了如下两种方案。

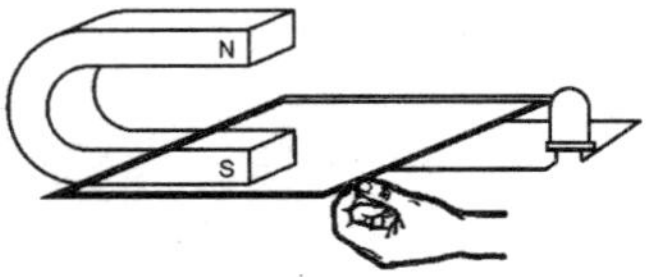

方案甲

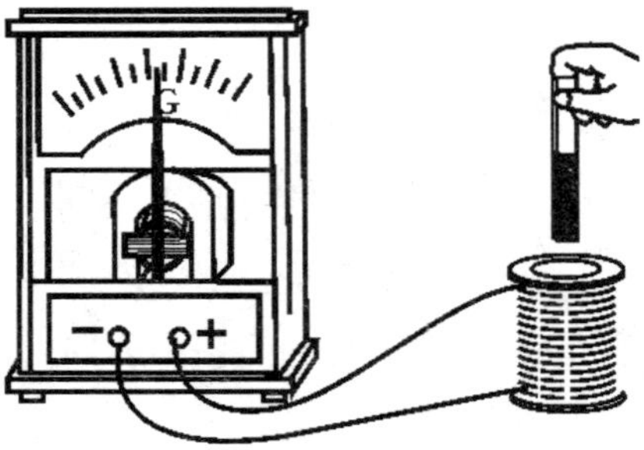

方案乙

师：请大家任选一种方案进行探究，并注意记录证据。

在这一环节，教师提示学生注意磁极的方向和螺线管的环绕方向。

实验记录表：

方案甲				方案乙			
相对运动方向：							
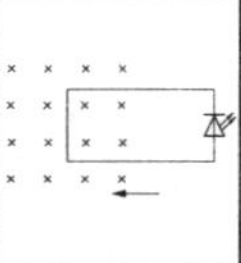	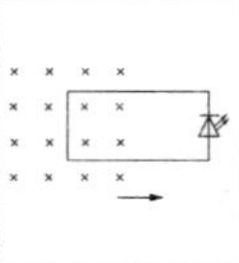	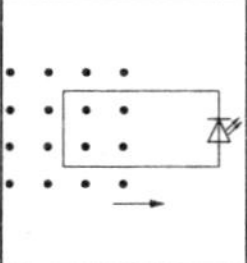	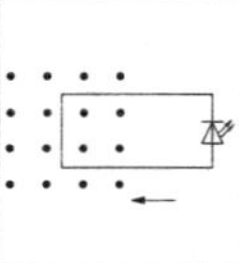	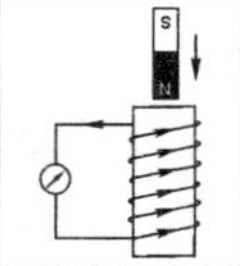	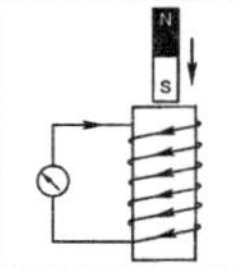	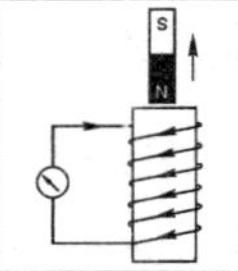	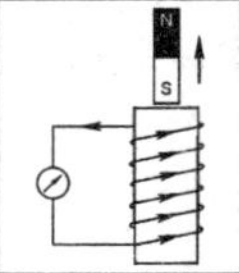
磁通量变化情况：							
增加	减小	减小	增加	增加	增加	减小	减小
感应电流的方向：							
逆时针	顺时针	逆时针	顺时针	逆时针	顺时针	顺时针	逆时针
感应磁场对原磁场的作用：							
阻碍增加	阻碍减小	阻碍减小	阻碍增加	阻碍增加	阻碍增加	阻碍减小	阻碍减小
结论：感应磁场总是阻碍原磁场的变化							

③师生共同分析，从个性中找出共性，总结规律

（各小组汇报结果，教师给予积极的评价）

师：产生感应电流的条件是什么？

生：穿过闭合回路的磁通量发生变化。

师：请大家总结一下，磁通量的变化存在几种情况？

生：两种，增加和减少。

师：（启发）根据实验结果，你能直接说出感应电流的方向由哪些因素决定吗？我们知道，穿过闭合回路的磁通量发生变化，回路中形成感应电流，而感应电流本身也能产生磁场。那么我们能否通过一个“中介”——感应电流的磁场，把引起磁通量变化的磁场和感应电流的方向联系起来？

师：我们来看，当磁通量增加时，感应电流的磁场与原磁场反向，“削弱”磁通量；当磁通量减少时，感应电流的磁场与原磁场同向，“弥补”磁通量；通俗地讲，磁通量增加不行，减少也不行，用一句话可以怎样来描述呢？

生：当通过线圈的磁通量变大时，感应电流产生的磁场与原磁场方向相反；当通过线圈的磁通量变小时，感应电流产生的磁场与原磁场方向相同。

多媒体显示：感应电流具有这样的方向，即感应电流的磁场总要阻碍引起感应电流的磁通量的变化，这就是楞次定律。

（3）课堂小结，对楞次定律的哲学思考

师：在外界影响下，穿过闭合回路的磁通量发生了变化，而感应电流则是阻止这种变化的产生，一个求变，一个追求不变，说明了“矛盾是普遍存在的”这一唯物辩证主义的观点。

师：这对矛盾具体体现在哪里呢？

生：当穿过闭合回路的磁通量增加时，感应电流的磁场与原磁场方向相反；当穿过闭合回路的磁通量减少时，感应电流的磁场与原磁场同向。即“增反减同”。

师：请同学读楞次定律的内容。

然后教师强调“阻碍”二字的含义。

二、教后反思

这节探究课强调学生参与和体验，让学生成为课堂学习的真正主人。具体到探究课的设计，我在强调“过程性”的前提下总体上把握了以下环节：

1. 引导学生主动参与

我让学生在实践中努力尝试用各种方法去解决问题、寻求规律，强调动手实践、在实践中创新。同时，给学生提供充分的时间，使他们能够运用各种手段去了解、学习新知识，并在课堂上向老师发问。

2. 促使学生用心体验

在探究过程中，我引导学生努力运用猜想假设、分析比较、归纳推理等科学方法去获取知识，但更重视让学生去体验发现规律的艰辛和快乐，这种体验的不断积淀将有助于发展他们的学习能力。

3. 激励学生在发现规律后不断探索

我还有意识地培养学生发现新问题的习惯。学生时时获取，又不断有所发现。实践、认识、再实践、再认识……这大概就是“可持续发展”的一种状态吧！

总之，我觉得探究课中的环节，环环相扣，互为依存。同时，各环节又都有各自的目标，有新意。学生参与讲究“全”：要让全体学生参与，更要让每一位学生全方位地参与；用心体验强调“细”：要慢，要给学生足够的空间和时间，要使学生形成认真的态度，并且成功和失败的体验同样重要；获取规律后力求“变”：既要让学生能够灵活运用规律，更要培养学生发现新问题的能力。这四个字——“新、全、细、变”，或许就是探究课众多模式当中的一种了。

三、专家点评[1]

楞次定律比较抽象，如何让学生真正理解、掌握楞次定律，是本节课的重点和难点。

本课教学有三个特色：

其一是讲求时间效率。教师用演示实验引入，简洁明了，直接将学生带入感应电流方向影响因素的问题情境，为有限课时的充分利用形成了一个好的开端。在后继的实验中，知识准备（电流表指针偏转方向与电流方向的关系等）具体准确，简洁精练，亦有助于把课堂主要时间放在规律的探寻上面。

其二是善于抓住主要矛盾，激发学生思维，突破教学难点。楞次定律的实验探索非常复杂，涉及原磁场方向、原磁场磁通量变化、感应电流磁场、感应电流方向、感应电流磁通与原磁场磁通的关系等问题。为解决这一难点，教师较好地抓住了学生思维中的节点，如对实验结果的图表分析、对关键词的哲学思考等，

[1] 河南教育学院物理系副教授　姜涛

在节点处进行了重点教学，解决了学生迫切需要了解的问题。

其三是寻求多样化的问题解决策略,如学生针对“完成电流方向的指示设计”提出了两种可行性策略。尤其是在学生通过反思得到利用表头和利用二极管都是很好的判断电流方向的方法，但表头更好，因为表头对微小电流更加灵敏这一结论之后，教师并没有完全否定使用二极管这一方面，而是允许学生自由选择探究方案，不但体现出探究活动的开放性，也体现出对学生的尊重。教师所营造出的民主氛围激发了课堂讨论和争论，有助于全体学生集中注意力。

第四节　火花塞是如何产生高电压的[1]

一、教学设计方案

1. 适用对象：高二年级理科班

2. 教学课时：1 课时

3. 教学目标

知识目标：理解变压器的结构；掌握变压器的工作原理和工作规律。

能力目标：在探究过程中培养学生协作、交流的能力；培养学生发现问题、解决问题、进行实验设计与探究的能力。

情感态度与价值观目标：领略科学研究的综合性，在科学探究中形成严谨务实的态度，领悟到物理与生活的紧密联系。

4. 教学重难点：探究变压器的工作原理及变压器两端电压与匝数的关系，领悟物理思想和科学探究的方法。

5. 实验室教学资源准备:闭合铁芯一个、标有可变匝数的线圈一个（1600 匝、800 匝）、220V 交流电源、学生电源、交流电压表、导线、开关、漆包线（学生自己动手缠绕线圈）、小灯泡。

[1]　哈尔滨师范大学附属中学一级教师　王胜春、张望喆、王庆平、孙跃玲

6. 教学过程

（1）创设情境，引入课题

火花塞是如何产生高电压的？——把低压变高压。

问题：生产生活中使用的各种用电设备需要的电压是否相同？请举例。

电灯、电饭煲、洗衣机等家电需要 220V 的电压，机床上的照明灯需要 36V 的低电压。普通半导体无线电收音机的电源电压不超过 10V。为了适应这些不同用电器的需要，就要有一种改变电压的设备——变压器。

（2）科学探究，了解变压器

①变压器的构造

拆分变压器，探究结构。教师出示可拆变压器并介绍。

请学生动手拆开手上的可拆变压器，说出变压器的主要构造。

变压器的主要构造：两组线圈和铁芯（教师指出铁芯“闭合”的特点，为学习理想变压器知识埋下伏笔），教师提醒学生注意铁芯是一片一片粘在一起的（说明这样设计是有用的，但要在后面的课中学习，引起学生的探究兴趣），并指出两组线圈之间不接通。

②探究变压原理

问题 1：变压器对恒定电流和交变电流是否都有变压作用？

实验器材：学生电源，小灯泡，原线圈用自己缠绕的 10 匝，副线圈用 800 匝的线圈。

接通直流电，观察小灯泡的亮暗情况。

接通交流电，观察小灯泡的亮暗情况。

问题 2：为什么变压器对恒定电流没有作用，对交变电流有作用呢？请从电磁感应的角度思考这个问题。

请学生分析讨论，逐步得出结论：在原线圈上通直流电流时，产生恒定的磁通量，由于原、副线圈没有接通，而且在副线圈中没有磁通量的变化，所以副线圈中没有感应电流产生，因此小灯泡不亮。而在原线圈上接交变电流，就在闭合铁芯中产生了变化的磁通量，因此副线圈有磁通量的变化，产生感应电动势，副线圈与小灯泡组成闭合电路有感应电流，使小灯泡发光。

③实验探究变压规律

问题 3：副线圈电压与原副线圈匝数有怎样的关系？

每组器材：闭合铁芯一个、标有可变匝数的线圈一个（1600 匝、800 匝）、220V 交流电源、学生电源、交流电压表、导线、开关、漆包线（学生亲自动手缠绕匝数分别为 10 匝、20 匝、30 匝、40 匝、50 匝、60 匝的线圈）、小灯泡。

学生设计实验方案：

A. 定性研究

实验器材：交流电源（220V）、小灯泡、原线圈 1600 匝、学生自制的分别为 10 匝、20 匝、30 匝、40 匝、50 匝、60 匝的副线圈，电路如图 1。

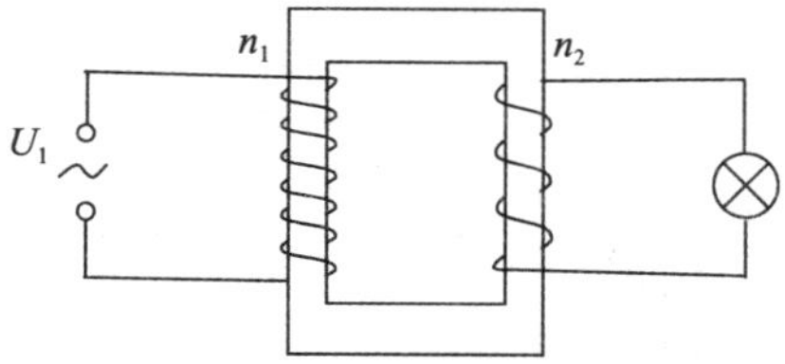

图 1

学生观察到实验现象：在副线圈匝数变大的过程中灯泡变亮。这加强了学生对电压与匝数成正比的感性认识。

B. 定量研究

实验器材：交流电源（220V）、交流电压表、原线圈 1600 匝、学生自制的分别为 10 匝、20 匝、30 匝、40 匝、50 匝、60 匝的副线圈。

用交流电压表显示副线圈电压，读取并记录数据。

实验器材：交流电源（220V）、交流电压表、原线圈 800 匝、学生自制的分别为 10 匝、20 匝、30 匝、40 匝、50 匝、60 匝的副线圈。

用交流电压表显示副线圈电压，读取并记录数据。

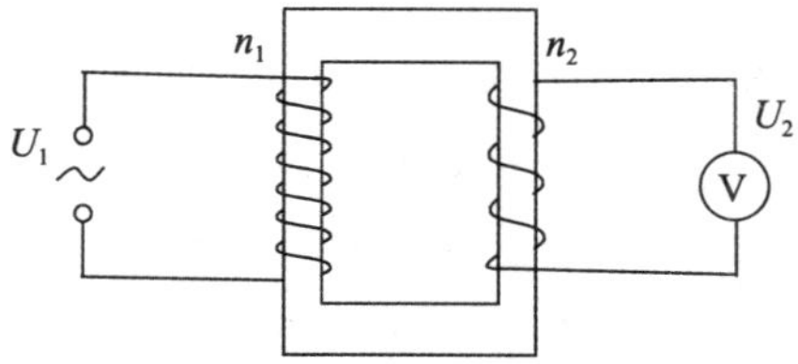

图 2

实验记录表 n_1=1600/800 U_1=220V

	1	2	3	4	5	6
副线圈匝数 n_2						
副线圈电压 U_2/V						

学生要相互配合，动手缠线圈、连接电路、观察并记录数据，总结数据规律，得出在误差允许的范围内电压与匝数成正比的结论。

（3）解释

①实验数据处理

请学生尽量用准确、简练的语言把规律表述出来，如果可能，最好用数学表达式来表示。结论：原副线圈的匝数比等于原副线圈的电压比，即 $\frac{U_1}{U_2}=\frac{n_1}{n_2}$。

在丰富有趣的实验中，新旧知识得以重新整合，学生对变压器工作原理的认识会有新的提高，认识得更完整、更清晰、更深刻。

②理想变压器模型及变压规律探究

思考：实验数据总有些偏差，除误差外，还有能量损失带来的影响。实际的变压器运行时，哪些地方有能量损耗呢?

为什么铁芯是闭合的？在变压器通过交变磁场传输电能的过程中，闭合铁芯起什么作用?

演示：使可拆变压器的铁芯由不闭合到闭合，观察接在副线圈两端的小灯泡亮度变化。

分析：若无铁芯或铁芯不闭合时，原线圈中的磁通量只有一小部分贯穿副线圈，大部分漏失在外。有了闭合铁芯，由于铁芯被磁化，绝大部分磁通量集中在铁芯内部，贯穿副线圈，大大增强了变压器传输电能的作用。变压器中能量转换的过程是：电能→磁能→电能。铁芯起到了能量转换的作用。

请学生概括理想变压器模型。

请学生分析在理想情况下电压与匝数的正比关系。学生通过讨论逐步得出：因为铁芯闭合，原线圈中的磁通量全部贯穿副线圈，理想变压器原副线圈的磁通量变化率也相等，根据法拉第电磁感应定律得出结论。实验和理论分析都表明：理想变压器原副线圈的电压跟它们的匝数成正比。

结论：理想变压器模型——没有能量损失的变压器；理想变压器的特点——

无铜损、无铁损、无磁损。

实际上，变压器的工作效率都是比较高的，特别是电力设备中的巨大变压器，在满负荷工作时工作效率可以达到 97% ～ 99%，所以在进行理论研究时我们把它的效率当成 100%（理想变压器）是没有问题的。

引导学生分析怎样升压、怎样降压。

学生较容易地得出：$n_2>n_1$，$U_2>U_1$，此为升压变压器；$n_2<n_1$，$U_2<U_1$，此为降压变压器。

（4）扩展

回顾火花塞的问题：汽车点火线圈，最初是铁芯自藕变压器，断电器周期性地接通和断开初级电路，使初级电流发生变化，以便在点火线圈中感应生成次级电压。电流在通过分电器时，经过控制，时断时合，电流也就断续供给点火线圈，电流的变化也就从有到无和从无到有地变化，点火线圈感应出高压电。现在的汽车点火电路，都使用高频变压器。

要求学生设计一个能用照明电给复读机供电的电源电路。说明：复读机用 6V 直流电源。

要求学生课后探究变压器的电流与哪些因素有关、有怎样的关系，并进行理论推导。

二、教后反思

本课围绕“变压器为什么能改变电压，变压器是怎样改变电压的”两个问题展开教学，采用定性分析和定量测量相结合、理论推导和实验探究相结合的方法，让学生先理解互感现象，再通过动手实验探究电压与匝数的关系，并通过法拉第电磁感应定律分析得出电压与线圈匝数之间的关系。

重视问题情境的创设和学生学习动机的激发，引导学生主动探究和建构知识，是优化本课教学过程的有效途径。

本节课基本完成了预设的教学目标，在知识方面做到了重点突出、难点突破。在教学过程中，注重渗透研究方法、思维方法，让学生有所体会，学生以后可以把这些应用到自己的学习活动中。在情感态度方面，通过学生上课时渴望的眼神、兴奋的表情、积极参与的态度，可以看出目标也已基本达到。上课时，我努力让学生多参与，尊重其课堂主体的地位。教学效果很好，也很受学生欢迎。但这样的课，由于自由度大且灵活多变，所以我在课堂驾驭方面还有些不足，需要认真准备，多从学生角度思考，提高个人素养。

在本课的教学过程中，有一个问题值得思考，那就是如何恰当地对学生的回答进行评价。肯定性或正确性的评价可以激励学生，但在点评时只是用“很好”或“非常好”，就可能会让学生感到乏味或使评价流于形式，而且会失去激励的效果。如果可以简明地指出学生回答的闪光点并加以肯定，效果会更好。

我在备课时根据教学需要预设了一些问题和目标，然而在教学过程中，由于学生发挥了创造性，又出现了一些没有预设到的问题。在实施教学方案时，当学生的活动游离了教学预设时，教学环节必须纳入这些变化的因子，而不能拘泥于预设的教案不放。这方面我要努力提高自己。

按照新课程标准设计的课堂，其开放度还要多思考、多研究。若开放度过大，课堂可能就有些散，难以驾驭，并且效率低；若开放度过小，课堂可能又过于死板，且与新课程目标存在较大差距。而且，教师应该从持续性发展的角度来设计每一堂课，既要考虑知识的连续性，又要考虑方法的逐步渗透以及学生的基础和认知水平。

三、专家点评[1]

这节课的设计充分体现了探究式教学的课堂模式。课堂教学采用定性分析和定量实验相结合、理论分析与实验探究相结合的方法，使学生由感性认识逐步上升到理性认识，通过亲身实践获得知识和技能。

本节课的亮点之一是：课题引入贴近生活，容易引起学生的共鸣，并能够激发学生强烈的求知欲。例如，设计了“火花塞是如何产生高电压的？生产生活中使用的各种用电设备需要的电压是否相同”这类问题，使学生理解物理知识来源于生活又应用于生活的道理。

本节课的亮点之二是：教师引导学生对变压器的结构、变压原理及变压规律进行探究。课堂上不是教师单一的讲解，而是有了学生的亲身实践和体验。课

[1] 哈尔滨师范大学附属中学高级教师、物理教研组长　张宇

堂上学生动手拆分变压器以了解结构，亲自动手缠绕原线圈并进行定性实验，而且在此基础上改变线圈匝数以进行定量研究。教学设计充分关注了学生的主体地位，能使学生真正体验获得知识的愉悦和科学探究过程的魅力。可以说，这样的课能启发学生的思维，又能开阔学生的视野，有利于培养创造性人才。

本节课的亮点之三是：进行数据处理时强调了要尊重实验结论，引导学生考虑产生误差的原因，并在此基础上建立起理想变压器这一物理模型。这样做有利于学生形成实事求是的科学态度和勇于钻研的科学精神，也使学生学会了用批判思维审视所获得的信息和经历的探究过程。

此外，这节课的教学也为学生提供了发挥创造力、学会与他人合作的机会，有利于学生增强合作意识、团队精神。

第五节　变压器的探究[1]

一、教学设计方案

1. 适用对象：高二年级

2. 教学课时：1 课时

3. 教学目标

知识与技能目标：理解变压器的结构；掌握变压器的工作原理和工作规律。

过程与方法目标：在探究过程中培养学生协作、交流的能力；培养其发现问题、解决问题、进行实验设计与探究的能力。

情感态度与价值观目标：领悟物理技术的应用对社会及生活的意义。

4. 教学重难点：本节课的教学重点是理想变压器的变压和交流规律；难点是从对理想变压器的理解来导出变压和交流的规律。

5. 实验室教学资源准备

教师实验器材：魔术盒（内置小型变压器）、一节干电池、可拆变压器、学

[1]　江苏省天一中学物理一级教师　宋海峰

生电源、小灯泡、开关、导线（绕制变压器）、各种类型的变压器。

6. 教学过程

（1）引入

今天我们来做一个魔术，请一位同学上来配合一下，哪位同学愿意上来？

[实验]（拿出一节电池）这位同学，请你摸一下，有什么感觉？（学生摇头，没感觉）

（拿出魔术盒，魔术盒伸出四根导线）这位同学，请你摸这两根导线，有什么感觉？（摇头）趁他（她）不留意，闭合开关。（甩手）这位同学有什么感觉？（麻，被电的感觉）人体的安全电压为 36V，干电池的电压只有 1.5V，怎么会触电呢？……

（学生急切地想知道原因，激起求知的愿望）

同学们想知道其中的原因吗？

拆开魔术盒，取出变压器。噢！原来是变压器在里面作怪！今天我们就一起来学习变压器。

（2）新课教学

师：关于变压器，你已经知道了哪些？

生：变压器可以改变电压，可以给手机充电，可以……

师：关于变压器，大家还想知道哪些？

生：我想知道变压器里面是什么东西，是怎样工作的，它有哪些种类等。

教师归纳：结构、工作原理、种类。

师：下面，我们就一起来讨论以上几个问题。

①构造（演示可拆变压器）

指出变压器是由两个线圈（涂有绝缘漆）、铁芯（硅钢片）组成，其中与电源相连的线圈叫原线圈，与负载相连的线圈叫副线圈。

下面我们一起来探讨变压器是如何工作的，首先请大家观察演示实验。

[实验] 变压器左端接交流电（4V），右端接小灯泡。

现象：小灯泡发光。

小灯泡与左端的导线并不连接，却会变亮，请同学们运用已学过的知识思考一下，这是为什么？

学生分组讨论，教师归纳总结：在原线圈上加交变电压 U_1，原线圈中就有交变电流，它在铁芯中产生交变的磁通量。这个交变的磁通量既通过原线圈，又通过副线圈，在原副线圈中产生一个感应电动势。如果副线圈电路闭合，在副线圈中就产生交变电流，它也在铁芯中产生交变磁通量，这个交变的磁通量既穿过副线圈也穿过原线圈，在原副线圈中同样要引起感应电动势。这样，原副线圈由于有交变电流而产生互相感应的现象，叫作互感现象。互感现象是变压器工作的基础。

②工作原理——互感现象

师：如果不通交流电，而通直流电，请问灯泡会亮吗？为什么？

生：不会，因为磁通量不变。

师：下面我们来检验一下同学们的想法。

[实验]变压器左端接直流电（6V），右端接小灯泡，闭合开关。

现象：小灯泡瞬间闪亮一下。

[实验]断开开关。

现象：小灯泡瞬间闪亮一下。

师：为什么会出现这样的现象？请思考。

生：闭合及断开的瞬间，磁通量发生变化，产生感应电动势。

师：很好，那么大家能不能解释刚才的电击魔术了？（学生颔首，行）

上面我们讲了变压器的构造和原理，原来变压器还是比较简单的。那么我们能不能自己也来做一个变压器呢？有没有哪位同学愿意上来做？老师提供你想要的器材。（学生踊跃参与）

先让上台的学生简单讲一下自己的构思。

[学生实验]在铁芯上绕线圈（老师建议原线圈20匝、副线圈10匝，其他同学帮忙数匝数）；闭合铁芯；原线圈接电源，副线圈接小灯泡。

现象：小灯泡发光。

让学生增加副线圈的匝数（15匝、20匝、25匝），提醒学生观察小灯泡的亮度。

现象：随着副线圈匝数的增加，小灯泡逐渐变亮。

师：这个现象说明什么问题？

生：说明随着副线圈匝数的增加，输出电压逐渐升高。

师：很好，我们通过实验知道了输出电压与副线圈匝数的关系，下面我们分析一下输出电压到底与什么因素有关系。

原线圈和副线圈中的电流共同产生的磁通量绝大部分通过铁芯，只有一小部分漏到铁芯之外。（简要说明一下漏磁现象）在通常的计算中，可以忽略漏掉的磁通量，因为穿过这两个线圈的交变磁通量相同，所以这两个线圈产生的感应电动势相等。

设通过铁芯的磁通量为 Φ，原线圈的匝数为 n_1，副线圈匝数为 n_2，则原线圈中产生的反向电动势 $E_1=n_1\dfrac{\Delta\Phi}{\Delta t}$，副线圈中产生的感应电动势 $E_2=n_2\dfrac{\Delta\Phi}{\Delta t}$，所以 $\dfrac{E_1}{E_2}=\dfrac{n_1}{n_2}$。

又因为 $U_1-E_1=I_1r$（原线圈的电阻），若 r 很小，则 $U_1=E_1$；$E_2-U_2=I_2r$（副线圈的电阻），若 r 很小，则 $U_2=E_2$。

所以 $\dfrac{U_1}{U_2}=\dfrac{n_1}{n_2}$。

③理想变压器

条件：忽略原副线圈的电阻以及各种电磁能量损失的变压器。

规律：

A. $\dfrac{U_1}{U_2}=\dfrac{n_1}{n_2}$。

当 $n_2>n_1$，则 $U_2>U_1$，升压变压器。当 $n_2<n_1$，则 $U_2<U_1$，降压变压器。

变压器工作的时候，输入功率一部分从副线圈输出，一部分消耗在发热上，但很少。

对理想变压器来说，可不考虑各种能量损失。

B. $P_1=P_2$ 即 $U_1I_1=U_2I_2$。

C. $\dfrac{I_1}{I_2}=\dfrac{U_2}{U_1}=\dfrac{n_2}{n_1}$。

[巩固]（学生上黑板做题）

简单点析，展示几种常见的变压器。

（3）小结

通过这节课的学习，你学到了什么？还想知道什么？

学生小结，教师适当总结。

二、教后反思

现代教育对中学物理教学提出了明确要求：中学物理教学必须以学生发展为本，以物理学知识体系为载体，以学生创新精神和实践能力的培养为重点，以提高学生的科学素质为目标，逐步培养学生的学习能力和研究能力，最终达到全面提高素质、发展个性、形成特长的目的。为此，我力图将本课题的教学转变成师生共同参与的启发式探究课，在教学中以实验为载体展开过程，以问题为线索，通过积极创设问题情境，力求使实验与学生思维有机结合，层层递进，使学生始终处于积极参与探究的状态之中，充分展现物理课教学的特点和魅力。

首先，由师生共同表演“魔术”——触电实验，激发兴趣，直入课题。其次，让学生谈各自对变压器已有的一些感性认识，以及还想知道有关变压器的哪些问题。这改变了传统教学中不管学生的心理感知而采取的“填鸭式”模式，把主动权还给学生，充分体现了以人为本的思想。再次，师生以问题为主线（如变压器的构造、原理、规律、种类是什么）展开讨论。我引导学生凭借已有的知识来阐述变压器原理，动手设计变压器（自制变压器），解释实验过程中的一些现象，从而达到在课堂教学中培养学生的思维、激发学生的探索精神、锻炼学生的动手能力、让学生体会成功的喜悦等目的。

三、专家点评[1]

本课的一个突出特点是教师所使用的教学资源和导入方式引发了学生的兴趣，实现了创造性地教。教师以“变压器魔术盒”引入课题，使学生面临一种困难的认知情境，原有的经验告诉学生，一节干电池不可能导致触电事故，但现在的小实验又分明让参与者感受到了电击，原因是什么呢？这样一个小实验耗时不多，但抓住了学生的认知兴趣，体现了教师引入新课的创造性。随后，教师又让

[1] 河南教育学院物理系副教授　姜涛

学生提出自己感兴趣的问题，这就使科学内容与学生的经验和经历建立了紧密的联系，为学生高质量地参与学习过程建立了基础，体现出教师在问题情境创设方面的创造性。

本课的第二个突出特点是科学探究密切联系教学内容。变压器原理及工作规律是物理学中的关键内容，它可以解释生产和生活中大量的相关现象，因此，学生对变压器形成深刻理解十分必要。教师引导的对原副线圈中电压、电流及功率的关系的讨论，使学生对变压器的工作规律有了深入理解。探究活动不仅培养了学生的动手能力，发展了学生的推理能力，也促进了学生对科学内容的理解。此外，教学过程中，教师多次要求学生用自己的语言解释现象、总结规律，也都是对学生是否理解变压器原理与规律的即时评价和反馈。在课堂小结环节，教师并没有把教学的结束作为探究的结束，而是充分认识到，通过学习，学生可能形成了新的想法，他们对自己学到了什么以及还想知道什么的反思是一种元认知活动，可以促使他们带着问题进入后继课程的学习。

因此，本课抓住了物理学中的核心内容，通过探究发展了学生的动手能力、逻辑推理能力，并促使学生对变压器原理及工作规律形成了较全面的理解，实现了预期的三维教学目标。

建议：在课时允许的情况下，可以使探究设计更为开放一些。

第六节　磁生电的探索[1]

一、教学设计方案

1. 适用对象：高二年级

2. 课时安排：1 课时

3. 教学目标

知识与技能目标：知道产生感应电流的条件。

过程与方法目标：让学生学会科学探究方法，培养学生的观察和分析能力。

[1]　福州高级中学物理一级教师　欧平

情感态度与价值观目标：通过科学探究，培养学生交流与合作的意识以及实事求是的科学态度；介绍物理学史，引导学生感受科学探索的艰辛，体会逆向思考的研究方法；通过切割地磁场的小实验体会磁生电的发展前景，培养学生的创新意识以及物理学习的兴趣。

4. 教学重点：实验探究感应电流产生的条件。

5. 教学难点

难点一：学生难以得到产生感应电流的条件与磁通量的变化有关的认识，往往认为要产生感应电流必须切割磁感线或使磁场发生变化。

难点二：学生难以将提供的仪器设计成合理的电路并进行实验。

难点三：实验三中学生难以理解为何要提供两个螺线管，以及它们该如何使用。

6. 实验室教学资源准备

引入实验道具：线圈、微电流放大芯片、发光二极管、硬币。

磁铁切割磁感线产生感应电流：线圈、平板磁铁、灵敏电流计。

实验一：螺线管、条形磁铁、灵敏电流计。

实验二：可伸缩线圈（自制）、平板磁铁、灵敏电流计。

实验三：螺线管、滑动变阻器、开关、两节干电池、灵敏电流计。

发电机模型。

切割地磁场产生感应电流：线圈（自制）、灵敏电流计。

7. 教学过程

（1）实验引入，激发兴趣

趣味小实验：将硬币藏于学生手上，由教师判定硬币的“藏身之处”。

学生质疑：老师如何准确地判定出硬币的“藏身之处”呢?

教师揭秘:硬币是块强磁铁，教师的袖子中藏有与发光二极管相连接的线圈，当线圈经过磁铁上方时会产生感应电流，二极管发光。

引入课题：磁生电的探索——探究感应电流产生的条件。

设计意图：利用实验引入，活跃课堂气氛，激发学生的学习兴趣。

（2）教师引导，学生体验

①提出问题：回顾课前的小实验，探究磁生电现象需要具备哪些基本

要素？

学生：需要磁场、闭合回路与电流计。

设计意图：引导学生分析所需仪器，既为学生做实验打下基础，也培养了学生的观察与分析能力。

②教师演示实验：部分导体切割磁感线产生感应电流。

实验仪器：磁铁、线圈、灵敏电流计。

设计意图：既复习了初中的知识，也为学生做实验起到示范作用。

③实验探究

为了培养学生的发散性思维，也希望教学过程不拘泥于课本的实验和操作方式，本实验中，给不同的学生小组提供不同的仪器。第一套：条形磁铁、螺线管、平板磁铁、可伸缩线圈（自制）、灵敏电流计。第二套：电池组、开关、滑动变阻器、螺线管、灵敏电流计。

在实验过程中，教师可鼓励学生采用不同的方式进行实验。教师的作用在于引导学生思考。为了防止学生盲目实验，在实验前，教师可引导学生思考两个问题。

第一，磁场由何而来？

生：磁铁可以提供磁场，除此之外，通电螺线管也可以提供磁场，而螺线管的优点在于可以通过控制电流改变磁场的强弱。

第二，如何组成闭合回路？

学生：将线圈与电流计相连，形成闭合电路。

实验过程中，教师可给予适当的帮助与指导，引导学生思考以下几个问题，并将结果填入表格中：选用哪些实验仪器？通过什么方式发现磁产生电现象？在这一过程中，你们小组认为产生感应电流的条件是什么？

	实验仪器	操作方式及观察到现象	产生感应电流条件
1			
2			
3			

④学生汇报

一个学生汇报时，其他学生可以加以补充。同时，教师播放课件加以分析。

⑤从以上表格中寻找、归纳磁生电的条件。

学生总结：只要穿过闭合回路的磁通量发生变化，闭合回路中就会产生感应电流。

设计意图：通过实验让学生体验科学探究的过程，领悟科学探究的方法，培养学生的观察能力、合作交流能力和分析归纳能力。

（3）磁生电的应用前景

①火力、水力、风力发电都利用了电磁感应原理。

②教师演示：发电机模型。

③提倡多利用天然资源，引起学生思考：我们身边存在着一个天然磁场——地磁场，利用地磁场能否发电呢?

学生实验。

实验仪器：自制大线圈（多匝）、灵敏电流计。

学生发现：利用地磁场也能产生电流，不过这种电流较为微弱。

④介绍《卫星悬绳发电》：卫星悬绳发电使人类利用地磁场发电的想法获得了部分成功。

设计意图：通过利用地磁场产生电流的实验，激发学生的学习兴趣，让学生体会科学探究要有持之以恒的精神，培养学生的环保意识、创新精神。

（4）自主应用

学生课后观察电磁感应原理在生活中的应用。

二、教后反思

本节课的设计体现了新课程的教学理念，采用了探究式教学，让学生在探究中自主建构知识，充分调动了学生学习的积极性和主动性，体现了学生的主体地位。教学前半部分对物理学史的介绍也是不可或缺的，体现了对情感态度和价值观的渗透。本节课设计的成功之处是：（1）激发学生探究的欲望，引发学生思维认知的冲突。本节课采用猜硬币魔术的小游戏来引入新课，激起学生探究磁生电的欲望，为探究实验的进行作好了铺垫。（2）发挥学生的主体作用，体现了学生对知识的自主建构。本节课的线索就是通过实验探究让学生归纳总结出感应电流的产生原因是磁通量的变化，思维跨度大，但提出来后又容易理解，因此我尽量通过实验归纳引导学生自己讨论总结，让学生在思维探究过程中得到培养训练。

（3）让学生体验科学探究的一般过程，领悟科学研究方法，感受科学家们探索科学规律的执着和艰辛。

本节课的问题体现在以下一些方面：（1）进行课堂分组实验时对课堂的有效控制存在不确定性，时间安排上存在变化。（2）学生在具体分组实验中体现的实验操作能力参差不齐，需要老师引导、规范，这也是以后教学中需要下工夫去培养训练的地方。（3）在本节课的难点处理上，也就是在归纳结果“磁通量的变化”上，还有待于提高，以期思维上能更加流畅自然。

三、专家点评[1]

本节课是高中物理电磁学的重要内容之一，学习本节内容是学好楞次定律、交变电流等知识的基础，它是培养学生探究学习的良好课题。

本节课首先以一个趣味小实验引入，激发学生的学习兴趣，进而介绍科学家对“磁生电”现象的探索历程，旨在促进学生对自然现象的思考与探索，同时也感受科学探索的艰辛。

本节课的重点是探究“磁生电”的条件，而难点是探究实验的设计，思考所需探究的物理量以及分析得出“磁生电”的条件。对于本节课的探究实验，如果学生没有提前预习，直接让学生设计，那无异于希望每一个学生都是“少年法拉第”。如果提前预习过了，那么“探究实验”就成了“验证实验”，也失去了探究的意义。因此，在实验之前，教师给予了充分的引导，先让学生思考探究“磁生电”所需要的基本要素：磁场、闭合回路以及用于观察电流所需的电表或电灯；进而让学生分析磁场如何获得、闭合回路如何获得。这样层层深入，为学生设计实验电路打下基础。接着，通过让学生思考所需探究的相关物理量，进一步培养学生的理论探究水平。由于受初中所学知识的影响，大多数学生的思维只停留在切割磁感线能产生感应电流上。教师选定了四个实验（其中有切割磁感线的，有磁感应强度发生变化的，有面积发生变化的），以打破只有切割才能产生感应电流的思想。通过教师引导、进行实验和汇报，学生从个性中找出共性，得出感应电流的产生条件。

[1] 福州高级中学物理教研组组长、物理高级教师　刘国健

“磁生电”现象在生活中的应用，是本节课的一次升华。通过学生的动手实验——切割地磁场产生感应电流，不仅能提高学生的兴趣，促进学生学以致用，而且也鼓励学生多使用大自然中的天然财富，培养其创新精神。

第七节　探究感应电流的产生条件[1]

一、教学设计方案

1. 适用对象：高二年级

2. 教学课时：1 课时

3. 教学目标

知识与技能目标：加深对电磁感应现象的理解；理解产生感应电流的条件；会根据产生感应电流的条件判断一般电磁感应现象。

过程与方法目标：经历自主设计、实验、观察、分析、论证的探究过程，体会科学的探究方法和物理思想，形成科学探究能力。

情感态度和价值观目标：了解电磁感应现象对社会生活的巨大贡献，感受科学对社会的重大影响；了解法拉第等科学家对电磁感应现象的研究历程，欣赏科学家勇于创新的精神。

4. 教学重点：自主探究的实验过程；由实验现象归纳出感应电流的产生条件。

5. 实验室教学资源准备

教师用：感应门、感应电筒、演示用灵敏电流计、蹄形磁铁、条形磁铁、铜丝绕制的线圈、手摇发电机模型。

学生用：灵敏电流计、条形磁铁、大小螺线管（各一个）、铁芯、电源、滑动变阻器、导线、开关（两人一套）。

[1] 重庆七中物理高级教师、物理教研组长　卿昭才；重庆七中物理一级教师　毛玉梅

6. 教学过程

（1）引入

魔术表演：

①简介“发电门”的结构：绕了几百匝细铜丝的门框，铜丝两端分别连接在灵敏电流表的两个接线柱上。

②演示：老师假装随意地从门框中穿过（不让学生发现带有磁铁），电流表指针有偏转。

③请一名学生也从门框中穿过，电流表指针没有偏转。

提问:老师和同学同样都通过“发电门”,为什么会出现不同的结果？猜一猜，老师发电的原理是什么？

听取学生的回答并点拨提示——利用磁可以生电。

继续追问：有磁就有电吗？磁场在什么条件下才能产生电呢？

通过“发电门”的魔术表演导入新课，创设情境，激发兴趣，发现问题。

（2）探究

①回顾初中的电磁感应实验

展示装置：线圈（通过导线与电流表连成了一个闭合回路），蹄形磁铁。

问：能不能利用这个磁铁使回路里产生电流呢？

请一名学生上台演示。引导学生回忆：磁生电的现象叫电磁感应现象，磁生电是有条件的，让闭合回路中的部分导体在磁场中做切割磁感线运动可以产生感应电流。

提问：磁生电是不是只有这一种方式？还有没有别的办法呢？

“温故而知新”，学生通过回顾已有的知识，在老师的引导下又自然地产生了新的疑问，激起探究的欲望。

②实验设计

引导：要用实验的方法探究磁生电现象，首先要有磁场。

提问1：哪些器材可以用来提供磁场？

提问2：哪些器材可以构成回路？

提问3：电流表有何作用？

屏幕展示探究磁生电现象的实验所需器材，让学生观察并提问：怎样选用这些器材实现磁生电？

学生思考后讨论。

请小组的学生代表谈谈自己的设计思路（选用的器材，设计的方案），教师进行适当的引导和补充。

通过进行实验设计和教师的引导，学生知道了实验方法，为接下来的实验作好了铺垫。

③实验探究

学生根据设计进行自主探究，认真观察实验现象并做好记录，同时体验实验探究的过程，提高实验操作、合作探究的能力。老师注意观察学生实验，并适时地对学生的探究进行点拨和指导。

④实验交流

分别请几个小组的学生代表交流实验中观察到的现象和结论，请其他小组同学补充，适时进行点拨，培养学生的语言表达能力和协作交流能力。

⑤分析实验现象

课件展示教科书上图 4–2.1、4–2.2、4–2.3 三个“磁生电”的装置。

提问：用不同的方式都可以使闭合电路里产生感应电流，它们有什么本质上的共同点？

引导分析（课件动画模拟）这三个实验和其他学生实验中的“动”和“变”分别导致什么发生变化（面积或磁场强弱）。

提问：如何简洁地阐述产生感应电流的条件呢？既跟磁场强弱有关又跟面积有关的是哪个物理量？

课件展示描述磁通量的几张图片，引导学生回忆并巩固知识。

提问：产生感应电流的条件是什么？

（课件展示）感应电流的产生条件：只要穿过闭合回路的磁通量发生变化，闭合回路中就有感应电流。

简介法拉第发现电磁感应现象的辛苦而漫长的 10 年历程。

（3）理解应用

①（课件投影）练习

学生回答后，教师点拨强调“只要穿过闭合回路的磁通量发生变化，闭合回路中就有感应电流”。

②演示：手摇式发电机、感应电筒。

③列举应用电磁感应的几个实例：电磁炉、磁悬浮列车、金属探测器……

④谜底揭秘：请刚才穿过门框的学生上台，让他手拿着条形磁铁再次穿过发电门（电流表指针偏转）。

（4）收获和拓展

提问 1：通过这节课的学习，同学们有哪些收获？或者还有什么疑问？

提问 2：刚才的实验中，同学们还有没有其他的发现？指针偏向哪方？偏角大小是多少？

引导学生对课堂进行小结，培养学生的交流能力，鼓励学生质疑。同时，让学生带着问题走出课堂，激发他们继续学习的热情，培养他们善于发现问题、勇于探索的科学精神。

二、教后反思

1. 以问题为主线，让学生真正成为学习的主人

本课从“如何产生电的呢”开始，然后整个课堂都围绕“有磁就有电吗？利用磁场在什么条件下才能产生电呢”“磁生电是不是只有这一种方式（闭合回路的一部分导体在磁场中做切割磁感线运动）？还有没有别的办法呢”“如何利用这些器材实现磁生电”“用这几种不同的方式都可以使闭合电路里产生感应电流,它们有什么本质上的共同点”“如何简洁地表述感应电流产生的条件”等问题，让学生带着疑问走进课堂，在课堂中解决问题的同时，又产生新的疑问，驱使学生进行深入的学习和探究，最后又让学生带着新的疑问走出课堂，以利于学生的课后学习和发展。学生在一个个问题的指引下进行思考、讨论、实验、探究、分析归纳，积极自主地完成了本节课的学习目标。学生的活动不再流于形式，其主体性得到切实的体现。

2. 以对话为手段，使课堂教学真正实现高效

在和谐高效的课堂中，师生、生生之间应该是主体之间的对话、合作、互动的关系。“对话”意味着合作，意味着互动。如在该课的设计中，对于“如何

利用这些器材实现磁生电”以及“分析归纳实验现象，如何总结感应电流的产生条件”，我以对话为手段，让学生在积极互动中碰撞出智慧的火花。这种多向性的活动方式，真正把学生推向舞台中心，大家可以共享智慧的资源，生成新的资源，从而提高思维能力和创造能力。这有利于培养学生的质疑精神，进一步提高教学效果。

3. 以实物为载体，使学生真正感受到学习物理的乐趣和实用性

物理就在我们的生活中，就在我们的身边。我们在教学中要有意识地引导学生认识到“物理有用”。我通过课后习题及拓展，适时引导学生分析两个实物——手摇式发电机和感应电筒的工作原理，并介绍生活中的一些利用电磁感应的实例，帮助学生理解感应电流的产生条件，同时渗透了“从生活走向物理，从物理走向社会”的课程理念。

三、专家点评[1]

本节课设置的问题情境新颖，有目的性、针对性和开放性，充分激发了学生提出问题、探究问题、解决问题的欲望。利用“发电门”引入课题，学生感到好奇的同时自然就会产生“没有我们熟知的电源，为什么会有电流呢？有磁场和闭合回路就会产生电吗？怎样才能利用磁场产生电呢”等问题，从而产生强烈的想探究、解决这些问题的欲望。在探究这个环节，教师给出器材，让学生自己设计方案，然后再进行实验探究，这本身就是一个开放性的情境，实验结果是多种方法能产生感应电流，学生自然又会提出“产生感应电流的条件究竟是什么呢”这个问题。在理解应用这个环节，教师利用教材上编写的一个习题作为实验情境，让学生再次感受、理解了感应电流产生的本质条件。

整个教学设计符合学生的认知规律，充分体现了自主学习、合作学习、探究学习等新课程理念，促进了学生思维品质的发展。整个设计围绕“感应电流产生条件”这一问题进行探究，然后再应用规律解决实际问题。教师给出器材，让学生先自主设计实验探究方案，然后再合作探究与交流，出现了有的方案不能产生感应电流、有的方案又能产生感应电流的现象。通过充分的思考和交流，学生

[1] 重庆市教科院物理教研员　周智良

从不同方案中认识到产生感应电流的本质条件是“磁通改变”，这恰恰体现了对学生思维的培养和训练。

每个环节的教学实施体现了“自助、互助、师助”的模式，充分发挥了学生的主体性和教师的主导性，教学实效好。每个教学环节都围绕“问题”，学生先独立思考，然后小组合作探究、交流展示、评价，最后老师作点拨和总结。实施结果表明，各个层面的学生都积极投入课堂当中，特别是在互助这个环节中，学困生有收获，学优生有事做。

第八节　探究磁场对电流的作用[1]

一、教学设计方案

1. 适用对象：高二年级

2. 教学课时：1 课时

3. 教学目标

知识与技能目标：知道安培力，通过实例认识安培力的作用及来源；通过实验探究理解安培力的大小与哪些因素有关系；会计算安培力的大小。

过程与方法目标：利用控制变量法设计实验方案，通过实验探究确定影响安培力大小的因素；利用安培力公式和左手定则解决实际问题。

情感态度与价值观目标：引导学生经历安培力概念的形成过程，大胆发表自己对相关问题的认识，培养学生的思维能力、表达能力；引导学生利用安培力知识对现实问题进行分析，让学生感受物理知识对生活的指导意义，培养科学的价值观。

4. 教学重点：安培力的概念及其大小和方向所遵循的规律。

5. 教学难点：通过实验探究安培力的大小与哪些因素有关。

6. 实验室教学资源准备：电源、安培力演示装置、大小马蹄形磁体若干个、铁架台、细铜丝、导线、开关、滑动变阻器。

[1] 重庆七中物理研究员　刘虹；重庆七中物理二级教师　刘军

7. 教学过程

（1）引入

为同学表演魔术，用铝箔卷出两支直线型导线。然后，让两个铝箔导线分别通以同向电流和反向电流，可以观察到两个铝箔导线因互相吸引或排斥而发生弯曲。

提问：为什么明明是直线的铝箔管会变得弯曲？

通过直导线不能自己变弯曲的生活经验与实验现象的矛盾来激发学生的学习兴趣和探究意识。

（2）探究

①提出问题：磁场对电流作用力的大小与哪些因素有关？

②提出猜想——磁场的强弱（B）、电流强度的大小（I）、通电导线的长度（L）、磁场的方向和电流的方向之间的关系（θ）等。

③设计实验

方案设计：引导学生思考，若要用实验定性研究安培力（F）由哪些物理量决定，需要哪些实验器材？当多个量都对安培力（F）产生影响时，怎样才能知道是哪一个物理量引起安培力发生变化？让学生在对以上问题进行思考的基础上提出多种实验设计方案。

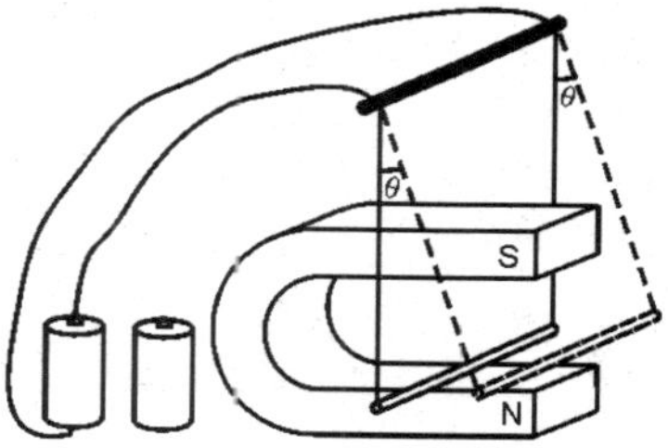

图 1

方案的选取：各小组展示本组设计的方案，师生一起对各种实验方案进行论证，从中选取具有代表性且操作性强的方案。（如图 1 所示）

④进行实验探究

学生按实验方案进行操作，发现问题，并设法解决问题。

磁场 B 对安培力 F 的影响：

电流强度 I 和导体长度 L 保持不变
- 小磁体（B 弱）：观察悬线偏角 θ 的大小（记录）
- 大磁体（B 强）：观察悬线偏角 θ 的大小（记录）

比较两次偏角大小后得出结论：
- 偏角 θ 小……F 小（B 弱）
- 偏角 θ 大……F 大（B 强）

电流强度 I 对安培力 F 的影响：

磁场 B 和导体长度 L 保持不变：
- 单个电池作电源（I 小）：观察悬线偏角 θ 的大小（记录）
- 四个电池作电源（I 大）：观察悬线偏角 θ 的大小（记录）

比较两次悬线偏角大小后得出结论：
- 偏角 θ 小……F 小（I 小）
- 偏角 θ 大……F 大（I 大）

通电导体长度 L 对安培力 F 的影响：

磁场 B 和电流强度 I 保持不变：
- 在原导体两端之间另取两点（L 小）接入电源，导体质量不变，观察悬线偏角 θ 的大小（记录）
- 仍将导体两端接入电源（L 大），观察悬线偏角 θ 的大小（记录）

比较两次偏角大小后得出结论：
- 偏角 θ 小……F 小（L 小）
- 偏角 θ 大……F 大（L 大）

磁场 B 和电流 I 之间的方向对安培力 F 的影响：

如图 2 所示，保持磁体 B、电流强度 I 的大小和导体的长度 L 不变，改变导体方向与磁场 B 方向的夹角，观察悬线偏角 θ 大小的变化情况。

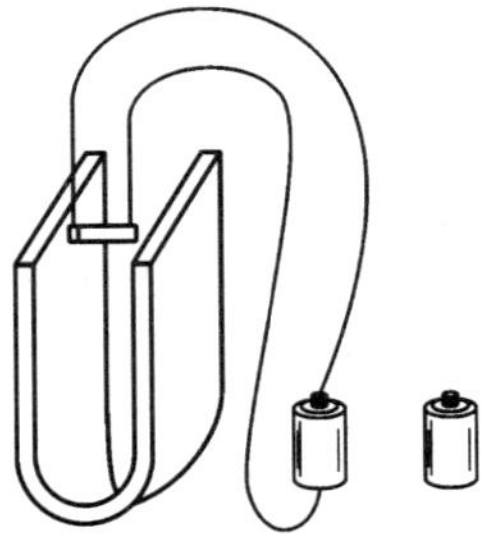

图 2

⑤交流总结

让各学生小组成员展示他们的实验结果，并请他们思考隐藏在这个实验现象背后的物理本质。然后，师生共同得出结论：通电直导线在磁场中，当导线方向与磁场方向垂直时，电流所受到的安培力最大；当导线方向与磁场方向一致时，电流所受到的安培力最小，为零；当导线方向与磁场方向斜交时，电流所受到的安培力介于最大值和最小值之间。

（3）拓展深化

在这个环节中，请学生回忆生活、生产中对安培力的应用，如电动机、电风扇、电磁炮等。

二、教后反思

本堂课由教师创设问题情境，提供相关的实验器材，让学生自己拟定实验方案、实验步骤，自己动手做实验、观察、分析、讨论、总结物理规律。对问题的探究是整堂课教学的主线，学生是探究活动的主体，教师只是起着组织者、参与者和指导者的作用。通过"提出问题、猜想、设计实验方案、动手实验、分享实验成果"的科学探究过程，激发学生的求知欲、创造欲和主体意识。本堂课的不足之处在于对悬线偏角只能记录一个大致的情况，如果能够准确测量的话，实验效果会更好。

三、专家点评[1]

课堂上学生的讨论非常活跃，在此过程中，教师适时地对学生进行了鼓励和指导。整堂课以问题为教学主线，学生是探究活动的主体，教师起着组织者、参与者和指导者的作用。在实验过程中，教师没有给出具体的步骤和方法，而是鼓励学生大胆采用不同方法，提出不同见解，在彼此思维的碰撞中捕捉智慧的火花，以问题的研究和解决来激发学生的求知欲、创造欲和主体意识。这节探究课极大地调动了学生学习的积极性、主动性，学生的合作与协调能力也得到加强。从这堂课中可以看到，将探究活动引入课堂教学对培养学生的问题意识、研究意

[1] 重庆市物理研究员、特级教师　谢德胜

识、合作意识、创新意识都具有积极的促进作用。

第九节　电感、电容对交变电流的影响[1]

一、教学设计方案

1. 适用对象：高二年级

2. 教学课时：1 课时

3. 教学目标

知识与技能目标：知道电感线圈和电容器在交直流电路中的作用；知道感抗、容抗的大小由哪些因素决定；能解释电感和电容对交变电流产生影响的原因；了解电感和电容器在电子技术等方面的应用。

过程与方法目标：通过研究感抗和容抗的相关因素，获得实验探究过程的体验，切实理解实验过程中控制变量的方法；通过对容抗的独立探究，经历探究的基本过程。

情感态度与价值观：通过实验的互动过程，诱发学生对探究物理规律的兴趣；让学生通过观察记录分析现象和数据，培养实事求是的科学态度；让学生通过了解电感和电容的应用，感受物理元件的重要价值。

4. 教学重点：探究感抗、容抗的大小由哪些因素决定。

5. 教学难点：电容对交变电流产生影响的原因。

6. 教学方法与策略

本教学设计特别强调对实验的挖掘。例如，增加了学生互动的实验，不仅帮助学生理解感抗和容抗的概念，提高其实验动手能力，更重要的是使学生在互动和探索的过程中培养合作精神、获得探究的成功体验；通过引入新课时设计的实验，培养学生的问题意识，激发学生的学习兴趣；通过教学中的若干个演示实验的设计，使学生感悟科学的探究方法，强化学生的创新意识。

7. 实验室教学资源准备：一个自制电路演示板，一个具有电感、电容特性

[1]　哈尔滨师范大学附属中学一级教师　王胜春

的演示仪，多组变频电源，不同规格的电容，不同规格的电感。

8. 教学过程

（1）问题的产生

通过介绍组成收音机的元件，强调电感、电容在电路中的重要地位。通过实验中的直观现象引发问题：断开收音机中的旁路电容会产生啸叫的声音，用螺丝刀调节电感元件，可以发现从能收到节目到有杂音等。引发学生对电容器和电感线圈作用的兴趣，抓住学生的好奇心和求知欲。

（2）问题探究过程

引出问题：通过演示实验，得出电感、电容对交变电流有阻碍作用。

教师演示，引导学生观察并回答电阻、电感、电容在交直流电路中的作用。

分别演示如下图所示的三组实验：

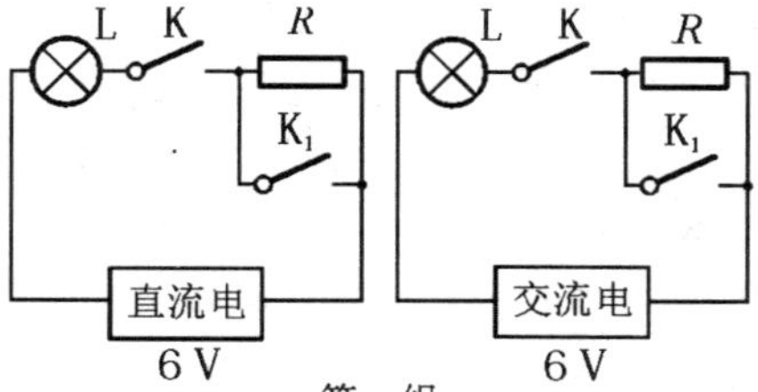

第一组

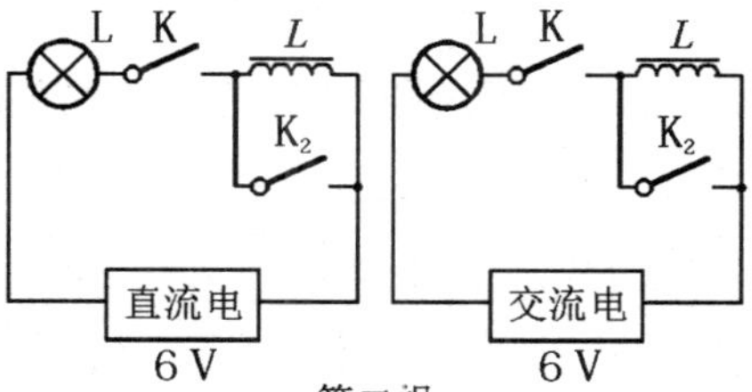

第二组

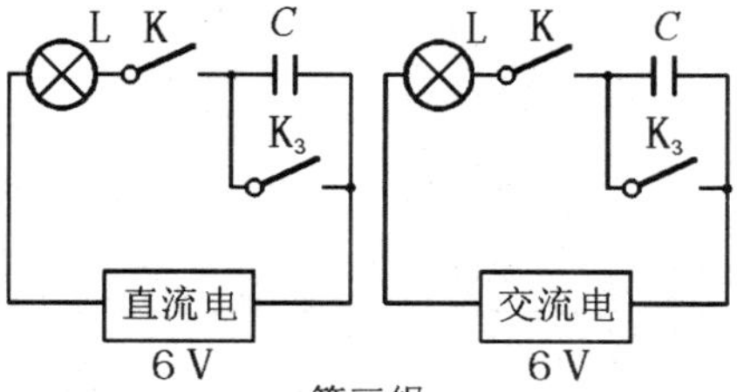

第三组

将相同的电阻分别接 6V 的直流电和交流电，所有开关全部闭合再断开 K_1，使电阻接入电路，发现小灯泡的亮度都变暗且二者亮度相同。（意图：让学生发现电阻在直流电路和交流电路中的阻碍作用相同）

将相同的电感线圈分别接 6V 的直流电和交流电，所有开关全部闭合再断开 K_2，使电感线圈接入电路，发现小灯泡的亮度都变暗，但是交流电路中的更暗一些。（意图：让学生发现电感线圈在交流电路中有另一种阻碍作用）。

将相同的电容器分别接 6V 的直流电和交流电，所有开关全部闭合再断开

K_3，使电容器接入电路，发现直流电路中的小灯泡熄灭，交流电路中的小灯泡亮度变暗。（意图：让学生发现电容器在直流电流中有阻断电路的作用，交流电路中能导通但有阻碍作用）。

通过演示实验得出电感、电容对交变电流有阻碍作用，给出感抗和容抗的定义。

①探究：感抗大小的决定因素

问题 1：感抗与哪些因素有关？

学生猜测感抗可能与交变电流的频率及自感系数等因素有关。

问题 2：如何验证猜想结果的正确性？

介绍分组实验的器材：可变频率的交流电源、直流电压表、直流电流表、两个电阻相同但自感系数不同的线圈。

由学生讨论并确定实验方案，采用控制变量法分别进行研究。

活动 1：研究感抗与自感系数的关系。

方案：将自感系数不同的线圈串联接入输出端，观察与比较电流表示数（最大值）的增减，得出相应的结论。

活动 2：研究感抗与交变电流频率的关系。

方案：将线圈接入输出端，保持电压不变，使交变电流的频率升高，观察实验现象，得出相应的结论。

上述两个活动的记录表格如下：

表格 1　记录研究感抗的实验现象及总结结论

	条件		
物理量	U	不变	不变
	f	不变（$2f$）	增加（先f后$2f$）
	L	增加（先小后大）	不变
	电流表示数的最大值 I_m 增大还是减小		
结论：感抗增大还是减小			

②探究：容抗大小的决定因素。

问题 3：容抗与哪些因素有关？

学生猜测容抗可能与频率、电容值有关。

问题 4：如何验证猜想结果的正确性？

介绍分组实验的器材：可变频率的交流电源、直流电压表、直流电流表、三个电容不同的电容器。

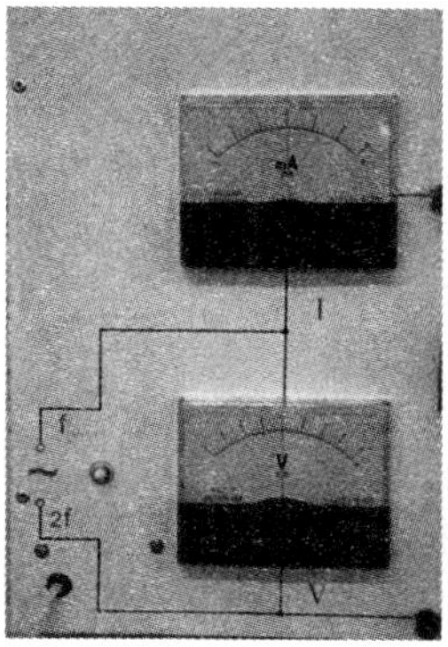

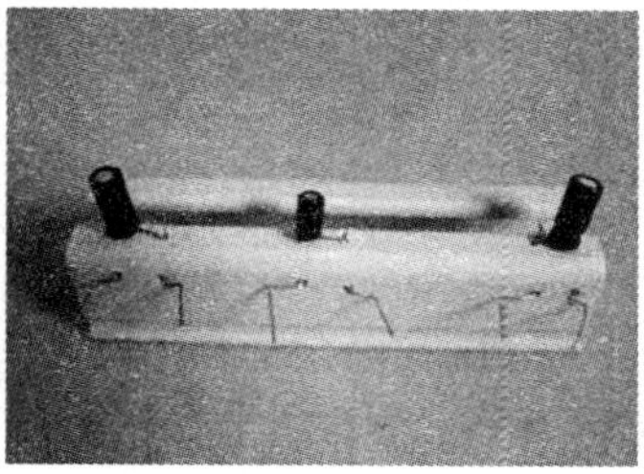

引导学生讨论，确定实验方案，采用控制变量法分别进行研究。

活动 3：研究容抗与电容的关系。

提供三个电容值不同的电容器，要求学生设计实验，研究容抗与电容的定性关系。

实验方案：将三个电容值不同的电容器串联接入交变电流，观察电流表示数（最大值）的变化，得出相应结论。

活动 4 ：研究容抗与交变电流频率的关系。

实验方案：将一个电容器接入输出端，保持电压不变，使交变电流的频率升高，观察实验现象，得出相应结论。

表格 2　记录研究容抗的实验现象及总结结论

	条　件		
物	U	不变	不变
	f	不变（$2f$）	增加（先f后$2f$）
理	C	增加（先小后大）	不变
量	电流表示数的最大值 I_m 是增大还是减小		
结论：容抗增大还是减小			

教师利用频率和电容均连续可调的仪器演示实验，提炼实验结论。

教师利用动画模拟实验来解释交变电流为什么可以通过电容器。

（3）扩展

①隔直电容

提出问题：在实际应用中，某个用电器只允许交变信号通过，你如何设计才能实现呢?

通常电容值比较大，有通交流、隔直流的作用。

②高频旁路电容

提出问题：如图所示，试分析电容器的作用，电容值应大一些还是小一些呢?

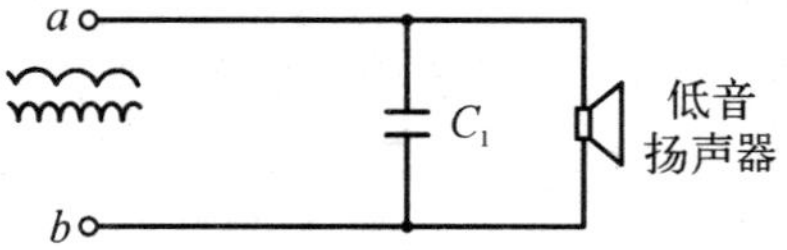

电容值比较小，有通高频、阻低频的作用。

（4）课堂小结

①作用

电感线圈 通直流、阻交流 通低频、阻高频	电容器 隔直流、通交流 通高频、阻低频

②应用

请同学们设计一个双声道喇叭。

结合学生的设计，给出参考设计电路图，如下图所示。

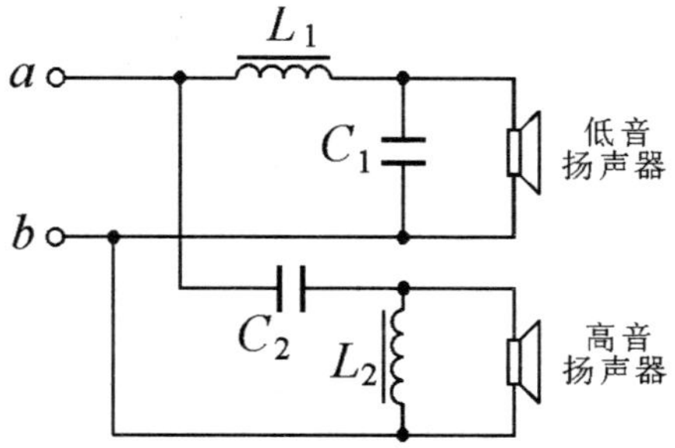

二、教后反思

本节课从内容上看，有相对独立的两个知识点，但研究问题的方式方法却是相似的。在教学中，第一个问题偏重于教师的主导地位，而第二个问题则是以学生独立探究为主，让学生通过观察演示实验、讨论猜想、探究实验等方式，理解决定感抗和容抗大小的因素，使学生经历了一个完整的构建知识的过程。

本节课的一个理论难点是电容是如何“导通”交变电流的，我采用了电脑模拟课件的方式让学生直观地感受到“导通”的本质，有效地突破了难点。

课堂中的实验和一些问题的设计尽可能从实际应用出发，使学生从中发现问题、提出问题、解决问题，经历完整的科学认识过程，同时使学生认识到研究感抗和容抗的意义。学生在校学习的时间毕竟是有限的，更多的知识是通过自学而获得的，所以在教学过程中教师更应该关注对学生自学能力的培养。在教学过程中，我着重突出了这一点，让学生经历观察、实验、猜测、推理、交流、反思、应用等过程，不仅让学生学到知识，更重要的是让学生学会了学习的方法。我还注重创设情境，激发学生的学习兴趣，如设计收音机和双声道喇叭电路图等。

本节课很好地完成了预设目标，符合新课程的理念，取得了良好的教学效果，被评为东北地区十佳课。我认为有一点有待改进，就是学生分组实验的电源只有两个频率，如果能有多种频率就更好了。

三、专家点评[1]

本节课是一节很好的科学探究课，充分体现了唯物主义思想，从实验着手进行科学对比，使学生从感性认识上升到理性认识，从理性认识又回到实际问题中，促进了学生的思维能力的提升。本节课的最大亮点是自制实验器材，演示实验简洁，容易操作，现象明显，使学生形成了丰富的感性认识，与其以前的认知形成了强烈的矛盾，激发了学生的学习动力。教学设计充分体现了科学精神和科学方法，流程合理，易于学生形成科学的思维。在教学过程中，充分体现了学生的学习自主性，具体表现在生生互动、师生交流、共同探究、民主和谐的学习氛围。本节课注重了对学生进行知识、能力和科学素养的培养，引导学生进行创造性的实验，在此过程中培养学生求实的科学态度，使形成正确的价值观，很好地实现了三维目标。

[1] 黑龙江省兼职教研员、哈尔滨市兼职教研员、哈师大附中物理特级教师　翟英利

第十节　夜晚的光明使者[1]

一、教学设计方案

1. 适用对象：高二年级

2. 教学课时：1 课时

3. 教学目标

知识与技能目标：知道基本逻辑电路的功能，如“与”门、“或”门、“非”门的开关电路，逻辑关系，符号，真值表；初步学会分析和设计较简单的逻辑电路。

过程与方法目标：通过对逻辑电路应用实例的分析和实验探究，经历实验探究的一般过程。

情感态度与价值观目标：通过对门电路的应用实例分析，激发学生的学习兴趣，促使学生形成“生活蕴藏着物理，物理服务于生活”的科学认识观；激发学生的探究精神和协作精神。

4. 教学重点：三种基本逻辑电路。

5. 教学难点：理解“与”门、“或”门、“非”门在实际电路中的应用。

6. 实验室教学资源准备：简易火警报警器、学校机器人社团作品——光电循迹小车、逻辑电路实验器。

7. 教学过程

（1）创设情境，提出课题

演示实验 1：简易火警报警器。

现象观察：无烟雾，简易火警报警器不鸣叫；有烟雾，简易火警报警器鸣叫。

问题思考：简易火警报警器的工作原理就是一种基本的逻辑电路。输入信号是什么？输出信号又是什么？它们之间的逻辑关系如何？

演示实验 2：光电循迹小车。

现象观察：打开光电循迹小车开关，将其放在粘贴有黑色胶带的水平地面上，光电循迹小车沿着黑色胶带自动调整方向前行。观察光电循迹小车的结构。

---

[1]　上海莘格中学物理高级教师　洪朝晖

问题思考：光电循迹小车自动调整方向的功能也是基于逻辑电路的工作原理。那么，这又是一种怎样的逻辑电路呢?

引发课题：逻辑电路在生产和生活中有着非常广泛的应用。

本节课，我们将通过探究式学习的方式，分析和设计较简单的逻辑电路——自动声控楼道灯。

设计思路：《上海市中学物理课程标准（试行稿）》明确指出，重视物理学与技术、社会的密切联系，倡导科学和人文的自然融合，全面反映物理学与技术、社会的广泛联系，从生活走向物理，从物理走向社会。

（2）明确任务，制订方案

课题简介：分析和设计较简单的逻辑应用电路——自动声控楼道灯。自动声控楼道灯是应用较为普遍的一种简单逻辑电路，请根据你的生活体验，列举其优点。

学生回答：自动声音控制，环保、节能、低碳，使用方便。

任务分析：为了完成我们的课题，我们需要解决自动声控楼道灯哪些方面的问题?

师生讨论：逻辑电路的输入信号及类型；逻辑电路的输出信号及类型；输入与输出信号之间的逻辑关系；反映输入与输出信号之间逻辑关系的真值表；自动声控楼道灯的电路原理结构图；自动声控楼道灯的实验电路验证及调试；探究成果的进一步改进和完善……

任务分工：请各学习小组根据探究任务，制订探究方案，进行任务分工，通过收集相关资料、设计实验方案，为进行探究性学习成果的展示作好准备。

设计思路：物理课程倡导物理学习的自主性、探究性、合作性，让学生主动参与学习，体验和感悟科学探究的过程和方法。

（3）自主探究，分工合作

学生活动：以学习小组的方式进行探究性学习，既有个体的自主学习，又有小组合作学习。

教师活动：参与到学习小组的探究性学习活动中，并进行有针对性的指导；必要时，针对各小组和学生个体的探究性学习活动进行过程性评价。

设计思路：通过探究性学习，激发学生持久的学习兴趣和求知欲望，并在探究过程中培养学生自主学习的能力，促使学生逐步实现学习方式的转变，并敢于质疑、善于交流、乐于合作、勇于实践。

（4）交流经验，分享成果

学习小组 1：自动声控楼道灯逻辑电路的输入信号分别有声音信号和光信号两种；输出信号只有一种，但有两个状态：灯亮或灭。

学习小组 2：根据排列组合，自动声控楼道灯的输入与输出信号之间的逻辑关系共有四种情况，如下表所示：

光照	声音	路灯
白天	无	不亮
白天	有	不亮
晚上	无	不亮
晚上	有	亮

学习小组 3：第 2 小组给出的逻辑关系可以进一步规范，应该用逻辑电路通用的方式表示。如下表：

输入信号 A：光照	输入信号 B：声音	输出信号 Z：路灯
1	0	0
1	1	0
0	0	0
0	1	1

学生甲发现问题：第 3 小组的真值表与三种基本的逻辑门都不符合，怎么用逻辑电路实现自动声控楼道灯的功能？

学生乙逆向思维：如果将输入信号 A——光照的信号全部颠倒一下，如下表所示，不就是标准的“与”门电路了吗？

输入信号 A：光照	输入信号 B：声音	输出信号 Z：路灯
0	0	0
0	1	0
1	0	0
1	1	1

教师引导：哪种逻辑电路可以将信号“1”转变为信号“0”？

学生共答："非"门电路！

学生丙抢答：我们第 4 小组设计的自动声控楼道灯的电路原理如下图所示。

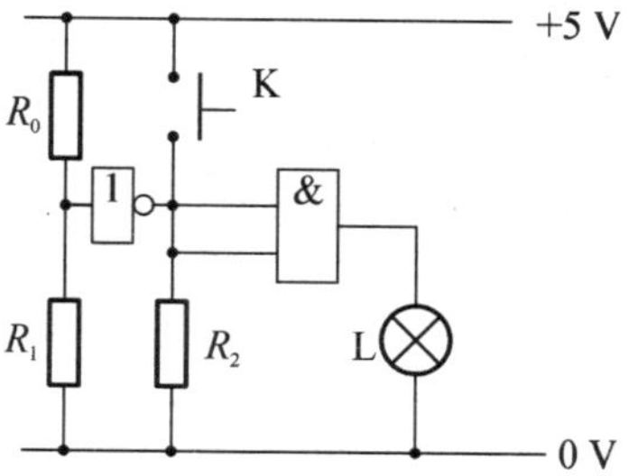

学生丁补充：逻辑电路结构及原理是 R_1 为定值电阻，R_0 为光敏电阻。有光照时，$R_1 \gg R_0$，则"非"门是"1"信号输入、"0"信号输出；这种情况下无论另一个输入信号如何，"与"门电路都将是"0"输出，即灯不亮。无光照时，$R_1 \ll R_0$，则"非"门是"0"信号输入、"1"信号输出，这时如果另一个输入信号为"1"信号，即有声音信号，则"与"门电路将是"1"输出，即灯发光。

学习小组 5：请看我们小组的实验研究成果。

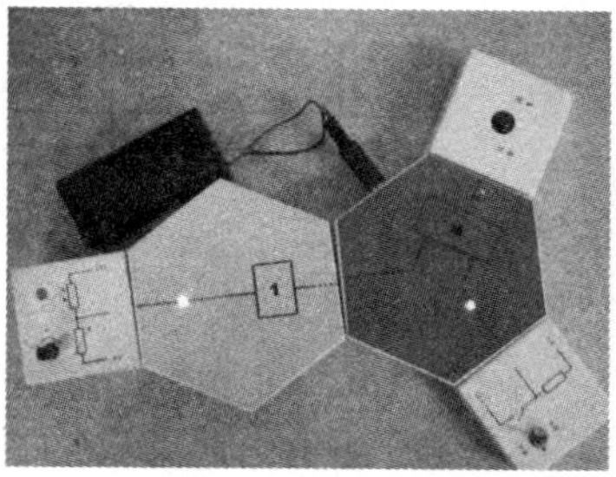

有光照，有声音，灯不亮

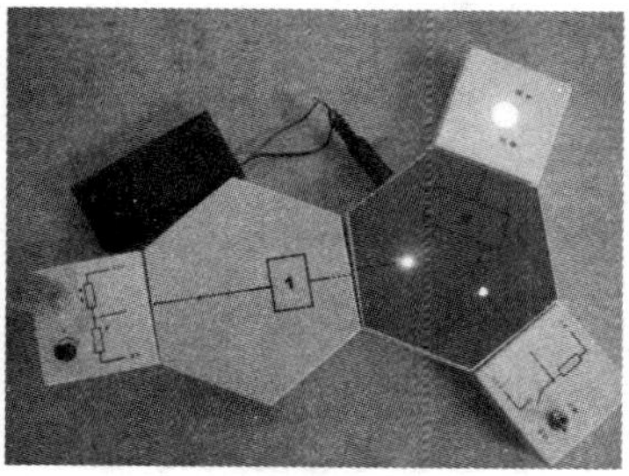

无光照，有声音，灯亮

设计思路：高中阶段的科学探究性学习应当进一步为学生提供参与完整的科学探究过程的机会，让学生体验和认识以重要规律和理论为探究对象、以假设与检验为基础的科学探究过程，发展学生的科学探究能力以及评价科学探究活动的能力，借此加深学生对科学探究过程各要素的认识。

（5）拓展联想，成果完善

问题思考：探究方案是否还可以进一步完善？例如，以上设计的自动声控楼道灯是一种由"非"门和"与"门两种逻辑电路组成的组合式电路，能否针对这一方案进行重新设计和完善，只用一种逻辑电路达到同样的功能？再如，一些特殊的环境，像人群较为密集的公众场所，有时需要较低的光照阈值。也就是说，当环境并不是非常暗的时候，通过声音控制也能使灯发光。那么，应对本电路做怎样的调整？

设计思路：探究性学习结果的得出，并非是探究性学习的结束。教师应当借助阶段性成果，引导学生用批判性的眼光重新审视探究性学习成果，从而将学生的思维引向更广阔的空间，为学生创新能力的发展提供实实在在的“脚手架”。

二、教后反思

数字电路在日常生活中的应用十分广泛，也是物理教材新增的内容和亮点，体现了教学内容的时代性。

让学生自主探究、交流合作的形式，引发了全体学生的参与意识，实现了师生互动、生生互动。学生在生动有趣和有序的活动中获取了知识和技能，培养了创新意识，真正成为课堂的主体。

教师的引领要恰到好处，在学生初步认知的基础上，要通过具体实例引导学生思考如何解决问题，得到一般的思路方法，即提出问题、分析理论、设计方案、验证猜想。只有教师进行有条不紊的引导，学生才有章可循，这为小组合作探究作好了铺垫。

小组交流、课堂展示是学生与同学分享集体劳动的成果、锻炼胆量与语言组织能力及表达能力的过程，更是衡量课堂教学成效高低的过程，要求学生仪态落落大方、声音洪亮、吐字清晰、介绍有条理。

整堂课学生的积极性特别高，参与度也很高，体现了“自主——合作——探究”的教学新模式。同时，通过生活实例的设计，拉近了“物理”和“生活”的距离。

三、专家点评[1]

本课教学目标准确定位在科学知识、实验技能以及科学探究精神的培养和

[1] 上海市闵行区教师进修学院物理教研员、高级教师　徐周民

提高方面。知识与技能目标符合课程标准与教材要求，切合学生实际；过程与方法目标能渗透、应用物理学的思想方法，通过实例分析和实验探究，学生能够通过自主探究、小组合作等多元化的学习方法经历实验探究的一般过程；情感态度与价值观目标注重科学精神、求真意识的培养，有利于学生树立正确的物质观、世界观，促进学生探究意识和创新精神的形成和发展。

教学结构基本完整，比较充分地体现了探究性学习的基本环节和步骤。

问题的提出：探究性学习活动必须建立在一个现实的、“真”问题的基础上。具有一定智能化和环保节能功能的楼道灯是学生常见的事物，他们能够从常见的事物中发现并提出问题，体现了其创新意识。应当说，本案例选择了符合学科特点、贴近学生生活的好问题，师生经过共同论证，将问题提炼为探究课题，这就为本案例课题研究的顺利开展奠定了良好的基础。

方案的设计：脱离学科知识的探究性学习活动是无效的学习行为。知识是探究性学习的基础和载体，进行探究性学习是为了巩固知识。本案例的探究主题植根于学科知识“简单逻辑电路”，因此在开展探究学习之前进行知识储备是必要的环节。通过对三种基本逻辑电路的介绍，从真值表到门电路特性、从光敏电阻到逻辑电路结构分析，以及对学科基本概念和知识的系统复习，为课题解决方案的设计提供了知识保障。

方案的优化和验证：方案是否合理？是否能够实现预期目标？还能否进一步优化？这些问题的提出和解决，不仅可以丰富探究性学习的内容，更重要的是可以提高探究者思维的缜密性和逻辑性。这通常是探究性学习活动的组织者和参与者较易疏忽的一个环节，而这个环节恰恰是探究性学习过程中培养创新意识和创新能力的关键之处。本案例通过对几种门电路的选择与比较，对光敏电阻的性能、特点及电路结构的分析与优化，对逻辑电路实验仪器的组装与调试，对探究小组所设计的方案的展示与评价等探究环节，使每一位学生经历了一次丰富的探究性学习过程。相信经历了这一次的探究过程，学生不仅会收获相关的知识，还会学到探究性学习的方法，获得探究过程的成功体验。

第五章

热学和光学探究活动案例剖析

本章精选了6个教学实践中的优秀热学和光学探究活动案例。这些案例包括初高中物理课程内容标准、活动建议及物理教学实践中的部分探究主题。案例结构包括教学设计方案、教后反思及专家点评三部分，各案例在探究教学基本特征、学生创新思维培养等方面各有特色。

第一节　水之旅行[1]

一、教学设计方案

1. 适用对象：七年级

2. 教学课时：2 课时

3. 教学目标

知识与技能目标：区别固、液、气三种物态，能描述这三种物态的基本物征；了解常用温度计的原理；知道物态变化的几种具体形式、产生的条件和吸、放热情况；能用物态变化的知识解释生活和自然界的一些现象。

过程与方法目标：会用列表、图象等方式分析、总结、概括和归纳知识；通过对各种现象的分析，加强解决问题的能力；通过小组合作探究的方法培养合作和竞争的意识；通过观察图片或视频、实验探究、查询资料，认识自然界中不同形态的水。

情感态度与价值观目标：通过对生活中各种物态变化现象的分析，形成仔细观察、勤于思考、乐于助人、善于合作的科学精神；感知水的三种状态及其相互转化过程，欣赏大自然中水的物态变化；关注水资源危机，养成节水意识和保护水资源的意识。

4. 教学重难点：晶体的熔化和凝固特点；汽化和液化特点；晶体熔化实验；对汽化吸热的理解。

5. 实验室教学资源准备

多媒体播放设备、水的物态变化演示课件、烧杯、湿沙子、酒精灯、盘子、冰、水、酒精。酒精灯使用过程中安全问题需要重视。

6. 教学过程

（1）引入

讨论：关于水的话题你最想了解的是什么？（水有各种形态，水的含量，水

[1]　浙江省临海市外国语学校中学高级教师　汪小三

资源危机，水污染现象，水的用途等）

课件展示大自然的美景并配有优美的诗句或散文：吉林的雾凇、黄山的雾、清晨植物上的露珠、冬天房屋上的冰柱、美丽的雪景、冰雹、涓涓细流、潺潺流水等。

（2）探究

提出问题：云、雾、雨、露、霜、雪、冰等都是水的化身。它们是怎样形成的呢？大家想不想体验一下？（学生被这个话题所吸引，产生了很多猜想，并很想去体验）

作出假设：可能是温度的变化造成水的形态发生变化。

实验探究：请各小组讨论自己的实验方案，并确定自己的实验材料。

方案一：熔化和凝固

利用课本中推荐的两种固体的熔化方法来设计实验方案。

实验时，要注意将海波碾成粉末。由于蜡块不便碾成粉末，可以在实验前将蜡熔化，把温度计插至中间偏下位置，再使蜡凝固，然后用熔凝过的蜡做熔化实验，实验的重复性较好（熔化实验中的海波也可以用碎冰替代，效果很好）。每个实验小组最好 5 ～ 6 人，有报时的，有报温度值的，有报物质状态的，有记录的，有照看仪器的。这样分工合作，有助于学生协作能力和团队精神的培养。

根据实验收集的证据和分析论证，要求学生得出探究的结论，即总结出海波和蜡熔化时温度的变化规律。小组之间的交流很重要，如果发现与其他组的结果不同，可以进行讨论甚至争论，如有必要，重新实验，重新观察，直到达成共识。教师要鼓励学生指出本实验装置和实验步骤的不足并提出改进的方案，让学生讨论其可行性。由于时间关系，教师可以自由掌握对凝固过程的观察时间。

方案二：汽化和液化

该实验让学生做，塑料袋要透明，尽量薄，使滴入的酒精清晰可见。为了使塑料袋排尽空气，可像拧麻花一样将塑料袋拧紧，然后再把袋口用线或者橡皮筋扎紧。只要将有酒精的塑料袋一角沉入温水中，塑料袋便马上鼓起。这时学生会发现酒精（塑料袋一定要透明）减少了，自然会产生“酒精到哪里去了”的疑问。在学习液化时，还可以将鼓起的塑料袋放入冷水中，袋子又瘪下，酒精又多了，说明酒精液化现象。

有关蒸发的问题，可以用一节课的时间。其中蒸发快慢的影响因素虽然不是课程标准和新教材中所要求的内容，但却是进行实验探究的良好素材，因此也作为本节的实验探究重点。

A. 提出问题

老师创设情境，引导学生发现蒸发有快慢的现象。可由学生提出问题：蒸发快慢与哪些因素有关?

B. 搜集事实

师：我们晒衣服，怎样做才能干得快？

生：放在火上烤，放在风大的地方，把它摊开……

师：洗头发后，怎样才干得快？

生：用电吹风吹……

C. 建立假说

让学生将上述事例、实验现象全部列在黑板上。学生集体讨论，运用分类法对这些实例进行分类，可分为三类，再运用“归纳法”找到每一类的共同做法：提高液体的温度，增大液体的表面积，加快液体表面上的空气流速，都可以加快蒸发。

D. 设计实验

师：你能设计一个实验来检验你的假说吗?

生：要检验温度对蒸发的影响，必须使液体的表面积和液面上的空气流速一样，让两杯水的温度不一样，这样，水干得快慢就是受温度影响的。我们小组的做法是：在相同的两块玻璃片上，各滴相同的一滴水，用酒精灯对其中的一个玻璃片加热，观察哪一个先干……

师：如何检验蒸发快慢与液体表面积的关系?

生：在相同的两块玻璃片上，各滴相同的一滴水，把其中的一滴水摊开，观察哪个先干……

师：如何检验蒸发快慢与液体表面上空气流速度的关系?

生：在相同的两块玻璃片上，各滴相同的一滴水，对其中的一个用纸片扇，观察哪个先干……

E. 进行实验

F. 分析论证

肯定了假说的正确性，让学生运用逆向思考法，得出要减慢蒸发的方法。此外，让学生讨论储存酒精的方法以及塑料大棚中土地湿润的原因。

G. 交流与评估

学生相互讨论，对刚才的探究实验过程进行回顾，是否真正做到运用控制变量法进行实验，实验时有没有其他更好的方法。

学生经历了一个完整的探究过程，从中学习了探究的思维程序，也获得了研究问题的方法：控制变量法。

（3）解释

讨论：白气是怎样形成的？白气是水蒸气遇冷液化形成的小水滴，所以肉眼看得见，水蒸气在空气中大量存在，但肉眼是看不见的。

讨论：吸热、放热该如何理解？扩展讨论晶体熔化图象以及规律。汽化的两种方式——蒸发和沸腾。液体沸腾的图象以及变化规律。吸热是指相对周围温度而言较低，从周围吸收热量，使周围温度降低。放热则相反。本次课上学生进行了多个小实验，如冰化为水的过程、把水加热汽化为水蒸气的过程、水蒸气遇到较凉的玻璃片液化为水的过程、把水涂在身上后水汽化为气体的过程、灯泡内钨丝的升华和凝华过程等。在实验的基础上，学生很容易分析出各种物态变化到底是吸热还是放热。

……

二、教后反思

物理学习需要一个相对宽松的教学环境，学生要积极主动地参与进来，动手（实验）动脑（解决问题），探究式学习就是一种理想的方法。实践证明，在实施探究式学习时，必须把握好以下三个原则：

（1）以学科知识为主导、逐步推进的原则。探究式学习分为课内和课外两个方面，探究式学习教改实践才刚刚开始，所以要先以学科内的课堂知识为突破口，逐步向课外知识延伸、拓宽。

（2）以学生为主体、师生互动的原则。由于教师还缺乏探究式学习的案例积累，学生也缺乏探究式学习的经验，因此教师必须以积极的姿态介入，要善于创设问题情境，提供探究途径，引导学生思维，但不要代替学生进行自主探究。

（3）全面关注的原则。教师既要关心学生学会了哪些课本知识，也要关心学生在探究过程中获得哪些课外知识；既要注意学生智力因素的提高，也要注意其意志品质、社会责任、合作精神等非智力因素的培养；既要重视知识目标达成的显性成果，也要重视科学态度、问题意识、探究能力的形成等隐性成果。

感受与问题：探究性学习需要教师为学生营造一个宽松、民主、和谐的课堂学习环境，学生的想法即使与标准答案不一致，也应得到理解和尊重。没有一个有利于教学创新的课堂教学评价环境，在那种刻板僵化、追求形式、面面俱到的课堂教学评价模式的压力下，很难想象一个教师在课堂上会真正聚焦于学生实际的学习生活以及教室里师生互动和生生互动的质与量。

我们要提倡“失败是成功之母”的观念，让学生树立自信心，使学生产生内驱力，推动学生进步，使其体验成功。所以，要把学生主动参与到课堂教学中作为创新教学模式来探索、研究，并始终为处于不同层次的学生提供自主发展的机会，在课堂上不能有“你的回答不对”之类的语言，而应该是“你能不能再补充一下”“你能再换个角度分析一下吗”等。因为学生需要表扬，教师要根据他的分析找出哪些是正确的，先给予肯定，以鼓励他积极参与和敢于回答问题的精神，再请同学们帮助他补充和完善。这一点对于那些学习能力差的学生更为重要，使他们也能感受到“胜利的快乐”，从而树立起自信心。因此，教师应给学生创造出一个人人都积极探索、主动参与、独立创新的优良环境。

三、专家点评[1]

本课例中比较精彩的两个案例设计，在教学上均营造了浓厚的探究氛围，让学生始终处于积极的思考和探究过程中。教师根据学生在实验中生成的问题，有效组织讨论并很好地解决了问题，让所有学生都明白了如何去分析实验现象和数据，最后总结得出晶体熔化和凝固的特点。而在案例“汽化和液化”中，重视情境创设和学生的体验，突出科学探究和学生的自主学习，很好地体现了新课程的基本理念。

1. 联系生活实际，体现学以致用

本课例中多次体现了从生活实际出发，自然过渡到科学知识上，最后又延

[1] 临海市教研员、浙江省科学特级教师　金松涛

伸到生活、生产中的广泛应用，体现了“从生活到科学，从科学到社会”的理念。例如，课的引入部分，利用“教室窗玻璃上水雾的出现和消失”现象激起学生的兴趣；在“蒸发”的教学中，先请学生寻找生活中“蒸发”的事例，再到利用“蒸发”原理去解决实际问题；最后教师再进行拓展，开阔学生的视野，使学生对知识的应用能力有了一个提升。

2. 借助实验体验，培养学生能力

本课例中改进了教材中的实验，有效地进行了“蒸发吸热”的分组实验。通过对比实验的办法，让每一个学生都参与、体验了实验的全过程，提高了学生的动手能力、观察能力、表达能力、概括总结能力，使学生意识到实验对科学的学习很重要。

3. 注重科学探究，着眼学生发展

在探究“影响蒸发快慢的因素”这一问题中，教师始终是在引导学生去动脑思考、动口解释、想办法自己解决问题。从让学生猜测“影响蒸发快慢的因素”入手，到学生设计实验的尝试，再到控制变量法的应用，教师没有生搬硬套地传授知识，而是让学生通过科学探究的方法自己去获得知识，为学生的终身学习奠定了坚实的基础。

4. 平等交流合作，挖掘学生潜能

整个教学过程始终在轻松、和谐、平等的氛围中进行，教师语言平实却满怀鼓励，让学生大胆说出自己的想法、发表不同的见解。课堂上，教师多次组织学生以小组为单位进行合作、讨论、汇报交流、质疑互动，还多次鼓励学生提出观点，如“影响蒸发快慢的因素”实验中的研究方法、减慢蒸发的办法等。学生学得轻松愉快，个性凸显。

第二节 儿时的游戏——黑板上的光[1]

一、教学设计方案

1. 适用对象：八年级

2. 教学课时：1 课时

3. 教学目标

知识与技能目标：知道什么是光的反射现象；了解反射定律，知道法线、反射光线、入射光线、反射角和入射角的含义；通过探究能得出光的反射定律。

过程与方法目标：经历“探究光的反射定律”的活动，从而获得比较全面的体验；通过对光的反射现象的分析，巩固光的反射知识。

情感态度与价值观目标：在探究活动中培养科学态度，提高将科学技术应用于日常生活和社会的意识；培养参与科学探究的兴趣，乐于探索自然界和日常生活中的物理学道理。

4. 教学重点：探究、理解并掌握光的反射定律。

5. 教学难点：应用光的反射定律解释实际问题及相关现象。

6. 实验教具

学生用的实验仪器：激光笔、水槽、水、牛奶、量角器、平面镜、白纸。

教师演示用的实验仪器：平面镜、激光笔、纸、笔、尺子、量角器。

安全性：实验中使用了激光笔，激光会对视力造成一定的损伤，激光不可对着眼睛直射。

7. 教学过程

（1）引入

①演示实验：用小镜子把阳光反射到黑板上。

提出问题：黑板上的光斑从哪里来？

学生观察并讨论：黑板上的光斑是小镜子反射的光，如果小镜子被遮蔽，还

[1] 乌鲁木齐市第七十中学物理中级教师 钱兰风、王龙飞

能看到黑板上的光斑吗？

②转动小镜子，观察黑板上光斑的移动情况。

提出问题：黑板上的光斑为什么会移动？

引导学生观察并思考：小镜子转动时，黑板上的光斑才会移动，否则不会移动。小镜子的转动改变了入射光线的入射角度，即入射角发生了变化。黑板上的光斑移动了，说明反射光线的反射角度也改变，即反射角发生了变化。

提出问题：在实验中，入射角与反射角是同时发生变化的，它们之间有什么内在的联系吗？它们之间有确定的关系吗？

③光的反射现象及概念教学。

播放关于光的反射现象的视频，并向学生介绍反射的概念。

反射现象：入射到小镜子上的光传播路径发生改变，像这种入射光线在介质表面改变传播路径返回到原来介质中的现象称为光的反射现象。

入射光线：从一种介质射向另外一种介质的光线。

反射光线：从另外一种介质表面返回原来介质的光线。

入射点：入射光线与分界面的交点。

法线：过入射点垂直于分界面的辅助线。

入射角：入射光线与法线的夹角。

反射角：反射光线与法线的夹角。

（2）探究

探究目标：在光的反射现象中，入射角与反射角之间有怎样的关系？

学生猜想：入射角大于反射角；入射角等于反射角；入射角小于反射角。

设计实验。

开始实验，记录数据。

分析数据，得出结论。

（3）扩展

引导学生思考：光在空气中传播发生光的反射现象时，反射角等于入射角。如果光在其他介质，如在水、玻璃中传播，反射角还与入射角相等吗？

学生讨论：水与空气的相似处是什么？

引导学生思考：水与空气都是透明、介质均匀的物体，光在透明、均匀介质中都是沿直线传播的，那么光在水中发生反射现象与光在空气中的反射现象，是否具有相似的特点？

演示实验：使用激光笔，将光线入射到水槽中的平面镜上，观察反射光线，通过水槽后面的量角器读出入射角与反射角的大小，最终得出反射角与入射角相等。

学生活动单（略）。

二、教后反思

本课从猜想、设计实验、进行实验、分析实验数据到得出结论，都由学生完成，使学生经历了完整的研究问题的思维程序，发展了科学探究的能力。

本节课也体现了物理探究过程中的建模思想。我先是引导学生把生活中的问题转化成物理模型，将实际问题抽象成理论问题，然后引导他们进行探究，并且从探究中得出结论，以此来解释生活中的现象。

完成这次探究活动，我深刻体会到：教学的真正目的就是让学生通过对知识的探究去获得研究问题的思维方法，然后通过方法的获得以及运用，体会探索创造的过程，从而使学生乐于探索自然界和日常生活中的物理现象，形成实事求是的科学精神。

三、专家点评[1]

本课在教学设计及学生创造能力培养上都有一定的特色。

在教学设计方面，在学生从事探究活动前，教师首先进行了光的反射现象的概念教学，通过这一环节，讲解一些基本术语，这样既为学生的探究活动作好了基本的知识准备，又把课堂活动的重点放在了光反射定律的探索上。

在创造能力培养方面，教师首先进行了一个演示实验：用小镜子把阳光反射到黑板上，随后转动小镜子，让学生观察黑板上光斑的移动情况，通过演示实验让学生掌握初步的证据，思考反射规律。但此时学生仅仅知道光传播到两种物质分界面上时会改变传播方向，只是了解一个初步的模型。随着探究活动的深入，

[1] 河南教育学院物理系副教授　姜涛

学生把逐步得到的结果整合起来，画出光反射的路径图，这是一个最终的物理模型。这样，学生从一个原始的模型出发，发展到科学的模型，实现了创造性地学习。在学生活动单的引入环节，教师提出了一系列启发学生思考的问题。比如，你如何观察反射现象？你如何描述反射现象？你如何测量入射角和反射角的角度？你如何知道入射光线和反射光线是否在同一平面内？通过这些关键问题的引导，学生思考自己的探究方案，反思自己的思维过程和将要执行的行动过程，设想解决问题的策略。在活动单扩展环节，教师仍通过启发性的问题，引导学生把探究结论推广到其他介质中去。在推广中把水、玻璃与空气类比，利用它们的相似性进行合理推理，是一种促使学生应用探究技能（类比）形成新设想的教学行为。

第三节　铅笔折断了吗[1]

一、教学设计方案

1. 适用对象：八年级

2. 教学课时：2 课时

3. 教学目标

知识与技能目标：了解光的折射现象；光从空气射入水中或其他介质中时的偏折规律；了解光在发生折射时光路的可逆性。

过程与方法目标：通过观察，认识折射现象；体验由折射引起的错觉。

情感态度与价值观目标：初步领略折射现象的美妙。

4. 教学重点：通过实验探究光从空气射入水中或其他介质中时的偏折规律。

5. 教学难点：通过实际问题研究光的折射，如折射使池水“变浅”，铅笔“折断”等。

6. 实验室教学资源准备

教师：实物投影仪、激光笔、玻璃砖、带有量角器的背板、水槽、铅笔等。

学生：盛水的水槽、玻璃砖、激光笔、蚊香、空烧杯、纸杯、彩色粉笔、铅笔。

[1] 新疆乌鲁木齐市第七十中学物理中级教师　张国翠；物理高级教师　陈文学

7. 教学过程

（1）引入

实验演示：光传播到两种介质的分界面时的传播径迹。

调查问题：光在空气、玻璃砖、水这样的均匀介质中将沿着直线传播，当光传播到两种介质的分界面时，会出现什么情况？

实验步骤：让光从空气中斜射入水中。

结果：光线发生了偏折。

（2）探究

探究问题：当光传播到两种介质的分界面时，会出现什么情况？

让学生充分发挥想象，提出猜想，改变光的入射方向．记录每次变化的入射角与折射角的数据，再通过具体的实验数据进行分析与讨论，找出规律：

折射光线、入射光线、法线在同一平面内。

折射光线和入射光线分居法线两侧。

当光线从空气斜射入其他介质时，折射角小于入射角。

当光线从其他介质射入空气时，折射角大于入射角。

在相同的条件下，折射角随入射角的增大（减小）而增大（减小）。

垂直射向介质表面时，传播方向不变。

光的折射中，光路是可逆性的。

（3）扩展

现在，大家能够解释水槽中加水后好像变浅及黑色木棒斜放入盛水的水槽中木棒好像在水面处折断了的现象了吗？

我们早晨看见太阳出现在地平线上时，太阳真的在那里吗？如果地球表面没有大气层，那么观察到的日出时刻比实际是延后还是提前？

大家还能用光的折射规律解释生活中的此类现象吗？

学生活动单

姓名：____________日期：____________

1. 引入

光沿着怎样的径迹传播？

观察以下实验：激光在空气中（可在空中喷一些烟雾）、在透明玻璃砖里、在水中的传播情况。

创设问题：当光传播到两种介质的分界面时，会出现什么情况？

（1）出示水槽，把用透明胶纸密封好的激光电筒置于槽底，使电筒发出的激光在空气中直接斜射到竖直墙面上形成一小光斑。慢慢往水槽中加入适量的水，让学生观察墙面上的光斑有什么变化。

（2）取黑色铅笔斜放入未盛水的水槽中，让学生看铅笔是直的。然后慢慢加入适量的水，再让学生观察铅笔有什么变化。

2. 探究

当光从空气中斜射入半圆形玻璃砖的平面时，什么是入射光线、折射光线与法线？它们的位置关系如何？

当光从空气中垂直射入半圆形玻璃砖的平面时，入射角与折射角各为多大？传播方向如何？

实验观察：让光从空气中斜射入半圆形玻璃砖的平面，改变入射角，让学生填写下面的表格：

入射角 i	30°	40°	50°	60°
折射角 r				

你的结论：________________。

再让光从半圆形玻璃砖斜射入空气中，调整入射方向，使其折射角的大小为第一次实验的入射角大小，记录下入射角，让学生填写下面的表格：

入射角 i				
折射角 r	30°	40°	50°	60°

你的结论：________________。

比较：从上面两个表格中的数据，你有什么发现？这说明光的折射遵循什么规律？

3. 解释

当光传播到两种介质的分界面时，会出现什么情况？

（1）当光从空气中斜射入半圆形玻璃砖以外的介质时，入射光线、折射光线的位置关系又如何？

（2）猜想：当光在除空气以外的两种介质中发生折射时，入射光线、折射光线的位置关系又如何?

4. 扩展

（1）解释水槽中加水后好像变浅及黑色木棒斜放入盛水的水槽中木棒好像在水面处折断了。（可通过作光路图来解释）

（2）我们早晨看见太阳出现在地平线上时，太阳真的在那里吗? 如果地球表面没有大气层，那么观察到的日出时刻比实际是延后还是提前?

（3）解释生活中其他一些由光的折射而造成的现象。

二、教后反思

考虑到初中生好奇、好动、对直观形象的东西接受能力较强的特点，我以探究实验的方式进行折射规律教学。

在实验中，学生的兴趣高涨，教学常常会出现学生提出多个问题的情况。这说明学生在动脑筋，在参与课堂教学，教师应该给予肯定和鼓励，因为猜想是探究教学中不可或缺的部分。但当放手让学生猜想时，也会遇到以下尴尬的局面：一是学生的猜想漫无边际，怎么猜也猜不到点子上；二是学生的思维如一潭死水，不敢猜也不知道该如何猜。为了避免这两种情况的发生，我在教学中反复思考、归纳、总结，觉得对于猜想难度较大的内容，应先作好铺垫、循序渐进。对于学生提出的每一个问题，我们不能只提与本节课教学有关的，而无关的只字不提，这样很容易伤害到学生。教师要不失时机地对学生提出的问题进行评价，优先考虑最有意义的探究问题。

“播种行为，收获习惯。”在教学中亦如此，因此我们要多给学生创造一些机会，不断激励学生通过观察、比较、实验、归纳、类比等手段提出种种假设或猜想，还要在他们猜想的同时发动他们动手探究，进行交流、讨论，培养他们的发散性思维，使他们真正成为善于学习的人。教师也能真正做到“授人以渔”，何乐而不为呢?

本课的成功之处表现在以下方面：（1）在调动学生积极性方面取得了一定的成功，整堂课学生积极参与、积极思考、师生配合、生生合作较好。（2）学生在实验中发现问题，进行思考，通过实验探究规律，发展了初步的科学探究能力，形成了尊重事实、探索真理的科学态度。（3）学生能较好地探究光从一种介质斜射入另一种介质时两角的大小关系，并能总结出光在空气中的角始终是大角。

通过此次探究教学实践，我觉得，作为教师，不仅要“备教材”，最重要的是要“备学生”，要让学生明白该干什么，而且要让学生容易明白该干什么。

三、专家点评[1]

教学设计依据新一轮基础教育物理课程改革中“从生活走向物理、从物理走向社会”的基本理念，面向全体学生，让学生在探究状态下学习。整个课堂设计完整、结构紧凑、逻辑严密、前后呼应。

本课通过观察实验“光从空气中斜射入水中”，进行课程导入，激发了学生的学习兴趣。教师在教学过程中充分利用教材，知识教授准确科学，注重教学的重点，抓住了教材中的难点，在设计中突出重点和难点——光的折射规律的建立过程。在教师演示实验并与光的反射定律进行类比的基础上，师生共同讨论得出折射光线与入射光线、法线在同一平面上，以及折射光线与入射光线分居在法线两侧，并能对常见的生活现象（如水中的筷子弯折、池水变浅）进行解释。

在教学中，由于学生经历了观察、分析、比较、归纳的过程，教师再结合自制课件精心讲授，从而突破了光的折射规律的建立过程这个难点。学生既学到了物理知识，又体验到了学习物理的乐趣。教学脉络和主线清晰，教学思路符合教学内容和学生的实际，从导入课堂激发学生学习的兴趣为切入点，物理实验贯穿了整个课堂，这为学生理解和掌握所学的物理规律奠定了基础，教师对本堂课的知识点应该说是做到了充分的掌控。教师的充分备课、资源的充分利用、信息技术与物理教学的整合得到了充分的体现。

本课的亮点之一是教学过程注重探究。本节课营造了浓厚的探究氛围，让学生始终处于积极的思考和探究活动中。比如，有学生的独立思考，有分组交流与合作学习。学生主动参与实验的设计和实施的全过程，概括出每一部分的实验结果并对这些实验结果进行总结。“提出问题—猜测与假设—设计实验—分析论证—加以评估”，探究环节环环相扣，都让学生自己去合作完成，将学生活动不

[1] 新疆乌鲁木齐市第七十中学科研处主任　刘红娟

断推向新的高潮，让所有的学生都明白了“探究的科学过程”和“探究的科学方法”。教师教给学生的不仅是物理知识，更重要的是教会了他们科学探究的方法，真正培养了学生的探究精神和创新意识。

本课的亮点之二是体现“教育自由”的人才培养观。教师在整个教学过程中让出教学表演的“舞台”，成为学生活动的“导演”，敢于让学生探索、体验，给了学生自由运用和探索规律的最大的空间。在教学过程中，尝试“做中学”，让学生想一想、看一看、做一做、议一议。在课堂上做好启发、组织、指导、帮助和激励工作，让学生亲身体验奇妙现象，调动学生学习的热情和兴趣，体现了学生主体地位和教育自由的人才培养新观念。

本节的主要物理知识蕴含于探究活动之中，学生探究能力的提高、研究方法的习得也与探究过程密不可分，因此本节教学的关键是指导、帮助学生观察到清晰的实验现象，完成探究活动。这节课的教学目标设计，既有知识技能目标又有过程性目标，充分体现了物理课程标准对学生的全面要求。整个教学过程体现了建构主义理论“任何知识都不是直接灌输给学生的，都是学生在一定的情境背景帮助下将自己的感性认识与理论知识相互衔接、同化的过程”的观念。

第四节　平面镜成像[1]

一、教学设计方案

1. 适用对象：八年级

2. 教学课时：1 课时

3. 教学目标

知识与技能目标：在实验探究中知道平面镜成像的特点；了解平面镜成像规律的应用。

过程与方法目标：在实验探究中学会设计实验方案，选择实验器材，并能用自己的语言对实验现象作出总结。

[1] 天津南开翔宇学校物理一级教师　刘珊

情感态度与价值观目标：通过介绍平面镜在日常生活、生产方面的广泛应用，增强学生热爱科学、热爱生活的情感。

4. 教学重点： 提升学生设计实验、归纳总结、反思交流的能力。

5. 教学难点： 平面镜成像的特点；平面镜所成的像是虚像。

6. 教具： 两根相同的蜡烛、白纸、刻度尺、透明玻璃板、平面镜、课件、多媒体设备。

7. 教学过程

（1）引入

发现并提出问题是科学探究的起始步骤，在学习和科研中有重要的意义。在探究学习的课堂上，应依据物理学科的特点，尽量以实验为主，构建真实的问题情境，使学生通过观察发现问题。

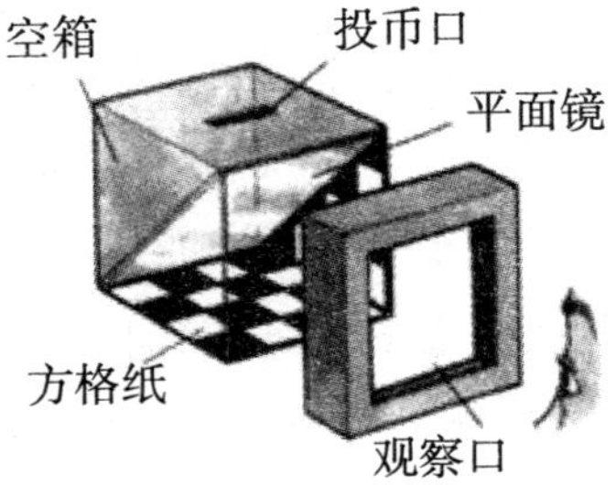

以“魔术盒”的演示实验引入，用摄像头对准观察口，让全班同学都能从大屏幕上看到投进去的一元硬币不见了。有的学生很快发现了“魔术盒”的奥秘——中间有块平面镜，看到的只是盒子底部在平面镜中的像，这让大家误以为看到了整个盒子。教师顺势提出问题：平面镜成像有什么特点？所成的像是比物体大还是小，是远还是近，是实像还是虚像？

（2）猜想

我们强调“猜想与假设”必须是在现实情境的基础上合理作出，反对随意猜想，或者使学生的猜想流于形式。

先带领学生复习什么是实像，什么是虚像，怎样识别实像与虚像。

然后组织学生观察自己手中的平面镜，猜想平面镜中所成的像有什么样的特点，学生猜想并说明依据：平面镜中的像比实物小，像与实物是上下相同、左右相反的，像与物的信息是完全一致的，像到镜子的距离与物到镜子的距离一样远（根据观察猜想的），虚像（用白纸接不到像）……

（3）制订计划与设计实验

（参见上一节内容）①实验原理的确定。②控制变量法的运用。③物理量的显示与控制方法。④实验器材的选择。⑤实验步骤的设计与表述。⑥实验表格的设计。

教师提问：要完成探究平面镜成像特点的实验，需要什么实验器材？

学生很快答出：平面镜。

教师：我们怎样才能比较像与物的大小关系？请用数据说话。

学生：刻度尺。

教师：请同学们用桌子上的刻度尺去测量一下镜子中的物理书有多大。

学生将刻度尺直接放在平面镜的表面，发现并不能测量——尺子离物理书的像还很远，物理书的像在镜子后面，学生又将刻度尺放到镜子后面，发现尺子被挡住看不见了。

教师：看来想要测量出平面镜中的像的大小并不容易，请同学们分组讨论怎样做才能用刻度尺测出像的大小。

学生讨论，教师巡视，在巡视中了解每组的设计方案，确定回答顺序。

教师先让这样设计的学生叙述方案：将刻度尺放在物理书旁边，然后在平面镜中就同时看到书和尺子，这样就可以直接读数了。然后组织学生互评这个方案好不好。很多学生指出方案行不通，因为刻度尺在平面镜中的像看上去已经和原本的刻度尺不一样大了，测出的数据不可信。

其他学生叙述：用玻璃板代替平面镜，将刻度尺放在玻璃板后测量物理书的像。然后教师按照这个方案在教室前面演示，学生发现很难确定刻度尺的摆放位置。

教师引导学生思考：实验目的中不需要我们测出像的具体大小，而是只要能够确定像比物体大还是比物体小即可，我们可以选择两个一样大小的物体，如蜡烛、国际象棋，一个放在玻璃板前当作“物”，一个放在玻璃板后与像重合，比较它们的大小。这样做还有什么好处？

学生：同时也确定了像所在的位置。

教师：怎样才能知道两个蜡烛到玻璃板的距离？

学生：用刻度尺去量。

教师：请同学们动手操作一下，用刻度尺量一量蜡烛到玻璃板的距离。

（学生动手操作，很快发现这种方法不易操作，即使量出来也不准确）

教师：为了方便测量，我们选择了白纸，把它放在这些实验仪器下面，然后……

学生：用铅笔把它们的位置画下来，然后再用刻度尺去量。

教师在设计教学过程时，故意将学生引入误区——选择平面镜作为实验器材，通过实际操作和分组讨论环节，换用既能透光也能反光的玻璃板，强化学生对平面镜成像的认识。

（4）进行实验并记录

按照实验步骤进行实验，在表格中记录现象与测量结果。

教师组织学生分组实验，在动手实验之前，先给学生提出要求：实验器材轻拿轻放；实验过程中不提倡与其他小组互相讨论，不要大声喧哗；实验完成后整理实验器材，恢复实验台原来的样子。

在对小组进行指导的过程中，教师注意观察学生遇到的问题，鼓励并引导他们自己动手解决。例如，有的学生位置不好，阳光恰好照到玻璃板后，学生很难观察到蜡烛的像。教师应该帮助他们分析、猜想问题原因，通过改变仪器摆放位置检验猜想，让学生自己想办法解决，而不是直接动手给他们解决问题。

（5）得出结论

学生根据表格中记录的现象和数据，总结平面镜成像特点。

（6）评估、交流与合作

教师组织学生自评和互评，总结实验中的不足之处。比如，与课本中直接给出的结论作比较，寻找实验中导致误差出现的原因；在实验设计和实验操作上，哪些地方还需要改进，依据实验结果，提出新的探究问题；通过一次实验得出的结论是不可信的，需要多次实验才能得出一般结论。

教师将学生的实验结论与猜想假设进行对比，让学生反思实验方案，进行自我评价，如果下次再做这样的实验，应该改进哪些地方，然后组织学生交流。

有的学生认为，下次实验时不会选用两个一样的蜡烛，因为蜡烛是左右对称的，无法验证“像与物是左右相反”的猜想，应该选择两个外形一样、左右相反的物体。通过交流和集思广益，大家帮助他找到了具备这样特点的数字“2”和“5”。

有的学生认为，下次实验时会选择更薄一些的玻璃板，因为这样就不会出现“重影”。

有的学生认为，下次实验应该到比较暗的环境中，用手电筒照亮蜡烛，排除周围环境对实验现象的影响。

二、教后反思

一个在很多学生和教师眼里看来最简单、最平淡无奇，甚至不需要探究变量的实验是没什么好探究的。但是经过精心设计和步步设疑，同样也可以变成生动有趣的探究过程。在经历整个探究环节的过程中，学生锻炼了逻辑思维能力和创造能力。因此，要提高物理课堂教学质量，教师在教学中要做到对学生进行有效的启发。在探究学习的课堂上，教师对问题的引导要留有余地，启发要得当，能够达到激发学生思维、使学生深思的目的。

三、专家点评[1]

这是一个突出了真正探究特点和创造力培养的教学案例。

教师为避免学生的猜想毫无根据，首先引导学生复习实像和虚像的概念，继而提供平面镜让学生进行观察，使其获得初步的信息之后再进行猜想。同时，学生提出的假设具有真实性，如“平面镜中的像比实物小”，这一猜想虽是错误的，但符合学生生活经验，具有真实性。

教师在活动过程中注意对学生的思维进行引导，使学生充分地进行反思、质疑，以进行创造性的学习。比如，在探究方案的设计阶段，教师巧妙引导，使学生逐步提出用平面镜做实验不如用玻璃板做实验；用刻度尺测像的大小不如用一个等大的蜡烛来对比；用刻度尺直接测蜡烛到玻璃板的距离不如在桌面上铺上白纸后再测量。这样，在方案设计过程中，学生们解决了一个又一个的难题，使自己的方案变得更科学、更可行。又如，在评估阶段，教师为学生提供反思的机会，而学生思维的创造性得以充分体现，他们解决了如何判断物像是否左右颠倒等一系列的难题。

事实上，探究性学习中学生提出的各种观点、想法是否正确并不那么重要，重要的是教师要提供学生交流、反思、质疑的机会，以促使学生的自我意识和创造精神得到发展。

[1] 河南教育学院物理系副教授　姜涛

第五节　分子间有间隙[1]

一、教学设计方案

1. 适用对象：七年级

2. 教学课时：1 课时

3. 教学目标

知识与技能目标：通过教学和实践让学生知道分子是构成物质的一种微粒，分子是很小的；理解分子间存在着间隙，并能用事例说明。

过程与方法目标：通过自主探究学习，发展学生的抽象思维能力，培养学生的空间想象能力和实践动手能力。

情感态度与价值观目标：引导学生积极参与实验，培养学生探索微观世界的兴趣，激发学生的学习动力，培养学生在科学探究中的合作精神及团队精神，使其树立严谨、求实的科学态度。

4. 教学重点：理解分子之间存在空隙，能列举反映分子之间存在空隙的现象。

5. 实验室教学资源准备

学生分组实验器材：方糖、放大镜、针筒、量筒、水、酒精（已染色）、黄豆、芝麻。

教师实验器材：学生分组实验器材一套、针筒、研钵。

6. 教学过程

（1）引入

教学中以学生是否吃过甘蔗为引题，不断提出问题，让学生逐步回答出甘蔗是甜的；甘蔗甜是因为含有蔗糖；蔗糖和水存在于植物细胞的液泡中。引导学生思考：细胞已经非常小了，但它还可以再分成细胞壁、细胞膜、细胞质、细胞

---

[1]　浙江省临海市外国语学校中学高级教师　汪小三

核、液泡等更小的结构。那么你是否想知道，存在于细胞内的水或者烧杯内的一滴水，它们是否可以再分解，即我们所说的这些细小的物质是否还能再分，它们是否又是由更小的结构构成的呢？

细胞是构成生命的基本单位，甘蔗汁从甘蔗的细胞中压榨出来，说明甘蔗细胞中含有多种物质，那么，存在于甘蔗细胞内的糖和水等物质又是由什么构成的呢？

让学生一步步考虑，最后根据水变甜的事实，确认蔗糖没有消失，而是在水中以极小的微粒存在，从而得到蔗糖是由蔗糖分子（分子是构成物质的一种微粒）构成的结论，把学生引入物质的微观世界。

（2）探究

学生探究实验 1：桌上的方糖是由一颗一颗的小颗粒组成的，用放大镜观察研碎的方糖，看到了什么？能看到一些更小的颗粒。将研碎的方糖放入水中搅拌、溶解，看到了什么？方糖不见了。糖是不是消失了？不是。

总结：虽然糖看不见了，但这杯水是甜的，说明糖还在，只不过它现在变成了我们肉眼看不见的微粒，说明糖是由更小的微粒组成，这种微粒我们给它一个名称——分子。

学生探究实验 2：分子之间有空隙。

引发兴趣：科学领域还有许多知识有待于人们不断去探究，我们在座的每一位同学都要认真学习、开动脑筋、积极探索。现在，假如你想成为一个科学家，在知道了分子是构成物质的一种微粒之后，你最想提的问题是什么？

问题：分子是怎样构成物质的？分子到底什么样？……

建立假设：可以用圆点代表分子，让学生画出他想象的大量分子在一起的样子，并向同学展示。随后展开评价，筛选出最优假设——分子间有空隙。

设计实验：学生分组讨论，动手实验。若学生有困难，教师作适当提示：看看实验桌上的器材，有什么启发？若还有困难，再提出：用一支量筒量取 30mL 玉米种子，另一支量筒量取 30mL 芝麻放入第一支量筒中摇匀，看体积是否是 60mL，得到什么启发？

交流方案：鼓励学生用多种方法探究分子间是否有空隙，对学生提出的合理见解或者是超前的认识给予充分的肯定和赞赏。方案有很多，如将水和酒精混合，看体积是否变小。若变小，说明分子之间有空隙；若不变，说明没有空隙。

优化实验设计表格如下：

实验操作	预测结果（体积变化）	测量结果（体积变化）
30mL 水和 30mL 水混合		
30mL 酒精和 30mL 酒精混合		
30mL 酒精和 30mL 水混合		

最后得出结论：30mL 玉米种子和 30mL 芝麻混合体积变小了，水分子和酒精分子大小不一样，分子之间有空隙。

（3）解释

讨论：分子的大小及其排列方式是如何影响分子间距离的。

向学生解释，由于不同物质的分子大小及排列方式不同，会导致分子间的距离不同，这也是水和水、酒精和酒精混合体积不减少，而水和酒精混合体积会减少的原因。也可以在探究实验中让学生试着给出解释。

在此基础上，可以引导学生提出更高一级的问题：两种液体混合体积减小的程度与两种液体的分子及排列方式是有关系的。教师最好准备几张不同液体分子的图片加以配合讲解。

运用针筒压缩空气和压缩水对比，压缩程度并不相同，对此现象的解释是：固体、液体、气体的分子间都有空隙，而且气体分子空隙大，液体分子次之，固体分子最小。只能压缩到一定程度，进一步说明了分子间存在斥力。这个可以在教学时引导学生说出。

（4）扩展

教师提问：对分子之间存在空隙这一事实，你能否举出日常生活中的一些例子来说明它？学生举例，教师简要分析学生举出的事例，加以鼓励。

教师提问：如果你是一个分子，你如何介绍自己？

学生活动单（略）。

二、教后反思

1. 探究源于问题

在一些公开课教学中，我们经常发现小组活动尤其是分组实验流于形式。正所谓“动手不动脑”，究其原因，主要是教学中片面强调学生的主体地位而忽视了教师的引导、组织作用。我在“分子间有空隙”的教学中，先通过黄豆与芝麻混合后总体积减小的矛盾激发学生的探究欲望，而后进行 30mL 水和 30mL 酒精混合的分组实验，引导学生对前后两次实验进行类比，从而得出分子间有空隙的科学结论。通过对教学情境的设计，使学生在情境中发现问题，而后通过实验解决问题，可谓实验目的明确。也就是说，我们在科学教学中要注意对学生进行问题意识的培养，让学生带着问题进行实验，进行科学探究，实现意义建构。

2. 交流来自信任

在课堂中，我们一方面想放手让学生去说，另一方面又怕学生说不好，尤其是在公开课教学中，其结果可想而知，最后还是老师一人说到底。事实上，学生之间的交流需要老师的引导，只要问题情境设置有助于激发学生的思维，他们是不会让我们失望的。在设计中，我对小结部分“如果你是一个分子，你如何介绍自己”这一问题开始也存有疑虑，担心会冷场。事实证明，正是这一提问将课堂推向了高潮，以下是几个学生的精彩语句：“我是分子，我很小，可在各个角落都有我的身影，但你们人类看不见我。”“我有很多兄弟姐妹，我们的个头有大有小，我们紧密团结在一起，但我们又保持适当的距离。”……事实证明，多给学生一份信任，他们给你的是更多的精彩。

三、专家点评[1]

本节公开课具有以下几个优点：

1. 创设情境，激发思维

教师在教学活动中根据不同的教学内容，以学生现有的知识水平和思维水平为基点，精心设计了“吃甘蔗”的生活情境，有效地激发了学生的探究欲望。

2. 设置阶梯问题，引导学生深入思考

对问题的教学设计已成为课堂教学改革的中心问题。教师通过设计有层次、渐进式、阶梯性的有效问题，让问题成为知识的纽带，引导全体学生积极思考，

[1] 浙江省临海市外国语学校高级教师、台州市名师　徐俊杰

及时从自己原有的知识背景中找到答案，从而促进学生课堂学习效率的提高。

3. 优化设计，促进学生思维发展

教师先让学生针对问题展开大胆的想象，然后通过鼓励学生用多种方法探究出分子间是否有空隙，对学生提出的合理见解进行合理的评价，再让学生根据自己的猜想开展实验，根据实验现象得出合理的结论，这种教学有效地促进了学生的想象、分析、比较、归纳等思维能力的发展。

4. 挖掘隐性资源，渗透科学思维方法

在实验中隐含着科学思维方法，在教学时，教师根据教学的需要，进行适当的挖掘和开发，使其真正发挥应有的作用。有时，哪怕是一句话的提醒，对学生来说也是一种启发。比如，本实验中用 30mL 玉米种子和 30mL 芝麻混合体积变小了的事实，我们在这里可以再加一句话——这个实验应用了什么科学方法呢？这可有效地将此演示实验所隐含的功能挖掘出来，从而有效地渗透微小变化具体化的科学实验方法，使学生的体验更加深刻。

第六节　动物的水上漂功夫[1]

一、教学设计方案

1. 适用对象：高二理科班

2. 教学课时：1 课时

3. 教学目标

知识与技能目标：认识与液体表面张力有关的现象；掌握液体表面张力产生的原因及其方向；形成观察、分析和归纳总结的能力。

过程与方法目标：引导学生观察液面呈现的现象，大胆预测，参与实验探究活动，同时加强与同学之间的交流与合作；通过讨论及理论分析，学会从微观分子间的作用解释宏观现象的方法。

[1]　江苏省梁丰高级中学一级教师　周汉东

情感态度与价值观目标：增强透过现象认识本质的科学意识；培养主动探索的科学态度；激发学习物理知识的热情。

4. 教学重点：液体表面张力产生的原因；液体表面张力的方向。

5. 教学难点：液体表面张力的方向。

6. 教具

多媒体设备、多媒体所展示的材料、玻璃杯、清水、硬币、洗衣粉、绵纸、缝衣针、肥皂水、金属环、棉线、平板玻璃、滴管、红墨水、酒精。

7. 教学过程

（1）观察活动——导入课题

观察活动一：液体表面就是一层膜。

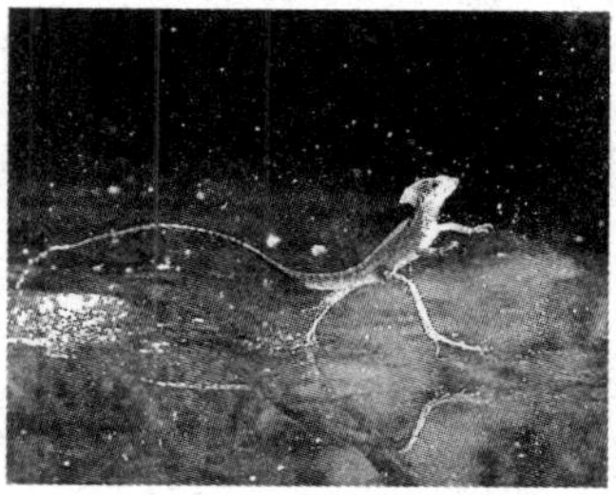

由图片（一只蜥蜴在水上行走）引入新课，一方面通过创设情境，激发学生的学习兴趣；另一方面引导学生对图片进行观察，逐步引出本节课的主题——液体的表面张力。

观察活动二：液面会形成一张有弹性的膜。

播放硬币滴水视频。

（2）实验探究活动——表面张力的存在与方向

实验探究活动一：感知液面存在张力。

思考：液面对缝衣针的作用就是液体的表面张力吗？液体表面张力在液面怎么作用？

在这部分安排学生分组实验，实验简单易做，现象明显，引起学生思考。根据已有知识，有的学生会说是浮力，我进行简单解释，说明这不是浮力，我们只能得出液面对针产生作用，于是学生就会进一步思考这到底是一种什么力。

实验探究活动二：分析张力的方向。

结论：液体的表面存在张力，该力的方向在液面内。

在前一实验的基础上做另一实验，揭示液面的这个力有什么作用效果，在这部分我采用了实验探究与小组讨论相结合的方式，引导学生自己从实验中得出结论。

理论分析活动——液体表面层收缩的微观解释。

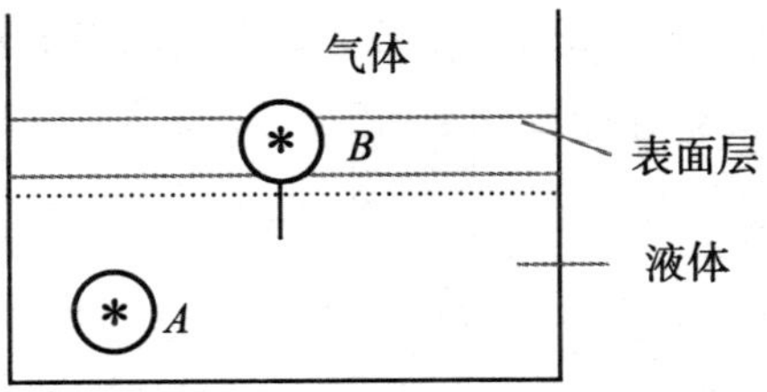

液体表面附近分子分布的示意图

引导学生在实验的基础上运用已学的知识，从不同角度对现象进行分析，将感性认识上升到理性的高度，并使他们认识到一切复杂的事物都是由简单的原理构成，使他们树立起学习物理的信心。

（3）理论分析活动——表面张力产生的原因

对表面张力产生的原因及其方向的分析是本节课的重点和难点，前面的实验及理论分析为突破这个难点打好了基础，我在这里引入了弹性膜来进行类比。

（4）知识巩固

蛛网上的水珠为什么是球形？

实验探究二中，弯成弧形的棉线所受张力的方向怎样？自己动手画一下。

液面对缝衣针的作用是液体的表面张力吗？不是。

结论：表面张力的作用是使液体表面形成一层薄膜，液面对缝衣针的作用其实是这层膜对它有作用。

小练习：

①如下图所示，布满了肥皂膜的金属框架上有一段质量不计的棉纱，现将金属框架下部分的肥皂膜刺破，则棉纱将为下图中的（　　）

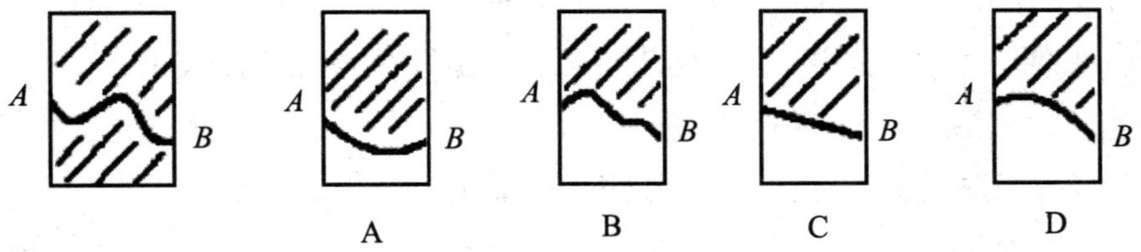

②下列现象中，由表面张力引起的现象是（　　）

A. 酒精和水混合后体积减小

B. 水银温度计中的水银柱的升或降

C. 荷叶上的水珠呈球形

D. 洗头发时，当头发浸泡在水中时呈散开状，露出水面后头发聚拢到一起

（5）知识拓展

红墨水上滴酒精；酒精上滴红墨水。

结论：不同液体，其表面张力大小存在差异。

（6）课堂小结

采用填空的形式让学生自己进行总结，强化理解。

（7）作业

必做题：课本习题第 37 页 1～2 题。

选做题：把两枚硬币轻轻放在水面上，硬币会漂浮着，用嘴轻轻吹气，使两枚硬币逐渐靠拢，当它们相距小于 1cm 时，可以发现两枚硬币会“自动”靠拢，最后聚集在一起，为什么？

二、教后反思

探究是人的一种天生的本能，在儿童来到学校之前，其探究欲望和行动一直存在。儿童进入学校以后，其探究实践不应被禁止，教师应支持、鼓励、帮助和指导他继续开展探究活动。

本节课的探究教学我有很多收获，不乏闪光点和精彩之处。

首先，在本节课中，我以新课程标准及我校的“团结合作，互助教学”理念为指导思想，在教学过程中贯穿了学生自主构建知识这一主线，最大限度地调动了学生的积极性、参与性，使学生真正成为课堂的主体。我在本节课中主要抓住两个问题进行探究，一个是表面张力是否存在，一个是表面张力的方向。这样上课目的性很强，面面俱到的探究造成的最直接的后果就是无法完成主要教学目标，因此我们必须省去那些不必要的探究。同时，探究学习主要是学生的探索，但有些时候放任学生漫无目的地去探索，只能导致盲目的、低效的探究行为。许多探究任务的完成离不开合作和讨论，同时，某些时候也离不开教师的指导，尤其是方法的指导。

其次，本节课我感受很深的是探究活动只要目的明确，活动就可以自己确定，不必拘泥于教材，方法可以另外设计，器材也可以另找，探究的装置也可以改革，

探究的方式也可以多样化。这一切需要教师详细分析实情，这也是备课的重要环节——“备学情”。

最后，我认为科学探究活动中教师要做到以下几点：(1) 提供的问题要有科学性和价值，以学生目前的水平能解决为宜。(2) 指导学生寻找和收集证据，引导学生从已有的证据中提炼答案，寻找证据与现有知识间的关联。(3) 释疑解惑，对探究过程中产生的且通过合作仍无法解决的疑惑进行解释和引导，从而使学生形成正确结论。(4) 积极评价，对学生在探究中表现出的智慧、能力、态度、信念给予鼓励和表扬，因为正面积极的评价有利于学生探究习惯的养成和学科兴趣的培养。

三、专家点评[1]

本节课是教学研究之后自创的一节课，围绕水的一个特性做足文章，很精彩！这节课总的来说让人有耳目一新的感觉。首先是改变了以往机械传授知识的方式，应用探究式的教学模式，使得学生的知识与技能能同步发展，而且在探究的过程中讲求实效。其次是老师有十分高超的教学艺术，组织、引导都很到位。更为重要的是这节课有真实的学习过程，老师没有因为是公开课而弄虚作假，课堂真实生动，教师能机敏地捕捉动态生成的教学资源，课堂因此真实而美丽。

1. 教学过程

(1) 注重探究，教学方法多样

本课在教学实施中营造了浓厚的探究氛围，让学生始终处于积极的思考和探究活动中。比如，有学生的独立思考，有分组交流与合作学习，有小组间的评比等。分组实验时学生参与设计和实施的全过程，最后学生自己分步骤总结和综合总结。

(2) 教师大胆创新，从生活中获取教学资源

教师用来让学生做实验的缝衣针、硬币、水杯等都是生活中常见的物品，这让学生感受到实验其实很简单，拿身边的东西都可以做；教师自行构思设计的表面张力方向的实验，取用生活中废弃的铁丝和棉线，配以肥皂水作为实验材料，

---

[1] 江苏省物理特级教师　钱骏

效果非常明显！这些体现了教师的创新意识，也给学生以探究科学的启迪，让他们知道科学探究并不是神秘的，而是他们也可以做的。

（3）体现“教育自由”的人才培养观，注重情感目标的培养

教师在整个教学过程中让出教学表演的“舞台”，敢于让学生探索、体验，体现了以学生为主体和教育自由的人才培养新观念。在教学中，教师通过有序的引导，使学生积极地参与、体验、合作、讨论与交流，培养了学生的科学思维方式。

2. 教学建议

在课堂设计和教学过程中，教师不只是知识的传播者，更是教学方法、育人理念的探究者。我对本节课有以下两点建议：

（1）关注学生的思维过程

绝大多数老师衡量一节课的效果往往是通过这节课学生能做哪些或者哪类的题目，或者通过这节课我们巩固了多少旧知识以及学到了多少新知识。然而，从近年来的高考看，主要考查的是学生的能力。所以，一节课成功不成功、学生有没有收获的评价标准应该适时改变，应该看这节课学生的思维过程是否恰当，思维能力是否得到了提高。

（2）考虑学生的学习心理

我听过很多课，也常常发现，一些考试中的重点内容，虽然老师很重视，也反复强调，但因为比较枯燥而使学生缺乏兴趣，反而有些对考试不作要求的内容，学生听起来非常认真，很感兴趣。我想，这主要是学生的学习心理问题。老师应该多关注这些因素，改变重要内容的教学方式，让其更贴近学生的学习心理，也许这样会有更好的学习效果。

第六章

国外物理探究教学模式参考

为促进学生学习进步，使他们从事探究是很重要的。这一点在《美国国家科学教育标准》中体现得很清楚。许多物理教育者也认识到开展探究教学的重要意义并积极付诸实践。以探究教学中取得的经验、教训为基础，国外物理教育者不断进行反思，有的从事学生探究性学习的实证研究，以检验探究教学的效果或其与考试评价的关系；有的从事教师（包括职前教师）科学探究教学能力及行为的研究；还有的从事科学探究理论的研究。上述研究重视正确理解科学探究内涵，区分真正的探究与形式上的探究，或者对科学探究教学的有效性及其模式进行讨论。本章对国外的几种主流探究教学模式进行述评，以初步把握国外探究教学模式的理论发展和实践进展，拓宽教师探究教学理论和实践研究的视角和途径。

第一节　5E模式

一、5E模式的构成

5E模式由五个紧密相连的阶段组成，它们是：引入（engagement）、探索（exploration）、解释（explanation）、扩展（elaboration）和评价（evaluation）。

引入环节的目的在于教师引出学习任务，吸引学生的兴趣和注意力。教师通过演示实验、播放视频、引导学生讨论等多种方式，或是对探究活动所需的基础知识进行复习，或是展示与学生原有想法不一致的现象，把学习任务与学生已有的知识经验及生活情境联系起来。

探索环节提供学生发展概念与技能的经验基础。在本环节提出探究问题，设计实验方案，测量和记录数据，分析数据，得到探究结论。

解释环节为学生提供阐明观点、强化理解的机会。通过学生讨论，教师提问，使用录像、投影、模型等教学媒体，将学生的经验抽象化、理论化。

扩展环节通过质疑、实践等方式加深学生对概念的理解。学生把新知与技能扩展到学科的其他领域、其他学科及现实生活情境中去，解释周围世界或新情境中的问题。

评价环节为学生提供评估自己以及教师评价学生的机会。学生活动单往往用作对学生进行形成性评价的工具。

二、5E模式探究案例

5E模式是一种较为成熟的模式，在中小学教学实践中应用广泛。以下给出美国初中教科书中一个完整的5E模式教学设计案例。

密度：固体的浮沉[1]

核心概念

· 物体的密度决定它在另一种物质中的浮沉。

· 物体密度如果小于它所浸没的液体的密度，将上浮。

· 物体密度如果大于它所浸没的液体的密度，将下沉。

教学目标

学生能够通过将物体密度与水密度进行比较而判断它在水中的浮沉。

实验仪器及材料

学生小组：两支放在金属容器中的茶光蜡烛、粘土、盛有水的杯子、小天平、胶带、滴管。

教师演示：茶光蜡烛及天平。

探究性教与学

1. 引入

（1）实验演示：蜡比粘土重但蜡在水中漂浮而粘土下沉。

演示器材：一支茶光蜡烛、粘土、一个塑料杯、水、天平。

教师准备：取一小块粘土并确保蜡烛远比粘土重；将水倒入塑料杯中至约一半高度处。

实验步骤：

· 将粘土放在天平的一端。

· 把茶光蜡烛从金属托中取出，放在天平的另一端。

· 询问学生哪个更重些，请学生预测它们在水中的浮沉，然后将它们分别置于水中。

预期结果：尽管蜡烛远比粘土重，但蜡烛漂浮而粘土下沉。

（2）问题讨论：为什么重的蜡烛漂浮而轻的粘土下沉？

学生可能回答粘土的密度比蜡大。告诉学生：在判断浮沉时，虽然物体的密度很重要，但水的密度也同样重要。事实上，通过比较物体密度与水的密度，可以预测它在水中的浮沉，有一种比较方式是称量同样体积的物体与水。

---

[1] ACS. Middle School Chemistry. http://www.middleschoolchemistry.com/lessonplans/, 2011-03-30.

将活动单分发给学生，以在课堂学习过程中使用。

2. 探究

学生比较水、蜡及粘土的密度。

探究问题：为什么重蜡块漂浮而轻粘土下沉？

实验步骤 1：比较蜡和水的密度。

· 捏住蜡烛芯，把它从金属容器中拔出。

· 把放在金属容器中的蜡烛置于天平一端；空金属容器置于另一端。

· 向空金属容器中倒水，并用滴管滴入最后几滴，使两个容器内物体体积相同。这样做的目的是比较相同体积的水和蜡的质量。

预期结果：同体积的水比蜡质量大，因此水的密度比蜡大。

实验步骤 2：比较粘土和水的密度。

· 把粘土塞满金属容器并置于天平一端。

· 把空金属容器放在天平另一端。

· 缓慢小心地向空容器中添满水。

预期结果：同体积的粘土比水质量大，因此粘土的密度比水大。

提问学生：知道物体的密度能够帮助你预测它在水中的浮沉吗？

· 如果物体密度比水大，它将上浮还是下沉？

· 如果物体密度比水小，它将上浮还是下沉？

3. 解释

在分子层次上比较蜡、粘土和水的密度。

教师投影展示蜡结构图片，以配合讲解。蜡由碳和氢原子连接而成的长链组成，这些长链相互缠绕且挤压在一起形成蜡。

教师投影展示水结构图，以配合讲解。尽管它们都有氢原子，但水中的氧原子比蜡中的碳原子更小、更重，而且蜡中的长链并不像小的水分子挤压得那么紧。

教师投影展示粘土结构图，以配合讲解。粘土也像水一样有氧原子，但它还有一些更重的原子，如硅和铝。氧、硅、铝结合起来使其分子有更大的质量，它们紧密地挤压在一起，密度比水大。

4. 扩展

请学生用密度概念解释为什么一个非常重的物体（如大原木）在水上漂浮，

而一个非常轻的物体（如一颗谷粒或沙子）在水中下沉。

提醒学生水的密度约是 $1g/cm^3$。预测下列物体的浮沉。

它们将漂浮还是下沉？		
物体	密度（g/cm^3）	漂浮 / 下沉
软木塞	0.2 ～ 0.3	
铁锚	7.8	
杉木桨	0.4	
苹果	0.9	
橙子	0.84	
带皮的橙子	1.16	

提问学生：

· 如果一个体积为 $130cm^3$ 的桃子在水中下沉，就它的质量你能作何推断？

· 如果一个质量为 150g 的香蕉在水中漂浮，就它的体积你能作何推断？

5. 评价

学生活动单在本探究中用作对学生取得的进步及概念理解进行形成性评价的工具。（学生活动单的编排体例与本教学设计相同，此处略）

第二节　制作探究模式

在物理教学中，教育研究者通过分析历史上科学和技术领域的重大事件，依据与历史记载相似的方式或抽取其核心特征，引导学生设计和制作相应器材，进行概念和原理的探究。制作探究有利于发展学生的动手能力，培养学生的创造精神并为他们提供物理学习的积极体验，同时也有助于他们理解物理概念。

一、制作探究模式的构成

制作探究包括产品简介、安全性、材料、制作过程、产品使用、问题讨论及教师参考等环节。

产品简介：说明待制作产品的类型、起源。

安全性：说明产品制作及使用过程中的注意事项，以避免人身伤害事故。

材料：给出制作产品所需准备的各种物件。

制作过程：以步骤化的方式引导学生完成产品组装。

产品使用：引导学生对成品进行操作，观察现象。

问题讨论：对所观察现象蕴含的科学原理进行思考并将它与生产、生活联系起来。

教师参考：对现象进行更深入的分析和解释，使教师对科学原理有充分的把握。

二、制作探究模式案例

制作起电盘[1]

1. 待制作产品简介

创造（creat）你自己的起电盘，这是一种200年前发明的用来产生静电荷的装置。

2. 安全考虑[2]

在活动中你会收集少量的静电荷并受到电击。

3. 材料

一个铝质平底锅

一张绒布

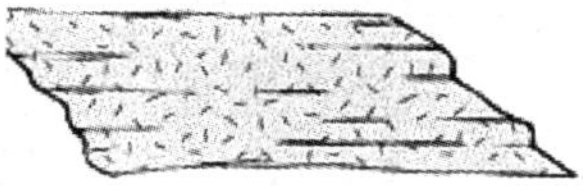

一个泡沫聚苯乙烯盘子

一个泡沫聚苯乙烯杯子

胶带

一张铝箔

一个回形针

[1] American Physical Society. PhysicsQuest Experimental Competition [EB/OL]. http://www.physicscentral.com/experiment/physicsquest, 2011-7-15.

[2] 静电荷电量很小，放电在瞬间完成，对人体来说不会造成危害，但还是应给学生说明，自愿决定是否参加起电盘的电击活动环节。注意：有心脏病、血压疾病的学生不得参加电击活动。

4. 制作过程

把盘子口向下，用胶带固定在桌子中央。

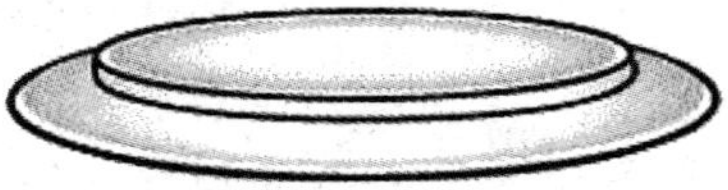

把杯子开口向下，用胶带固定在平底锅中央，做成一个把手。

把回形针掰开，使其一端成为一个基底，另一端做成一个水平臂。

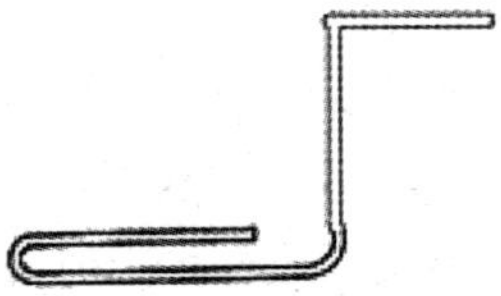

用胶带把回形针固定在平底锅上，把一个0.5厘米宽、4厘米长的铝箔挂在回形针的水平臂上。

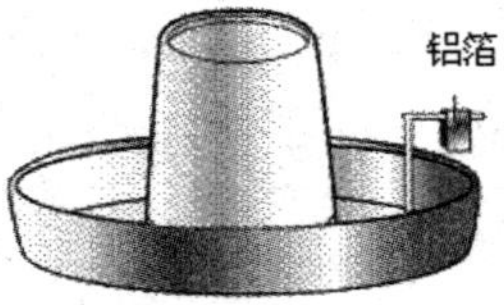

把上述的平底锅放在盘子上。如下图所示：

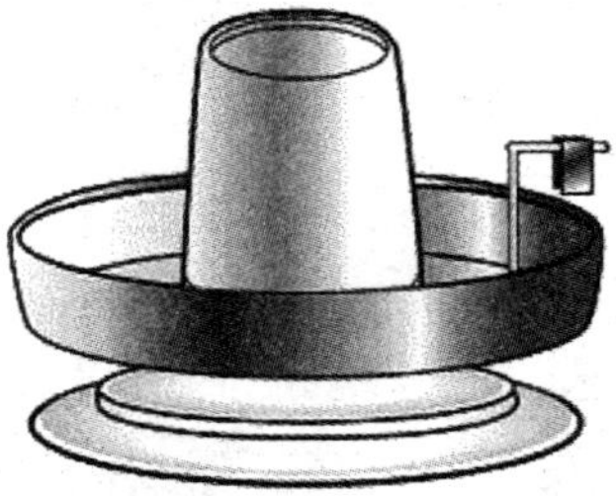

5. 使用起电盘

把平底锅放到一边，用绒布摩擦盘底整整一分钟。

抓住平底锅的泡沫聚苯乙烯杯把，把它放到盘子上去。

用手触碰平底锅，你会感到轻微的电击。

抓住泡沫聚苯乙烯杯把，把平底锅提起来，你会看到回形针水平臂上的铝箔张开。

再次用手触碰平底锅，你会感到轻微的电击，同时铝箔闭合。

无需再次用绒布摩擦泡沫聚苯乙烯盘子，就可以给平底锅充电数次。但是，起电盘上的电荷会缓慢地散失到空气和周围环境中去，尤其是在潮湿的天气中。

6. 讨论问题

为什么泡沫聚苯乙烯盘不会把多余的负电荷释放到平底锅上去？

你认为你在盘子上摩擦产生的电荷量会有限度吗？

铝箔条在实验中的作用是什么？

你如何能将这些静电转变为有用的能量？

7. 给教师的参考

用绒布摩擦泡沫聚苯乙烯盘会使电子转移到盘子上去，因为盘子是个绝缘体，电子能停留在盘子上，当最初是电中性的平底锅放到盘子上时，平底锅的电子由于受到盘子上多余负电荷的排斥而聚集到平底锅的上部，这就使平底锅的底部充有正电荷。

当你用手接触平底锅的边缘时，它的负电荷流出，因为你起到的作用类似于大地。因为人体与大地相连，电子通过人体流入大地而没有积存在人体上。这一过程使平底锅整体上呈正电性。

当把平底锅提起时，其正电荷在锅以及铝箔条上平均分布，这就使铝箔条张开。

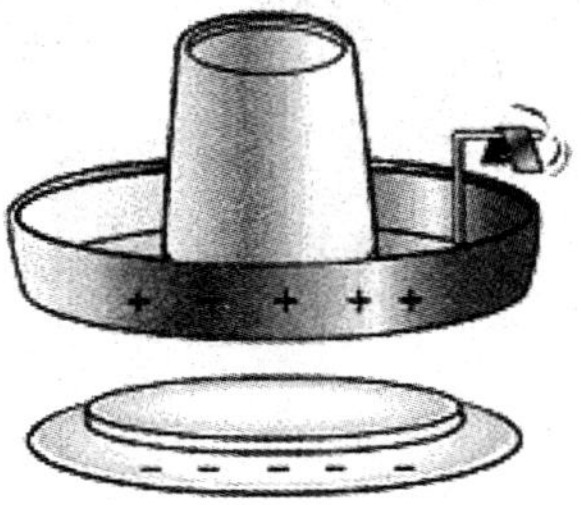

当你或其他任何一个导体现在再接触平底锅，电子就会流回平底锅上去，产生一个电火花，并使平底锅再次呈电中性。此时铝箔条张角也会闭合。

注意，泡沫聚苯乙烯盘在此过程中并没有损失任何电荷，仅仅是平底锅上的电荷在流动。这就是感应充电，这也解释了为什么不需再次摩擦起电盘就可以多次重复给平底锅充电。

第三节　科学方法模式

科学方法模式是国外物理教学中广为流行的一种探究教学模式，因此，对该模式将作重点介绍。

科学方法模式首度被引入美国科学教育中时，其作用在于对导向科学事实的形式化的实验方法的强调。随后，为使“做科学”的改革便于实施，人们对科学方法的需求逐渐迫切起来，科学教育者及课程开发者把“做科学”分解为一些“步骤”或“阶段”，并围绕它们设计探究模式的做法变得普遍起来。当前，科学方法模式在西方国家中小学科学探究教学实践中为教师所普遍采用。

一、科学方法模式的构成

科学方法模式众多，如体验学习环、SM-14、科学伙伴等，此外，科学教育研究者及中小学科学教师往往还会开发出自己的科学方法模式。为节约篇幅，本节仅对一种科学方法模式的构成及其内涵进行较详细的阐述，以使读者了解其基本特征。该模式由识别问题、提出假设、设计实验、执行实验、收集数据、用图形和图表表达数据、得出结论七个环节构成。[1]

1. 识别问题

为提出探究问题及确定一个好问题的标准，给出了以下建议：

建议 1：根据现有资源选择一个你能探究的现实问题。

建议 2：选择你真正感兴趣的问题。

建议 3：问题中必须包括自变量和因变量。

建议 4：探究问题不会给你及他人带来危险。

建议 5：问题必须有新颖性。也就是说，你不能从百科全书或网络中找到答案。

以下是一些好问题的例子：年龄是怎样影响人的反应时的？车轮的大小是如何影响赛车速度的？

下面让我们一起来做一些小测验，看看我们现在是否会判断探究问题的优劣。（各环节测试题的答案见本章末尾处）

试题 1：彩虹是怎样形成的？

试题 2：食物是如何影响人的成长的？

试题 3：在碰撞中，火车速度是如何影响静止汽车损毁程度的？

试题 4：植物吸收液体的种类是如何影响其生长的？

2. 提出假设

为提出假设及确定一个好假设的标准，给出了以下建议：

建议 1：假设是凭借知识或经验对问题进行的猜测。为提出假设，你所需做的事情就是问自己实验结果会是什么。

建议 2：假设以“我认为……”开头，这是因为假设是对问题答案的预言或猜测。

建议 3：使用“如果……那么……”的陈述方式。这种陈述方式是表达因果联系的方式之一。

建议 4:假设中的因果关系与问题中的自变量和因变量是相联系的。针对“音乐类型是如何影响植物生长的”这一问题，您的假设中需包括自变量和因变量，

[1] Panpipes. Using the scientific method [EB/OL]. http://panpipes.net/edit6200, 2011-12-20.

如“我认为给植物播放古典音乐会促进其快速生长”。

建议5：对与错并不那么重要。实验结束后，你会知道自己的假设是对是错，作为一位科学家，你应该知道“想对了”并不那么重要，重要的是你学到了些什么。

下面让我们一起来做一些小测验，看看我们现在是否会判断什么是一个好的假设。

试题5：

问题：一个人的年龄是怎样影响他的反应时的？

假设：我认为如果一个人变老，他/她会起反作用。

试题6：

问题：车轮大小是如何影响赛车速度的？

假设：我认为如果车轮大的话，车速就会小。

3. 设计实验

为使探究者能顺利设计实验方案，给出了以下建议：

建议1：仔细思考谁是控制变量。设计实验前，你必须先确定谁是控制变量（保持不变），记住，你只能改变一个变量——自变量，其他量需保持不变，否则你的实验结果就是无效的。

建议2：确定实验所需的材料。思考你的实验目的，以确定所需的材料，并确保它们都易于获得。一旦确定好材料，就要去思考如何进行测量的问题。

建议3：实验前给所有变量下操作性定义。也就是说，你将如何测量这些变量并使它们能以数值的方式呈现。例如，如果你想测量关于植物生长的数据，那么你要给“生长”下定义，它指植物的高度，还是质量大小，抑或是叶片的大小？无论“生长”指的是什么，重要的是实验前你要下好定义。

建议4：确定好实验步骤。按实施顺序确定好步骤，包括细节。要写下你如何控制变量、如何测量，因为详细的实验步骤可以使他人重复你的实验。

下面让我们一起来做一些小测验，看看我们现在是否会判断什么是一个好的实验设计。

试题7：

问题：色彩如何影响人对食品的选择？

假设：我认为，如果一个人看到有红色的甜点，那么他就不会选择提供给他的其他颜色的甜点。

控制变量：甜点品种、甜点颜色、人的年龄和性别、甜点的大小和形状、甜点温度、甜点烘焙程度。

试题 8：

问题和假设同上。

材料:糖、面粉、牛奶、黄油、食品着色剂、烤箱、胚面片、切割刀、碗、勺、抹刀、量杯、托盘、10 名 11 ～ 12 岁的女孩。

试题 9：

问题和假设同上。

操作性定义：颜色通过甜点的上色来确定。食品选择通过多少人吃了一个甜点来测量。

试题 10：

问题和假设同上。

实验程序：按食谱混合面粉、糖、牛奶和黄油；用切割刀切割面点，确保其形状和大小都一样；按食谱烘烤面点并冷却 1 小时；在托盘上每种颜色的甜点都放上 5 个；每次给一位顾客上甜点，随后补充她吃掉的那种颜色的甜点；计算每种颜色的甜点被吃掉的个数；记录数据。

4. 进行实验

对探究者实施实验方案，给出了以下建议：

建议 1：时刻考虑变量问题。记住，实验中只有自变量在变化，其他控制变量要保持不变。

建议 2：按步骤实施实验。

这是一个操作性活动环节，因而没有给出小测验以考察探究者对实验的理解。

5. 收集数据

为提醒探究者在记录数据时应注意的问题，给出了以下建议：

建议 1：在实验日志上记录原始数据。原始数据是从实验观察中获得的第一手信息。

建议 2：设计一个数据记录表，以方便记录数据。自变量总是在表的左侧，并按从小到大的顺序记录，而因变量总在表的右侧。

建议 3：使用数据表辅助绘图（在下一环节中具体体现）。

下面让我们一起来做一些小测验，看看我们现在是否会正确记录数据了。

试题 11：

吸水深度 h/cm	纸巾数
3.6	1
7.8	2
…	

试题 12：

无光照时间 t/h	伸长 l/cm
48	5
72	4.3
96	3.9
120	2
24	7

试题 13：

球的直径 d/cm	弹跳高度 h/cm
30	25
35	26
60	50
90	78
120	97

6. 依据数据绘图

为引导探究者正确绘制图形或图象，给出了以下建议：

建议 1：把数据表信息转换为绘图信息。记住，自变量和因变量要一一对应，这些配对数字被称为有序偶，它们不能被拆分。

建议 2：自变量数值放在 x 轴，而因变量数值放在 y 轴。

建议 3：在图象中包含操作性定义，即在数轴上标明变量的名称及单位。

建议 4：图象的两个数轴都要保证相邻两个刻度线间隔相等。

建议 5：将有序偶绘制在坐标轴上。

建议 6：给图象加上题名。

7. 得出结论

本环节给出了以下建议：

建议 1：总结实验事实。

建议 2：解释自变量是如何对因变量产生影响的。

以上对科学方法模式的构成及内涵作了较充分的说明。科学方法模式的倡导者信心十足地向学生断言：如果你能遵循上述环节的要求实施探究，那么你就是合格的科学家了！

二、科学方法模式探究案例

影响冰融化的因素[1]

适用年级：3～4 年级

时间：1 小时

材料：每个小组（4 名学生）6 个冰块、3 个纸板（在实验时把冰块放在上面）、水槽（放热水或冷水）、一些烧杯、盐、锡箔、塑料袋、毡制品或其他粗布、锤、密封塑胶袋和毛巾（用于安全地敲碎冰块）、热源（蜡烛？）。你认为能用于融化或隔热保存冰的其他材料。

1. 引导学生讨论

什么因素会使冰融化？

冰总是以同样的速度融化吗？有哪些因素影响冰融化的快慢？

用头脑风暴法思考可以使冰融化更快的各种方法：增加温度（日晒、火烤、加热水等），增压，用小冰块，增大表面积，改变化学成分（加盐）。

用头脑风暴法思考尽可能多地使冰融化慢一些的方法：不同的绝热方式，在冬天把冰块拿到室外等。

每个小组讨论并选择一种使冰块融化更快或更慢的方式，写下他们的假设及实验计划。告诉学生要用 2 个冰块做融化更快的实验，2 个冰块做融化更慢的实验。提问他们为什么不是用一个冰块来做，与他们讨论“可重复性”概念。

控制样本：告诉学生要留 2 个冰块，不做任何加工。这样才能看出某个冰块比通常融化得快些还是慢些。

[1] Goss, H. Scientific Method Experiment: Factors Affecting How Ice Melts[EB/OL]. http://www.umaine.edu/nsfgk-12/images/pdfs/icemeltcompm.pdf, 2011-8-10.

2. 实验

每个小组分3个纸板，用铅笔在上面做标记。每一个小组派一名学生到教室前面选取所需器材，一旦开始实验，就要记录时间。

3. 讨论

如果进行加速融化实验的冰块并没有能在1小时内全部融化，则把它们都拿到教室前面来，观察哪个融化得更快，给它们排序。对减慢融化组同样处理。

为什么某个样本融化得更快或更慢？

同类的样本都在完全相同的时间内融化完吗？

如果能重做实验，你会对自己的方案进行什么改变？

4. 扩展

冰块的哪一部分先融化？观察置于热水中的冰块的融化情况。

学生实验单略。

科学方法模式为教师和学生提供了一个以系统的方式观察、提问和实验的框架，因而为美、加、英、澳等国中小学科学教师所广泛采用。虽然这一模式由于其实施程序的线性简单性而受到一些批评，但它对缺乏科学研究经历的师生而言所起到的引导作用是不言而喻的。

第四节　模型中心模式

为了解释和预测自然界，人们建立了各种各样的模型。科学模型是表示这个世界的某些方面如何运作的代表模型。科学家使用概念图示、图象、图形、物质构造或计算机模拟来创造模型，并将其作为描述和理解体系组织的一种方式，这些体系，从细胞到星系以及自然过程，从蒸发到捕猎关系，不一而足。[1]按不同的标准，既可以把科学模型分为实体模型、过程模型和系统模型，也可以分为解释模型和工具模型。鉴于此，模型中心的探究教学模式逐渐受到各国科学教育研究者的重视。这种模式关注的是学生在科学探究中建立、评价和修改能被用于

[1] Harlow, D. B. (2010). Structures and improvisation for inquiry-based science instruction: A teacher's adaptation of a model of magnetism activity[J]. Science Education, 94(1): 142-163.

理解和预测自然界的科学模型的活动。[1]

一、模型中心模式的构成

模型中心模式亦有众多表现形式，为节约篇幅，以下仅对其中一种影响较大的模型中心模式的构成予以介绍。

该模式由五个要素组成：设定基本参数；第1类对话：我们知道什么以及什么是我们想知道的；第2类对话：生成假设；第3类对话：寻找证据；第4类对话：建立论证。[2]

1. 设定基本参数

这一要素主要考虑的是探究内容的选择及其课堂引入的方式。它要求教师思考待探究的是否是关键现象（“关键”指该现象所包含的概念可解释许多自然现象），并且它是否可依据因果关系予以解释。此外，还要建立现象与学生兴趣、经验间的联系。

2. 组织已知和未知的对话

这一要素主要考虑教师对学生有意义学习的导向及问题的提出。教师为学生提供课程资源或体验机会（如观看视频或演示实验），以促使学生发展一个初步的模型，并基于与模型的关联提出探究问题，该模型的过程或结构要对现象具有解释力。

在本要素中，教师可提出以下问题来引发师生对话：

对此情境、过程或事件，我们已经知道了些什么？

可以用其他方式表达此情境、事件或过程吗？如利用概念图或绘图。

我们的模型是对情境、过程或事件的纯粹描述，还是部分尝试去解释发生了什么？

从模型中去掉了什么，为什么？

这一模型促使我们提出了哪些问题？

[1] Schwarz, C. (2009). Developing preservice elementary teachers' knowledge and practices through modeling-centered scientific inquiry[J]. Science Education, 93(4): 720-744.
[2] Windschitl, M. Thompson, J. & Braaten, M. (2008). Beyond the scientific method: Model-based inquiry as a new paradigm of preference for school science investigations[J]. Science Education, 92(5): 941 -967.

在提出最终的探究问题以便能改进我们的模型前，我们还需要哪些信息？

如何框定我们的问题，如何通过收集和分析数据予以解答？

3. 生成假设的对话

本要素关注学生提出假设的质量。学生要说出模型中变量间的潜在联系，而不是简单的预测，所提假设要能促进对现象的理解，并允许竞争性假设及模型存在。

教师可提出下述问题引导学生提出假设：

我们试图检验的是模型的哪一方面？

是否有其他竞争性的假设能够解释我们观察到的现象？

考虑到所提出的问题，我们的尝试性模型将作何预测？

能否以一种有助于我们更好地理解那些过程或事件的方式来检验模型？

4. 寻找证据的对话

本要素体现了优先考虑证据的探究性学习的基本特征。教师提出如何收集数据以检验模型，如何识别所观察现象中的规律或关系等问题。师生通过对话明确可以用多种方式检验假设。

对于本要素，教师通常会提出的问题有：

什么类型的数据有助于我们检验假设？

我们如何能对变量进行精确测量与记录？

系统地收集数据是什么意思？

为检验假设，我们应以其本来面目观察现象还是要主动操作某些变量而控制另外一些不变？

我们能用模型去收集数据吗？这种数据是否有效？

当我们分析数据时，会进行组间比较吗？会寻找变量间的相互关系吗？会寻找其他类型和趋势吗？

何种表达形式（表格、图形、图表、图象等）最适合我们收集的数据类型？

我们如何处理那些非预期的或与我们假设相反的数据？

5. 建立论证的对话

本要素关注学生依据证据、通过因果论证建构科学模型的行为。在本要素中，学生对现象进行解释，为此，他们要以数据为证据，将描述发展为解释。学生认识到其他可能解释的存在。学生阐述其初始模型是如何根据证据而改变的。

为引导学生进行因果论证，教师通常会提出下述思考问题：

初始模型的预测与我们收集的数据是否一致？

我们如何能超越简单因果关系的争论，探讨变量间的非因果相关关系？

是否有我们忽视了的中间变量或者是相互混淆的变量？

我们是否控制或至少考虑到了那些影响研究结果的变量？

我们最终对现象的解释是否清楚一致？

是否有对数据的其他可能解释？如果有，证据对它们的支持程度如何？

我们的模型是否失败了，为什么？

我们的模型应根据证据而改变吗？

我们的模型能用于解释其他现象吗？

对模型中心模式构成要素的内涵及其对话引导策略的介绍，可使读者深刻领会该模式的教学特征并能在实践中加以运用。

还需注意的是，该模式中的四类对话并非一定要按顺序进行，同时，由于在探究过程中获得的新信息及新想法，探究者及教师都要不断地返回到已经进行过的某类对话中去。因此，这种模式的结构并非是线性的，而是循环的。

二、模型中心模式探究案例

月相的成因[1]

这个案例是温德斯切特等人从《科学探究与国家科学教育标准——教与学的指南》一书中摘录出来的。

设定背景参数：教师意识到许多学生在建立一种与其日常观察相一致的“月相”成因的解释中存在困难。但对该现象的解释是很重要的，因为它说明了太阳系中的物体都在做可预测的周期性运动，这种运动可以解释日食、月食、季节变化及日夜循环之类的事件。

[1] Windschitl, M. Thompson, J. & Braaten, M. (2008). Beyond the scientific method: Model-based inquiry as a new paradigm of preference for school science investigations[J]. Science Education, 92(5): 941 -967.

组织已知和未知对话的开端：教师让学生写下对月亮已有的认识和还存在的问题。

寻找证据对话的开端：教师意识到学生需要更多的信息，以建构一个关于月亮运动的初步模型。通过对话，要求学生使用自制六分仪去系统收集和记录月亮在天空中的位置及其形状的数据。数星期后，学生在教室墙壁上展示他们绘制的图表，他们讨论月亮形状变化的方式并提出或许能说明其数据的解释。

生成假设对话的开端：一些学生想知道是什么导致了月亮形状以他们所观察到的那种方式在变化。学生提出了两个竞争性的假设：一个是地球的影子在月球上覆盖面大小不同，从而形成月相（即地球投影观点）；一个是月球绕着地球运动，人们看到被太阳照亮的月球表面不同形成月相（即太阳照射观点）。

组织已知和未知对话的深入：接下来，教师让学生分成小组，并让每一个小组做一个示意图来解释为什么月亮能改变形状。

生成假设对话的扩展：教师让学生讨论如何使用模型去检验上述两种不同的假设。

第二循环的寻找证据对话：第二天，学生把地球仪当作“地球”，把网球当作“月球”，把投影仪当作“太阳”，去从事探究活动。

建立论证对话的前导：教师把学生的注意力集中在思考证据及解释之间的关系上，不时提出一些问题，如：“告诉我地球的投影在哪儿？”“你有什么证据支持你的结论或导致你改变自己的想法？”

建立论证对话的深入：教师让每个小组都把他们的模型图张贴起来，通过基于证据（在月相的第一个四分之一阶段，地球的投影要落在月球上就得转过一个直角，那可不是光和影在起作用）的讨论，学生放弃了“地球投影”观点。教师提出了一些有挑战性的问题：“某些同学的模型预言了每个月都会发生月食，但我们知道那是不可能的。那么，你的模型需要做一些什么样的改动呢？”“你的模型的哪些特征有效？哪些特征没有效？”

返回组织已知和未知的对话：学生反思，他们的模型不能很好地解释每天月亮在地平线上的高度，但它确实可以表明月相是如何发生的。教师建议学生去图书馆查阅资料，以进一步完善其模型。

建立论证对话的扩展：将其引入历史事件，在学习该单元的最后两天时间中，教师和学生一起探索了“地心说”与“日心说”的经典论战，以及哥白尼、伽利略用来支持他们观点的证据。

在本案例中，教师的探究教学目标是使学生对自然现象形成有说服力的解释。他知道获得和使用证据对学生而言是至关重要的，因此，他为学生统筹安排了各种机会，使他们进入探索“模型”“证据”“解释”之间关系的四个系列的对话中去。

在本章中，我们对国外几种主流探究教学模式进行了介绍，以期读者深化对科学探究内涵的理解，了解国外科学探究教学实践的进展。其中，5E 模式较适用于课堂内的探究，制作模式较适用于课外研究性学习或兴趣小组活动，科学方法模式及模型中心模式则适用于课堂内外的探究性学习。5E 模式及科学方法模式在课堂中的实施所需课时较少，而模型中心模式由于开放性强，对学生思维活动提出了较高要求而需要较多的课时。

“科学方法模式的构成”参考答案

识别问题环节

试题 1：不是一个好的探究问题，因为问题中没有包括自变量或因变量。

试题 2：不是一个好的探究问题，因为答案是已知的。

试题 3：不是一个好的探究问题，因为难以进行，不现实。

试题 4：是个好问题。

提出假设环节

试题 5：不是一个好的假设，因为假设中缺少了因变量，反作用与反应时是不同的。

试题 6：是一个好假设。

设计实验环节

试题 7：控制变量的确定有问题，甜点颜色不是控制变量，而是自变量。

试题 8：正确的材料选择，在实验中需要这些，没有漏选或多选的情况。

试题 9：操作性定义存在问题，“食品选择”的操作性定义应是多少人吃了多少某种特定颜色的甜点。

试题 10：实验程序有问题，缺少了如何给甜点上色的步骤。

收集数据环节

试题 11：不是一个好的数据记录表，因为自变量和因变量的位置左右颠倒了。

试题 12：不是一个好的数据记录表，因为自变量没有按由小到大的顺序排列。

试题 13：不是一个好的数据记录表，因为对球直径的选择没有遵循任何数型，或许应按 30 的倍数来选择。

参考文献

［1］美国国家研究理事会著．戢守志等译．美国国家科学教育标准．北京：科学技术文献出版社，1999.

［2］廖伯琴．义务教育物理课程标准解读［M］．北京：高等教育出版社，2012.

［3］物理课程标准研制组编．普通高中物理课程标准（实验）解读［M］．武汉：湖北教育出版社，2004.

［4］曾天山，谭伟．教材论［M］．南昌：江西教育出版社，1997.

［5］廖伯琴．世纪之交中国基础教育物理课程改革［M］．北京：北京大学出版社，2010.

［6］杨祖念主编．物理探究课教学设计与实践［M］．北京：高等教育出版社，2010.

［7］彭聃龄．普通心理学［M］．北京：北京师范大学出版社，2001.

［8］黄希庭．心理学导论［M］．北京：人民教育出版社，1991.

［9］斯滕伯格，威廉姆斯著．张厚粲译．教育心理学［M］．北京：中国轻工业出版社，2003.

［10］田德新，张喜荣．美国创新人才培养机制［J］．西安外国语学院学报，2003.

［11］胡卫平．创新人才的培养途径［J］．人民教育，2008，（11）.

［12］林崇德，辛自强．关于创新人才培养的心理学思考［J］．国家教育行政学院学报，2004，（04）.

［13］廖伯琴．高中物理新教材（司南版）特点［J］．中学物理教学参考，2007，（05）.

［14］彭前程．人教版普通高中课程标准物理教材整体设计解析［J］．教育

科学论坛，2007，(01).

[15] 王较过，马亚鹏．普通高中物理教科书特色对比研究 [J]．内蒙古师范大学学报 (教育科学版)，2008，(08).

[16] 王晶莹．中美理科教师对科学探究及其教学的认识 [D]．上海：华东师范大学，2009.

[17] 岳晓东，龚放．创新思维的形成及创新人才的培养 [J]．教育研究，1999，(10) .

[18] Harlow, D. B. (2010). Structures and improvisation for inquiry-based science instruction: A teacher's adaptation of a model of magnetism activity [J]. Science Education, 94(1)：142-163.

[19] Schwarz, C. (2009). Developing preservice elementary teachers' knowledge and practices through modeling-centered scientific inquiry [J]. Science Education, 93(4)：720-744.

[20] Windschitl, M. Thompson, J. & Braaten, M. (2008). Beyond the scientific method: Model-based inquiry as a new paradigm of preference for school science investigations [J]. Science Education, 92(5)：941-967.